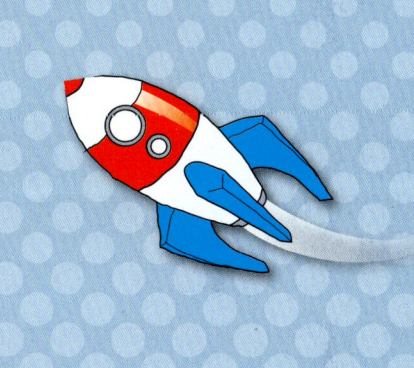

365

Ünglaublich

Geniale
Sachen
Machen

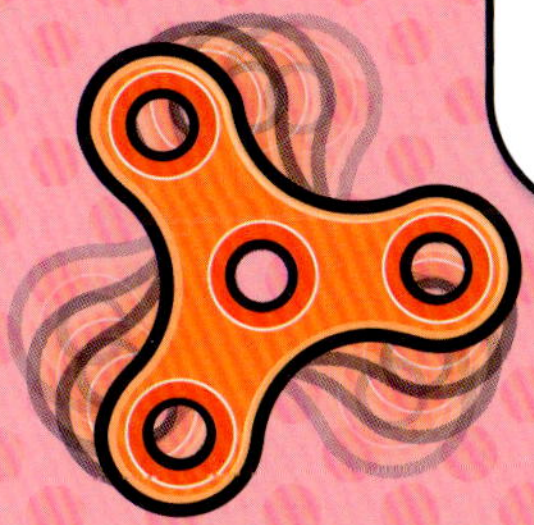

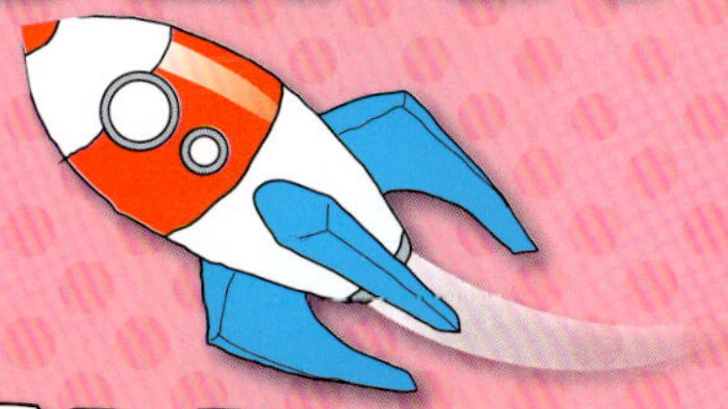

ZEIT FÜR EINE BILDSCHIRMPAUSE!

moses.

INHALT

3

LECKER

HANDGEMACHT

MIT HIRN

6

SCHMUTZIG

1

SPORTLICH

UNTERWEGS

EINLEITUNG

ES GIBT IMMER ETWAS ZU TUN!

Schalte den Bildschirm aus und versuche etwas Neues! Dieses Buch ist voller Dinge für ein ganzes Jahr – zum Spielen, Basteln, Essen, Bauen, Pflanzen und Tun.

Spiele müssen nicht elektronisch sein – lerne, wie man Domino mit Steinen oder „Drei gewinnt" mit Marienkäfern spielt. Entdecke deinen inneren Ingenieur und baue eine Festung in der Wohnung oder bastele einen Papierflieger. Wenn du etwas Künstlerisches machen willst, erfinde dein eigenes Brettspiel oder zeichne ein Selbstporträt.

Und es ist immer gut, sein Köpfchen einzusetzen. Schreibe eine kurze Geschichte, entwickle eine neue Sprache oder mache ein Code-Rad, um geheime Nachrichten zu schreiben. Auf einer langen Reise ist es oft nur zu einfach, in einen Bildschirm abzutauchen – stattdessen könntest du doch deine Mitreisenden zu einem „Ich sehe was, was du nicht siehst"-Spiel herausfordern.

Ob allein oder in der Gruppe, zu Hause oder unterwegs, drinnen oder draußen, achte immer auf Sicherheit und Hygiene. (Wasche oft die Hände, niese in die Ellenbogenbeuge und vermeide, ins Gesicht zu greifen.) Und beachte auch Verhaltensregeln.

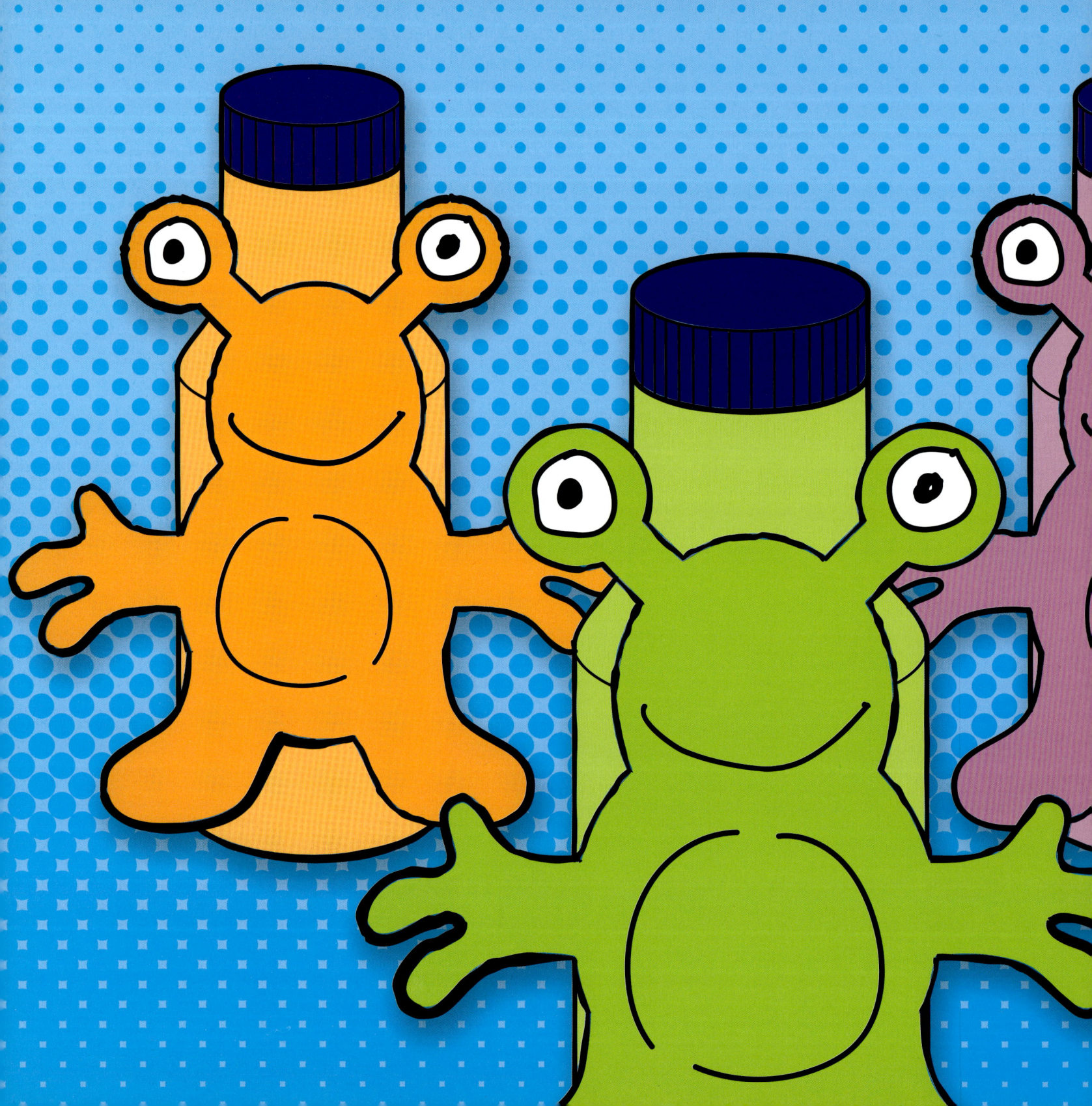

1 LUSTIG

Hast du schon mit Aliens gekegelt? Pingpong mit Luftballons gespielt? Das Schattenpuppenspiel ausprobiert? Zaubertricks perfektioniert? Ein Kartenhaus errichtet? Diese lustigen Spiele und Aktivitäten vertreiben ganz sicher deine Langeweile!

1 EINEN WAHRSAGER HERBEIZAUBERN

Ein Wahrsager ist eine prima Unterhaltung für Freunde und Familie. Denke dir einige lustige Ereignisse aus, die dein Publikum amüsieren.

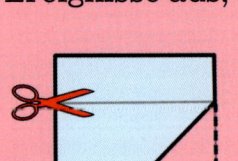

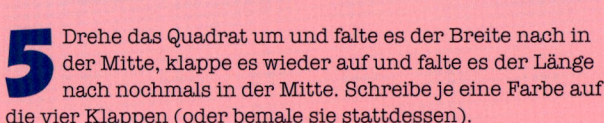

1 Falte das Papier in der Diagonale wie abgebildet und schneide das Rechteck oben ab, sodass ein perfektes Quadrat entsteht. Falte es nochmals zu einem Dreieck. So bekommst du einen Mittelpunkt.

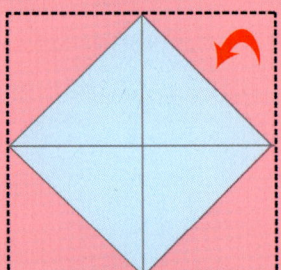

2 Falte das Papier wieder auf und biege die vier Ecken nach innen zum Mittelpunkt.

3 Drehe das Quadrat um und falte die vier Ecken wieder zur Mitte. Schreibe die Zahlen 1 bis 8 auf je eines der kleinen Dreiecke.

4 Öffne die Klappen und schreibe ein Ereignis unter jede Nummer.

5 Drehe das Quadrat um und falte es der Breite nach in der Mitte, klappe es wieder auf und falte es der Länge nach nochmals in der Mitte. Schreibe je eine Farbe auf die vier Klappen (oder bemale sie stattdessen).

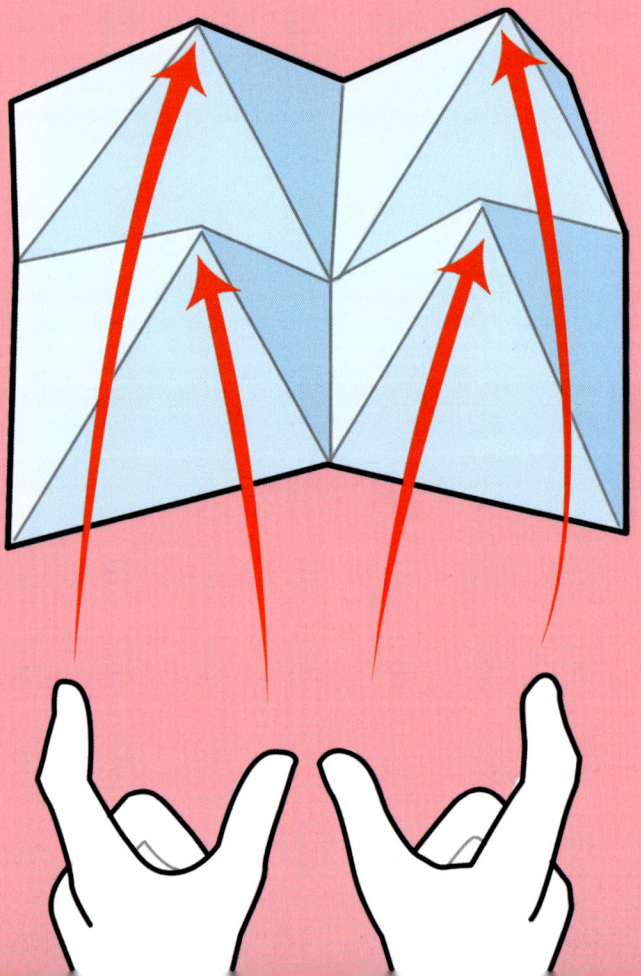

Wie du den Wahrsager verwendest

Bitte eine Person, eine Farbe zu wählen und buchstabiere das Wort, z. B. R-O-T, dabei klappst du den Wahrsager bei jedem Buchstaben auf und zu. Beim letzten Buchstaben höre damit auf und bitte, eine der vier sichtbaren Zahlen zu wählen. Klappe den Wahrsager entsprechend der Zahl auf und zu, dann bitte, eine zweite Zahl zu wählen. Öffne die gewählte Klappe, lies und sage so die Zukunft voraus. Hier sind einige Vorschläge, sollten dir die Ideen ausgehen:

Dich wird ein Hai fressen.

Du gewinnst eine Spiele-Show.

Du gehst ins Gefängnis.

Du hast einen geheimen Bewunderer.

Du wirst von Aliens entführt.

Du wirst Klassenbeste(r).

Du schluckst im Schlaf eine Spinne.

Du wirst auf dem Mond spazieren.

6 Schiebe nun vorsichtig Daumen und Zeigefinger in die Klappen und öffne und schließe sie, um die Zahlen zu zeigen.

FERTIG!

2 MÖRDER UND DETEKTIV

Für dieses Spiel braucht man eine große Gruppe – am besten mindestens 8 Spieler.

Du brauchst
- Spielkarten (darunter 1 Joker) für alle Spieler, außer einem.

1 Wähle einen Detektiv und schicke ihn aus dem Zimmer, dann verteile die Karten mit der Rückseite nach oben an die Spieler. Die sehen die Karten, ohne sie den anderen zu zeigen. Wer den Joker hat, ist der Mörder.

2 Der Detektiv kommt zurück, und die Spieler spazieren im Zimmer herum und plaudern. Währenddessen „tötet" der Mörder Personen, indem er ihnen zuzwinkert. Wenn ein Spieler getötet wurde, sollte er 10 Sekunden warten, dann entweder auf dramatische Art sterben oder den Raum verlassen.

3 Der Detektiv hat drei Chancen, den Mörder zu finden. Wenn er scheitert, bleibt er auch in der nächsten Runde Detektiv. Andernfalls wird der Mörder zum Detektiv.

FERTIG!

3 LUFTBALLON-PINGPONG

Man kann das mit jeder Anzahl an Spielern spielen. Achte darauf, alles was umfallen könnte, aus dem Weg zu räumen, bevor du zu spielen beginnst.

Du brauchst
- Pappteller für jeden Spieler
- 2 Holzstäbchen pro Spieler
- Verpackungsklebeband
- Mindestens einen Luftballon

Warum nicht?
Bei vielen Spielern verwende mehr als einen Ballon

1 Verziere den Teller, wenn du deinen Schläger unverwechselbar machen möchtest, dann klebe die zwei Holzstäbchen als Griff auf die Rückseite.

2 Man kann entweder über den Tisch spielen (wie beim traditionellen Pingpong), wenn man zu zweit oder zu viert ist, oder einander den Ballon quer durch den Raum zuschlagen. Versuche, den Ballon nicht den Boden berühren zu lassen.

FERTIG!

4 PUPPEN AUS PFEIFENREINIGERN

Pfeifenreiniger sind schnell und leicht zu bearbeiten. Du kannst sie jederzeit wieder aufdrehen und neu beginnen.

Sicherheit zuerst!

Pfeifenreiniger sind schwer zu schneiden und könnten die Schere beschädigen. Bitte einen Erwachsenen, sie mit der Drahtschere zuzuschneiden.

Du brauchst

- Pfeifenreiniger
- Mini-Pompons in unterschiedlichen Größen
- Kleber
- Weißer Karton
- Farb- oder Filzstifte
- Wackelaugen
- Schere
- Drahtschere (optional)

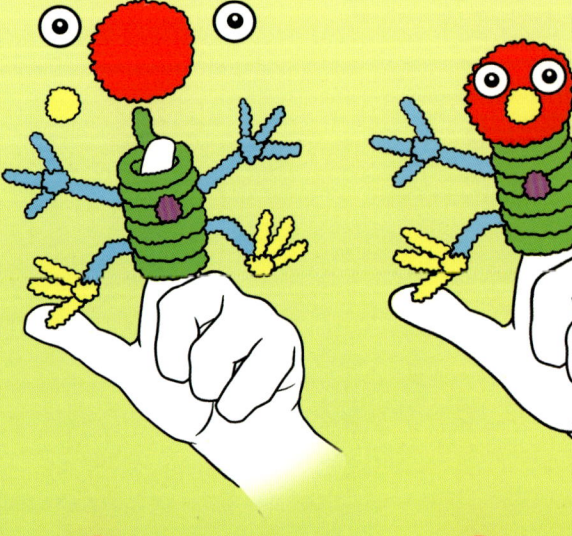

1 Für den Puppenkörper winde einen Pfeifenreiniger um einen Finger. Lasse dabei die Spitze wie einen Hals wegstehen, sodass du den Kopf daran befestigen kannst.

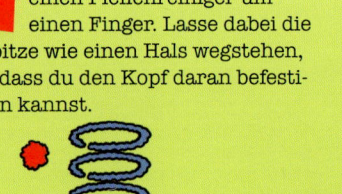

2 Drehe wie abgebildet weitere Pfeifenreiniger für Arme, Beine, Hände und Füße und befestige sie am Puppenkörper. Tropfe etwas Kleber auf das Ende des Halses und drücke den Pompon für den Kopf darauf, danach klebe einen kleinen Pompon als Knopf auf die „Brust".

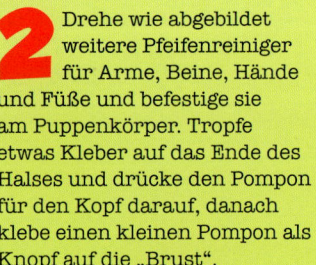

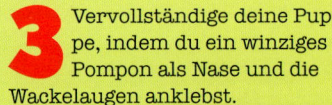

3 Vervollständige deine Puppe, indem du ein winziges Pompon als Nase und die Wackelaugen anklebst.

4 Hier gibt es ein paar Ideen für deine Puppendarsteller. Du kannst die Merkmale und Accessoires auf Karton zeichnen, sie dann anmalen und einen Erwachsenen bitten, sie auszuschneiden.

5 Mache einen Pfeifenreiniger-Zylinder für den Pinguin und befestige graue Flügel und einen Schnabel und Füße aus gelbem Pfeifenreiniger.

6 Stecke die Puppen auf die Finger und lasse die Show beginnen!

FERTIG!

5 RATE, WAS IM BEUTEL IST!

Das ist ein gutes Spiel für eine Gruppe von Freunden oder Familienmitglieder verschiedenen Alters.

Du brauchst
- 1 Kleiderbeutel
- Sammlung alltäglicher Dinge

Top-Tipp
Wenn du mit jüngeren Kindern spielst, gib ihnen ein paar Hinweise.

1 Ein Spieler steckt etwas in den Beutel, ohne es den anderen zu zeigen.

2 Die anderen müssen durch Fühlen erraten, was im Beutel ist.

3 Der erste Spieler, der es richtig errät, bekommt einen Punkt. Dann wählt der nächste ein Ding, um es in den Beutel zu stecken. Der erste, der fünf Punkte erreicht, gewinnt das Spiel.

FERTIG!

6 MEMORY AUF DEM TABLETT

Wie gut ist dein Erinnerungsvermögen? Teste es mit diesem Spiel, dann versuche, ob sich dein Ergebnis mit der unten beschriebenen Methode verbessert.

Verankern!
Hier ist ein Trick, um dir alles, was auf dem Tablett liegt, zu merken. Stelle dir vor, du stehst auf, um in die Schule zu gehen, und platzierst alle Dinge auf deinem Weg.

Zum Beispiel, du stehst auf und „Aua!", steigst auf den Spitzer. Dann gehst du ins Badezimmer und kämmst dir die Haare.

Du isst das Frühstück mit dem Löffel, dann steigst du in den Bus und zahlst mit der Münze etc., bis alle Dinge einen Platz in deiner täglichen Routine haben.

Du brauchst
- 1 Tablett oder großen Teller
- 10-20 kleine alltägliche Dinge (wie Kamm, Spitzer, Münze, Löffel etc.)
- 1 Tuch, um das Tablett zu bedecken
- Stifte und Papier

1 Legt die Dinge abwechselnd auf das Tablett (oder bitte einen Erwachsenen, es zu tun), dann bedecke sie mit dem Tuch. Nimm das Tuch wieder weg und gib jedem die Möglichkeit, sich so viele Dinge wie möglich zu merken.

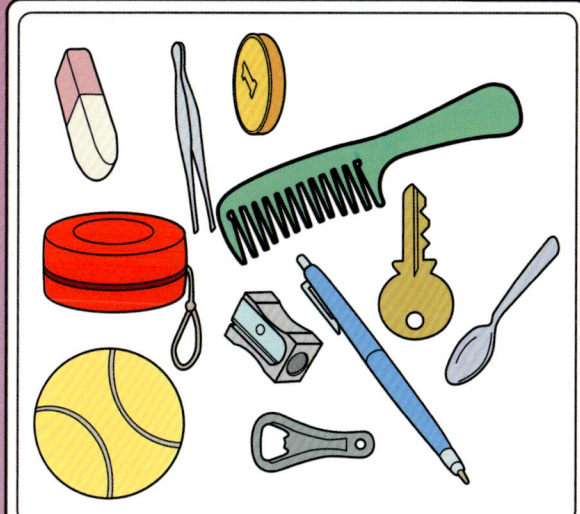

2 Nach einer Minute decke das Tablett wieder ab und bitte alle Spieler, die Dinge aufzuschreiben, die sie sich gemerkt haben. Wie gut waren sie? Nun verändere die Objekte und übe weiter.

FERTIG!

7 VERSTECKEN SPIELEN

Das ist ein Versteck-spiel mit besonderem Dreh.

98 ... 99 ... 100

1 Man muss eine Basis und einen Sucher auswählen. Der Sucher steht mit dem Gesicht zur Wand an der Basis, mit geschlossenen Augen, und zählt bis 100, während sich die anderen Spieler verstecken, und ruft dann: „Fertig oder nicht, ich komme!"

2 Während der Sucher nach den Mitspielern sucht, müssen diese versuchen, zurück zur Basis zu kommen, ohne gefangen zu werden. Wenn ihnen das gelingt, rufen sie: „Eins, zwei, drei, ich bin frei!"

3 Entdeckt der Sucher einen Mitspieler, ruft er: „Eins, zwei., drei, ich sehe dich unter dem Bett (oder wo immer)!" Dann muss der, der sich versteckt hat, versuchen, zur Basis zu laufen, ohne gefangen zu werden.

4 Die letzte Person, die gefangen wird, ist im nächsten Spiel der Sucher.

FERTIG!

8 KARTE SCHWEBEN LASSEN

Übe diesen Trick vor dem Spiegel, bevor du ihn dem Publikum vorführst.

1 Schneide den Plastikstreifen ein wenig länger als die Kartenbreite. Klebe ihn in die Mitte der Karte, wie abgebildet.

2 Lege die Karte vorsichtig auf die Handfläche, zeige sie dem Publikum und verkünde, dass du die Karte aus der Hand aufsteigen lassen wirst.

3 Führe den Zauberstab oder die andere Hand über die Karte. Gleichzeitig beuge deine Handfläche leicht und die Karte wird durch das Aufbiegen des Plastikstreifens leicht abheben.

FERTIG!

9 KEGELN MIT ALIENS

Besiege die Alien-Invasoren, indem du sie wie Kegel niederstreckst.

Du brauchst
- 6 oder 10 kleine Plastik-flaschen mit Deckel
- Flüssige Farben
- Weißen Karton
- Schere
- 1 schwarzen Marker
- Kleber
- 1 leichten Ball
- Zeitungspapier zum Schutz der Arbeitsfläche

1 Lege Zeitungspapier aus und fülle etwas Farbe in jede Plastikflasche. Schraube den Deckel fest und schüttele die Flaschen, bis sie ganz eingefärbt sind.

4 Klebe die Augen auf die Aliens und zeichne mit dem schwarzen Marker die Pupillen. Und vergiss die Münder der Aliens nicht!

2 Zeichne einige Alien-Figu-ren in der Größe der Flaschen auf weißen Karton und male sie aus, sodass sie zu den Flaschen passen.

5 Klebe die Alien-Figuren auf die passenden Fla-schen und lasse den Kleber trocknen.

Top-Tipp
Du kannst auf die Rückseite der Flaschen Nummern kleben und für jeden umgeworfenen Kegel Punkte vergeben.

3 Bitte einen Erwach-senen, dir beim Ausschnei-den der Aliens und einiger Augen aus dem weißen Kar-ton zu helfen.

6 Stelle die Alien-Kegel in Dreiecksform am Ende eines Raumes auf, wo der Ball keinen Schaden anrichten kann. Rolle nun den Ball über den Boden und versuche so viele Aliens wie möglich umzuwerfen.

FERTIG!

10 SLALOM MIT DEM PINGPONG-BALL

Spiele das Spiel allein und versuche, deine Zeit zu verbessern, oder messe dich mit Freunden. Wenn du eine Flagge umwirfst, addiere 10 Sekunden.

Du brauchst

- Farbpapier
- Zahnstocher
- Kleber
- Modeliermasse oder Klebeband
- Pingpong-Ball
- Biegbare Strohhalme
- Stoppuhr

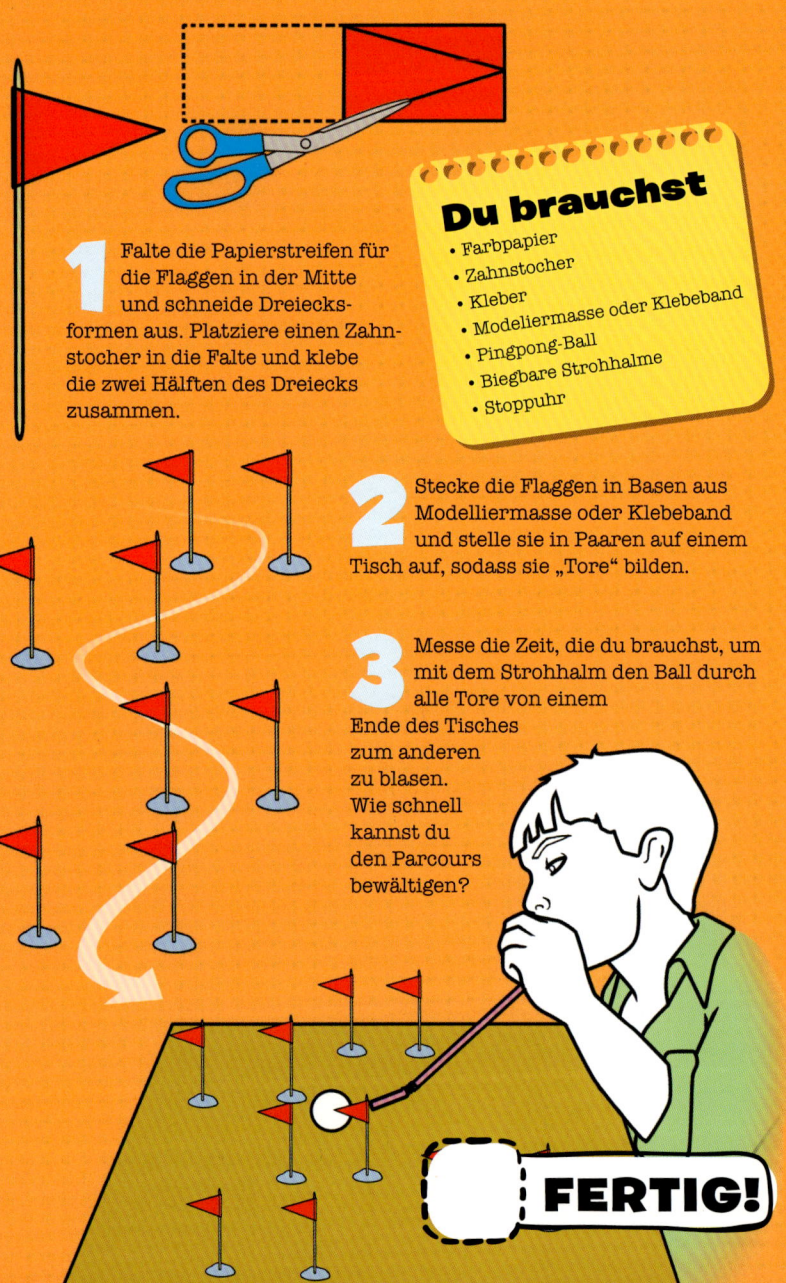

1 Falte die Papierstreifen für die Flaggen in der Mitte und schneide Dreiecksformen aus. Platziere einen Zahnstocher in die Falte und klebe die zwei Hälften des Dreiecks zusammen.

2 Stecke die Flaggen in Basen aus Modelliermasse oder Klebeband und stelle sie in Paaren auf einem Tisch auf, sodass sie „Tore“ bilden.

3 Messe die Zeit, die du brauchst, um mit dem Strohhalm den Ball durch alle Tore von einem Ende des Tisches zum anderen zu blasen. Wie schnell kannst du den Parcours bewältigen?

FERTIG!

11 STÄBCHEN-SCHARADE

Man kann das Spiel in Teams oder einzeln spielen, wobei jeder seine Pantomime vorführt und die anderen raten.

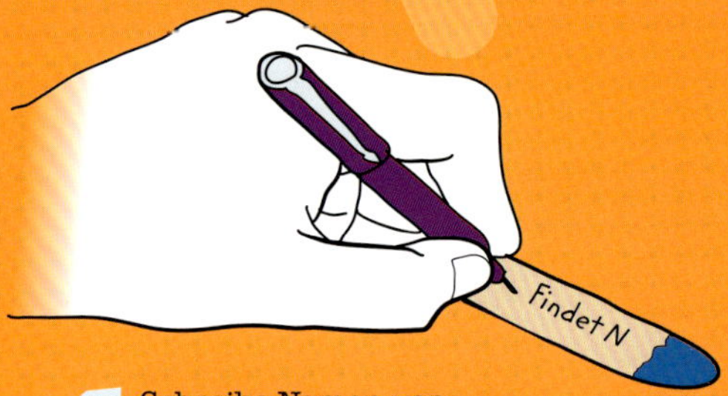

Du brauchst

- Eis- der Bastelstäbchen
- Farbige Texmarker oder Farben
- 1 schwarzer Marker
- 1 Behälter, groß genug, um alle Stäbchen aufzunehmen

1 Schreibe Namen von Büchern, Theaterstücken, Filmen oder TV-Shows in die Mitte der Bastelstäbchen.

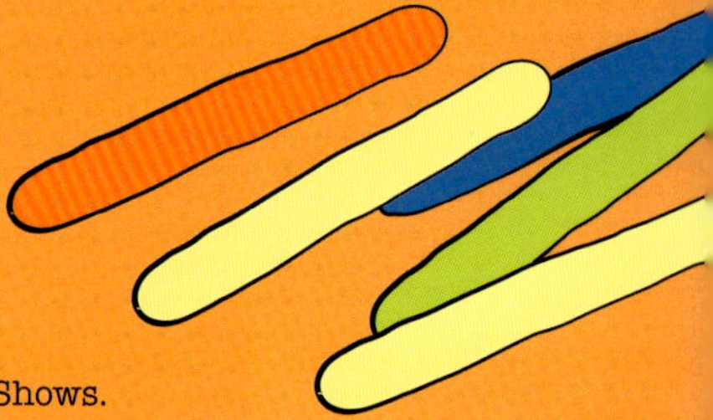

2 Färbe die Rückseiten und die Enden der Stäbchen, um die Kategorien anzuzeigen, wie rot für Bücher, gelb für Theaterstücke, grün für Filme und blau für TV-Shows. Wenn das Wort ein Buch und ein Film ist, beschrifte ein rotes und ein grünes Stäbchen.

Top-Tipp
Zeigt man auf sein Ohr, bedeutet das, dass das Wort, das man darstellt wie das aufgeschriebene Wort lautet.

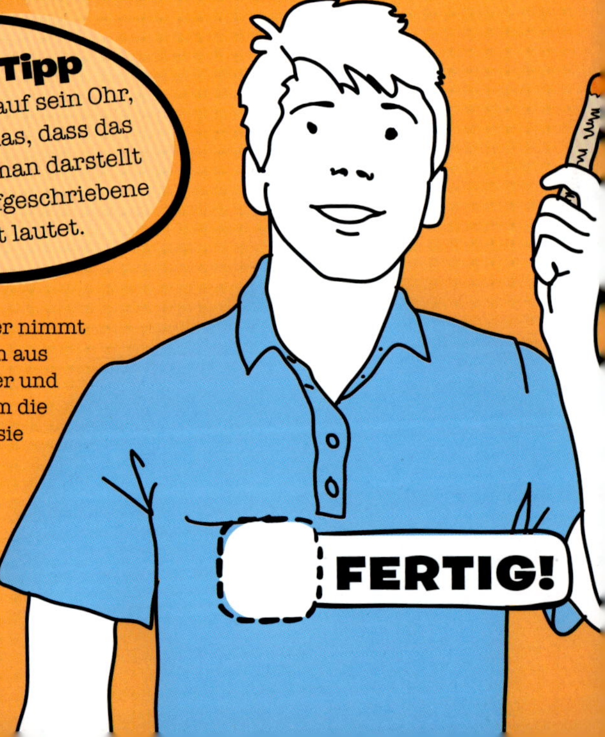

3 Jeder Spieler nimmt ein Stäbchen aus dem Behälter und zeigt dem Publikum die Rückseite, sodass sie die Kategorie kennen. Der Spieler stellt dann ohne zu sprechen das Wort dar, damit die anderen es erraten können.

FERTIG!

12 ERKENNE DEN UNTERSCHIED

Wärst du ein guter Detektiv? Dieses Spiel testet deine Beobachtungsgabe. Man braucht mindestens drei Spieler und einen Raum mit vielen Dingen darin.

1 Alle Spieler sehen sich den Raum genau an, dann gehen alle bis auf einer hinaus. Der im Raum verbleibende Spieler verändert drei Dinge.

Sicherheit zuerst!
Wende dich an einen Erwachsenen, bevor Du Dinge verschiebst (oder bitte einen, sie für dich zu verschieben, so kann jeder mitspielen).

2 Die Spieler kommen zurück und müssen die Dinge, die verändert wurden, auflisten.

FERTIG!

13 GEHE AUF SCHATZSUCHE

Organisiere die Schatzsuche für Freunde und Familie oder bitte einen Erwachsenen, so kannst du auch mitspielen. Wenn du keine Stäbchen hast, schneide ein Blatt Papier in Streifen.

Küchen-käst-chen

Du brauchst
- 8–10 Eis- oder Bastelstäbchen
- Klebeband
- Textmarker
- Schätze wie Süßigkeiten oder kleines Spielzeug

1 Füge die Stäbchen mit Klebeband aneinander, dann schreibe auf, wo der Schatz zu finden ist, indem du je einen Buchstaben auf ein Stäbchen schreibst.

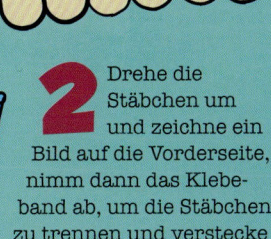

2 Drehe die Stäbchen um und zeichne ein Bild auf die Vorderseite, nimm dann das Klebeband ab, um die Stäbchen zu trennen und verstecke alle in einem Raum.

3 Die Schatzsucher müssen alle Stäbchen finden und sie in der richtigen Reihenfolge aufreihen, dabei orientieren sie sich an dem Bild auf der Vorderseite, um zu entdecken, wo sich der Schatz befindet.

FERTIG!

14 GENIESSE EINEN TAG IM SPA

Wenn deine Füße frisch sind und das Gesicht strahlt, habe Spaß bei der musikalischen Maniküre.

Du brauchst

- 240 g Natron
- 125 g Speisestärke
- 250 g Zitronensäure
- 10 Tropfen ätherisches Öl

SPRUDELNDES FUSSBAD

1 Vermenge alle Zutaten, gib einen Löffel der Mischung in eine große Schüssel mit warmem Wasser und genieße das Kitzeln an deinen Zehen. Bewahre den Rest der Mischung in einem Plastikbeutel auf (nicht in einem luftdichten Behälter).

Top-Tipp
Bananen verursachen Flecken, verwende sie also nicht mit deinen besten Kleidern oder Handtüchern.

BANANEN-MASKE

1 Zerdrücke die Banane mit einer Gabel zu einer glatten Paste und mische Honig und Zitronensaft darunter. Verstreiche die Maske über das Gesicht, wobei du die Augen aussparst. Lasse die Maske 10 Minuten trocknen, danach wasche sie ab.

Du brauchst

- 1 reife Banane
- 1 Teelöffel Zitronensaft
- 1 Teelöffel Honig
- 1 altes Handtuch oder T-Shirt

MUSIKALISCHE MANIKÜRE

1 Die Spieler sitzen im Kreis und lassen wie bei der Reise nach Jerusalem eine Flasche Nagellack herumgehen, solange die Musik spielt.

Du brauchst

- Nagellack (wenn möglich, verschiedene Farben)
- Nagellackentferner
- Musik

2 Sobald die Musik aufhört, muss derjenige, der den Nagellack in der Hand hält, einen Nagel bemalen, dann geht das Spiel weiter. Wenn möglich, wird die Farbe des Nagellacks zwischen den Runden gewechselt.

3 Der erste, dessen Nägel alle bemalt sind, hat das Spiel gewonnen.

FERTIG!

15 E-S-E-L-QUARTETT

Du brauchst
• 1 Set von 4 zusammenpassenden Karten für jeden Spieler
• Bleistift und Papier

Du brauchst für jeden Spieler ein Set von zusammenpassenden Karten (z. B. vier Asse, vier Könige etc.). Es können also bis zu 13 Leute mitspielen.

1 Mische die Karten sorgfältig und teile jedem Spieler vier Karten aus. Die Spieler geben eine der Karten nach links weiter. Gleichzeitig bekommen sie von dem Spieler rechts eine Karte etc.

2 Sobald ein Spieler ein vollständiges Kartenset in der Hand hält, berührt er leise mit dem Zeigefinger die Nase (dieser Spieler ist nun aus dem Spiel). Die anderen Spieler sollten dann dasselbe tun, auch wenn sie noch kein ganzes Set haben.

3 Der Letzte, der die Nase berührt, hat verloren und bekommt einen Buchstaben: erst ein E, dann ein S, ein E und ein L. Der erste mit dem Wort ESEL ist der Verlierer.

Emil ES

Clara E

Paula ESE

Vitus ESEL

FERTIG!

16 WOLKENFORMEN ERKENNEN

Man sagt, Wolken sind die Fantasie des Himmels. Warum sollte man nicht die kreative Magie ausspionieren und versuchen, die Formen zu erkennen?

Top-Tipp
Wolkenbilder erscheinen kaum im blauen Sommerhimmel. Versuche das Spiel bei Sonnenauf oder -untergang oder während eines Sturmes.

1 Lege dich auf den Rücken, blicke in den Himmel und beobachte, wie die Wolken vorbeiziehen.

2 Lasse die Gedanken schweifen. Was siehst du? Schlösser, Pferde, Monster? Schaue so lange, bis du etwas siehst. Entspann dich und lasse deiner Fantasie freien Lauf.

3 Schaue nun auf die blauen Lücken zwischen den Wolken. Es liegen auch dort Bilder versteckt.

FERTIG!

17 STEIN-DOMINO

Es ist so verführerisch, die netten, glatten, flachen Steine am Strand oder im Garten zu sammeln. Aber was macht man dann damit? Mit ein wenig Farbe und einer ruhigen Hand kannst du sie in Domino-Steine verwandeln. Dieses Spiel ist seit langer Zeit beliebt – man fand ein Set in Tutenchamuns Grab!

Du brauchst
• 28 glatte, flache Steine
• 1 weißen Malstift (oder Acrylfarbe, 1 kleinen Pinsel und eine ruhige Hand)

Domino-Steinesammlung

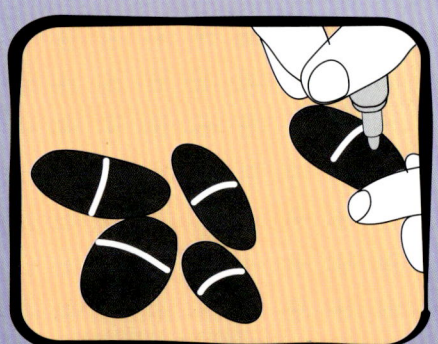

1 Sammele 28 glatte, flache Steine. Wasche sie, um Sand oder Erde zu entfernen und male eine weiße Linie quer über die Mitte jedes Steines.

2 Dann markiere auf jeder Seite der Linie ein Set von Punkten, in jeder Kombination von 0 bis 6. Richte dich dabei nach dieser Anleitung.

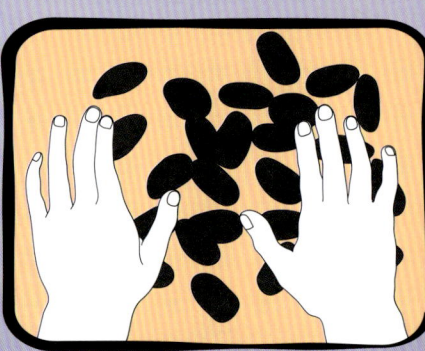

3 Sobald die Farbe trocken ist, spiele Domino auf dem Rasen, oder auf einem Tisch im Freien. Du brauchst mindestens einen zweiten Spieler. Lege die Dominosteine zuerst mit den Punkten nach unten hin (man darf die Punkte nicht sehen) und mische sie. Das ist der Talon. Früher waren die Dominosteine aus Knochen. Uch!

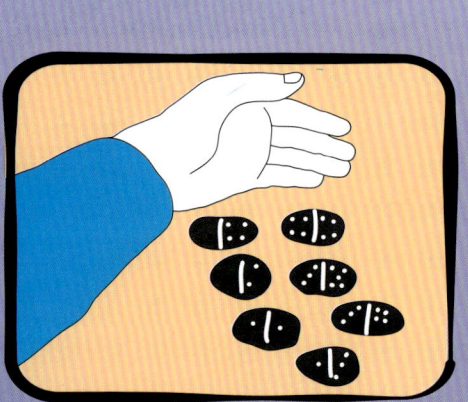

4 Jeder Spieler nimmt 7 Steine. Er sieht nur seine eigenen Steine, nicht die der anderen. Nicht schummeln! Man entscheidet, wer anfängt, indem jeder einen Stein aus dem Talon nimmt. Der Spieler mit der höchsten Punktzahl gewinnt.

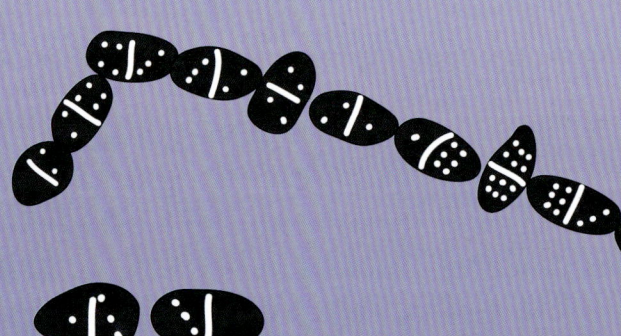

5 Dieser Spieler legt den ersten Stein. Der nächste legt einen von seinen Steinen an das Ende des ersten Steines, wobei die Punktzahl übereinstimmen muss. Wenn der Spieler keinen passenden Stein hat, muss er einen aus dem Talon nehmen.

6 Nun legt jeder der Reihe nach einen passenden Stein an eines der beiden Enden. Einen Doppelstein legt man besser vertikal statt horizontal. Jedes Mal, wenn man keinen passenden Stein hat, bedient man sich aus dem Talon. Wenn nicht genug Platz ist, legt die Steine um die Kurve. Der Erste, der keine Steine mehr hat, ist Sieger!

FERTIG!

18 DREI GEWINNT MIT MARIENKÄFERN

Vielleicht kennst du das Spiel mit X und O. Die alten Römer nannten es *lapilli*. Wie auch immer du es nennst, es ist super cool, wenn du es mit süßen Marienkäfern spielst!

Du brauchst
- 10 glatte, flache Steine
- Acrylfarben: rot, schwarz, weiß, blau und gelb
- Kreide
- Pinsel
- Stäbe und Zweige
- Gartenkordel

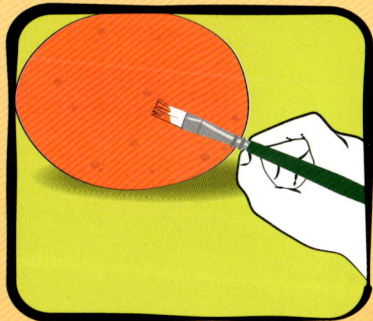

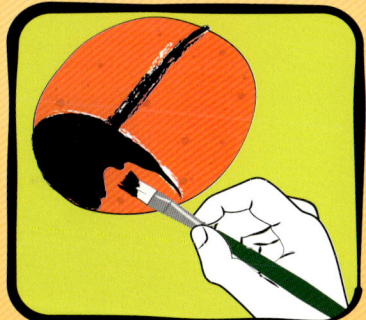

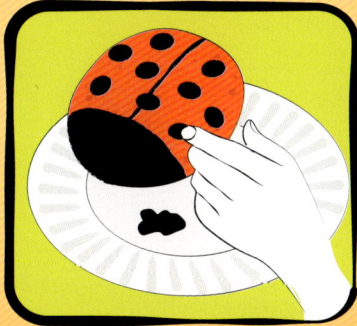

1 Suche im Garten oder Park 10 Steine in der Form von Marienkäfern. Male 5 davon rot, die anderen gelb an – in mehreren Schichten, sodass sie gut abgedeckt sind. Lasse die einzelnen Farbschichten gut durchtrocknen.

2 Zeichne die Linien für Kopf und Flügel mit Kreide vor. Ziehe mit einem dünnen Pinsel und schwarzer Farbe diese Linien nach und male den Kopf aus. Die Kreide kannst du abwischen, sobald alles trocken ist.

3 Nun füge die Punkte hinzu, entweder mit einem Pinsel oder du tauchst einen Finger in die Farbe und tupfst die Farbe auf.

4 Sobald die schwarze Farbe trocken ist, male die anderen Details — Augen, Mund, Nase und Fühler. Das Pinselende eignet sich gut, um die Punkte für die Fühler zu machen.

5 Hast du die 10 Steine bemalt, hast du alles für das Spiel. Mache ein Raster auf dem Boden mit überkreuzten Stäben und Zweigen. Mit Gartenkordel kannst du es stabiler machen.

6 Spiele nun „Drei gewinnt". Ein Spieler verwendet die roten, der andere die gelben Marienkäfer. Legt abwechselnd einen Käfer in ein Quadrat. Der Erste mit drei in einer Reihe hat gewonnen!

FERTIG!

19 KARTENHAUS BAUEN

Beginne mit drei Stockwerken, dann füge an der Basis mehr Dreiecke an, damit es höher wird. Für 6 Stockwerke muss das unterste Stockwerk aus 6 Dreiecken bestehen.

1 Stelle zwei Karten gegeneinander in Balance auf, sodass ein Dreieck entsteht. Wiederhole das, bis du drei Dreiecke hast.

2 Lege vorsichtig zwei Karten flach auf die Spitzen der Dreiecke.

Du brauchst
- Spielkarten
- Eine ebene Fläche und eine ruhige Hand

3 Baue das nächste Stockwerk, indem du mit vier Karten zwei Dreiecke aufstellst, und lege eine Karte darüber. Darauf stellst du ein Dreieck aus zwei Karten für das dritte Stockwerk.

Warum nicht?
Fordere Freunde heraus: Wer kann das höchste Haus bauen?

FERTIG!

20 LASSE DIE MÜNZE WANDERN

Nimm dir Zeit, um diesen Trick vor dem Spiegel zu üben, bevor du ihn einem Publikum vorführst.

1 Lege die Münze in die Handfläche der rechten Hand, genau vor den Zeigefinger.

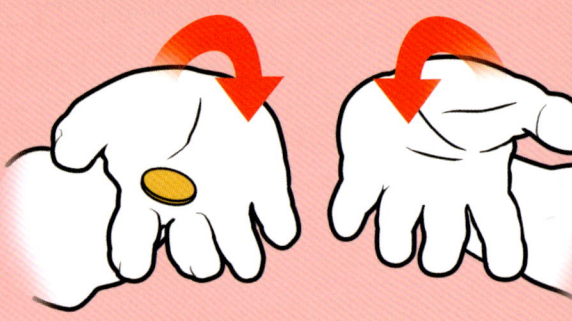

2 Zeige dem Publikum beide Handflächen, dann drehe deine Hände schnell um und balle sie zu Fäusten. Die Münze sollte dabei in die andere Hand wandern.

Top-Tipp
Die Münze muss an der richtigen Stelle liegen, damit der Trick funktioniert. Wenn nicht, versuche, die Hände zu wechseln.

3 Öffne nun die Hände und zeige dem Publikum, dass die Münze in deiner linken Hand liegt.

FERTIG!

21 ERFINDE DEN GEHEIMEN HANDSCHLAG

Psssst! Was ist die coolste Art unter besten Freunden, hallo zu sagen? Ein supergeheimer Handschlag, komplett mit Ziehen, Schnappen und anderen gekonnten Bewegungen.

1.

2.

3.

1 Entscheidet euch für 5 oder 6 Gesten für den Handschlag. Schaue auf der Liste unten nach, was für dich und deine Freunde passend wäre.

2 Jeder geheime Handschlag sollte alle Sinne mit einschließen. Johlen, Pfeifen, Zungenschnalzer und Kreischen gehören dazu.

3 Einigt euch auf eine Reihenfolge der Gesten. Denke daran, etwas besonderes hinzuzufügen – eine Bewegung, die ihr euch gemeinsam ausdenkt.

Warum nicht ...

- Faustgruß
- Handgelenkgriff
- Fingerhakeln
- Fingerspitzen berühren
- Schulterstoß
- Finger in die Höhe
- Spinnengruß
- High Five (oben und unten)
- High Ten (mit beiden Händen)
- Umarmung
- Hüftstoß
- Handflächen reiben
- Finger ziehen

Top-Tipp
Üben, üben, ÜBEN. In einem Handschlag kann es fünf oder mehr Schritte geben, doch es sollte mühelos aussehen.

FERTIG!

22 ZEIGE EINEN TRICK

Jetzt aber schnell! Am leichtesten beeindruckst du Freunde und Familie mit ein paar Tricks im Ärmel. Versuche diesen bei der nächsten Party!

SCHWEBENDES KETCHUP

1 Bevor du beginnst, fülle eine leere Plastikflasche fast bis oben voll mit Wasser. Erkläre dem Publikum, dass sich ein Päckchen Tomatenketchup nach deinem Befehl bewegen wird. Stecke das Päckchen in die Flasche und schließe den Deckel.

2 Halte die Flasche mit einer Hand gut fest, sodass man das Ketchup-Päcken sieht. Zeige mit der anderen Hand auf das Päckchen und gib die Kommandos: „Ketchup rauf!", „Ketchup runter!"

3 Der Trick: Wenn du dem Päckchen befiehlst, zu steigen, drücke die Flasche leicht zusammen. Der Wasserdruck wird es auf deinen Befehl steigen, fallen oder sogar stoppen lassen!

FERTIG!

23 SCHATTEN-SPIELE

Du kannst einen ganzen Zoo an der Wand zum Leben erwecken – nur mit deinen Händen, Fingern und klug arrangiertem Licht.

SHOWTIME

Richte eine leuchtende Taschenlampe auf eine leere Wand. Das Lustige an Schattentieren ist das Üben! Versuche, verschiedenen Formen und Tiere, um zu sehen, was am besten aussieht.

Krokodil

Ziege

Hase

Vogel

Kamel

Warum nicht? Veranstalte ein Schattentheater für Freunde und Familie!

FERTIG!

24 TRICK MIT EINEM LUFTBALLON

Wenn du eine Nadel in einen Luftballon stichst, platzt er, oder? Verblüffe deine Freunde mit diesem einfachen Trick.

1 Bevor du den Trick deinem Publikum vorführst, klebe einen kleinen Streifen transparentes Klebeband auf den Luftballon.

BÄNG!

2 Nun zum Trick! Halte den Luftballon so, dass das Klebeband nicht zum Publikum zeigt. Sprich die Zauberformel, während du eine Nadel nimmst und diese vorsichtig (pass auf deine Finger auf) durch das Klebeband in den Ballon stichst. Dieser sollte nicht platzen!

3 Zu guter Letzt beweise, dass der Luftballon kein Fake war – stich die Nadel hinein und beende deinen Trick mit einem Knall!

FERTIG!

25 DRACHEN BASTELN UND FLIEGEN LASSEN

Es gibt viele verschiedene Arten von Drachen. So kannst du schnell einen Drachen aus einer einfachen braunen Papiertüte basteln!

1 Bearbeite zuerst die Tüte. Verziere sie mit Textmarkern und den Mustern, die dir gefallen!

beidseitiges Klebeband

Warum nicht?

Experimentiere mit verschiedenen Materialien. Fliegt eine größere Papiertüte schneller? Fliegt ein Plastikbeutel höher?

2 Öffne die Papiertüte und mache je ein Loch an den vier Ecken am oberen Ende der Tüte. Die Löcher sollten etwa 3 cm vom oberen Rand entfernt sein.

Locher

4 Klebe als Schwanz für den Drachen einige Stücke Krepppapier auf die geschlossene Seite.

5 Nun ist es Zeit, abzuheben! Laufe schnell und ziehe den Drachen hinter dir her, bis er einen Windstoß auffängt und sich in die Lüfte erhebt.

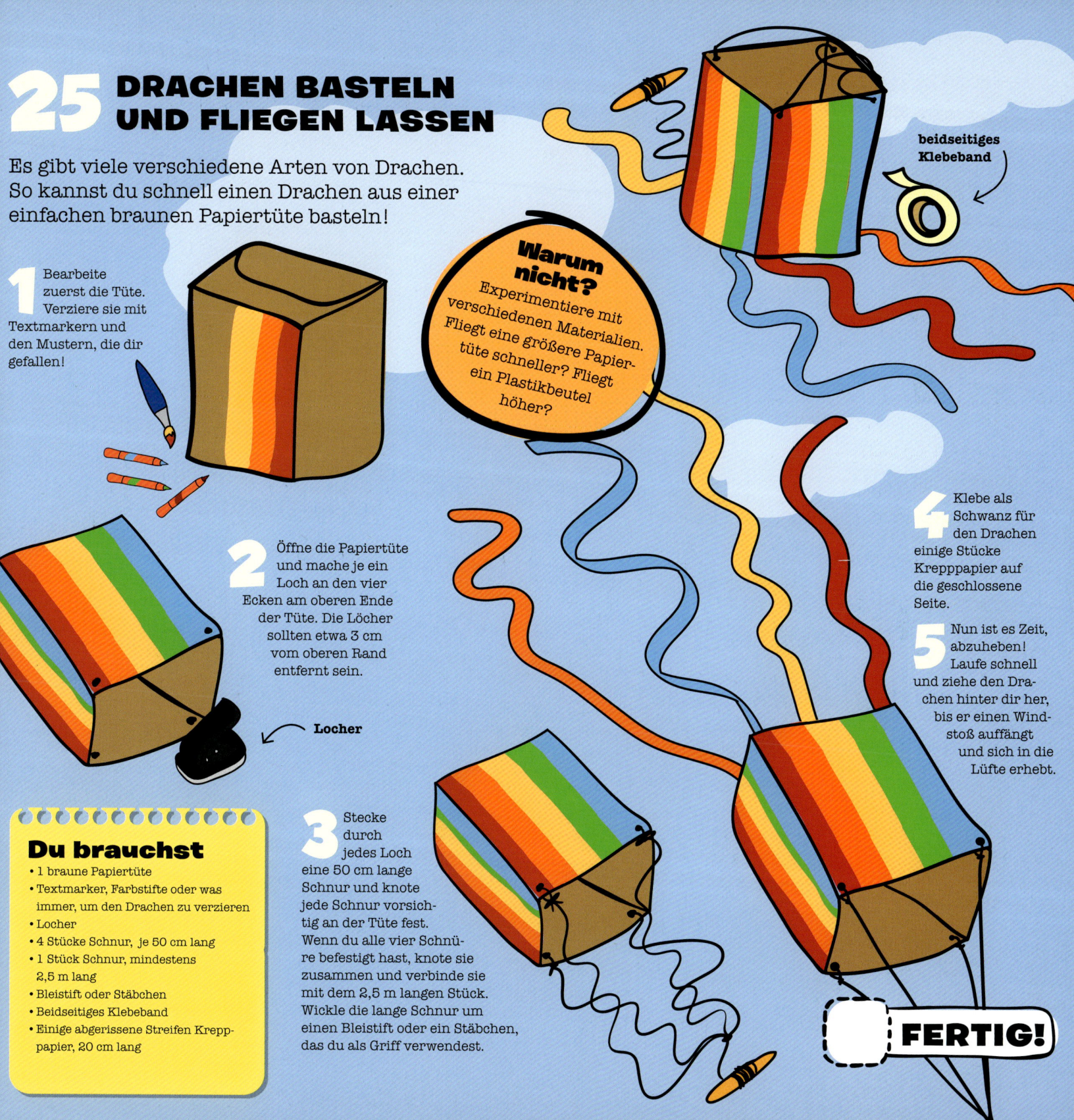

Du brauchst

- 1 braune Papiertüte
- Textmarker, Farbstifte oder was immer, um den Drachen zu verzieren
- Locher
- 4 Stücke Schnur, je 50 cm lang
- 1 Stück Schnur, mindestens 2,5 m lang
- Bleistift oder Stäbchen
- Beidseitiges Klebeband
- Einige abgerissene Streifen Krepppapier, 20 cm lang

3 Stecke durch jedes Loch eine 50 cm lange Schnur und knote jede Schnur vorsichtig an der Tüte fest. Wenn du alle vier Schnüre befestigt hast, knote sie zusammen und verbinde sie mit dem 2,5 m langen Stück. Wickle die lange Schnur um einen Bleistift oder ein Stäbchen, das du als Griff verwendest.

FERTIG!

26 PAPIERFLIEGER BASTELN

Dieses Spiel stellt sowohl dein Geschick zum Fliegerbasteln als auch deine Zielgenauigkeit auf die Probe. Spiele mit Freunden und führe eine Punkteliste oder trainiere allein.

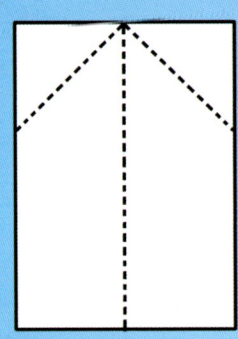

1 Falte das Papier für die Flieger der Länge nach in der Mitte, dann falte die oberen zwei Ecken zur Mitte hin.

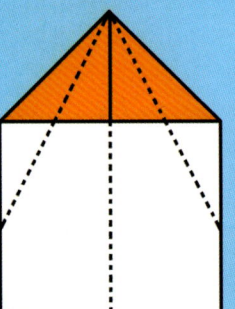 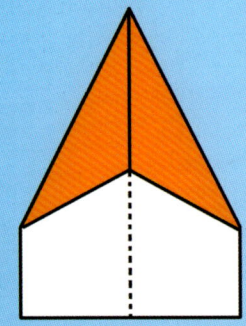

5 Male einen Himmel als Hintergrund auf den Karton (wenn du magst) und schreibe zu jedem Loch, je nach Größe, eine Punktzahl – kleinere Löcher sind mehr Punkte wert als größere.

Top-Tipp
Das Geheimnis guter Papierflieger ist, die Kanten scharf zu falten. Streiche sie bei jedem Abschnitt mit dem Fingernagel fest.

2 Falte die zwei abgeschrägten Seiten nach innen, sodass sie sich in der Mitte treffen.

6 Lehne den Karton gegen Stühle, oder klebe ihn mit Abdeckband in einen Durchgang. Wird dein Flieger es schaffen, durch ein Loch zu segeln oder kracht er gegen den Karton?

3 Nun falte das Papier entlang der Mittellinie, sodass der gefaltete Teil nach innen zeigt, dann falte für die Flügel die Klappen auf jeder Seite nach außen.

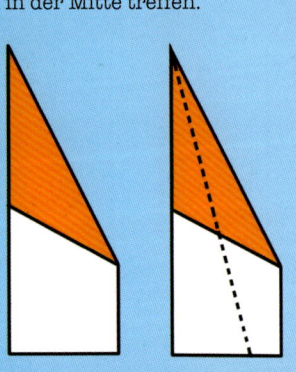

4 Während du die Papierflieger machst, bitte einen Erwachsenen, Löcher in den Karton zu schneiden. Einige sollten gerade so groß sein, dass der Flieger durchpasst, andere sollten größer sein.

FERTIG!

27 DREHE EINEN SCHWAN

Verwandle einen Luftballon in einen schönen Schwan und beeindrucke deine Party-Gäste!

Drehe hier

1 Verwende für diesen Trick einen langen, dünnen Luftballon. Blase ihn bis auf 5–10 cm am Ende fast ganz auf. Biege den Ballon zu einem großen Kreis, sodass der Knoten auf der Hälfte innerhalb des Kreises ist. Fasse den Ballon in der Mitte, drehe ihn ganz herum und halte den Knoten fest.

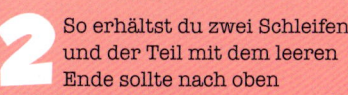

2 So erhältst du zwei Schleifen und der Teil mit dem leeren Ende sollte nach oben stehen. Das wird der „Kopf" des Schwans. Für den „Körper", biege die linke Schleife des Ballons nach hinten durch die rechte Schleife.

Drücke hier

3 Während du das obere Ende festhältst, drücke die Luft aus dem aufgeblasenen Teil rund um die Biegung in den Ballon. So bleibt er in gebogener Position, die genau einem Schwanenhals entspricht!

FERTIG!

28 SEI EIN BAUCHREDNER

Hast du eine Sockenpuppe? Es wird Zeit, ihr das Sprechen beizubringen!

BLA BLA BLA BLA BLA

TON	TIPP
Für B	Ersetze es durch ein „d" oder ein „g" ganz hinten im Rachen.
Für F	Verwende ein angehauchtes „h", so das „fast" wie „hast" klingt.
Für M	Ersetzte es durch „n", sodass aus „Meister" ein „Neister" wird.
Für P	Sprich stattdessen ein „kl" hinten im Rachen: „Klüree" statt „Püree".
Für Q	Zieh es in die Länge, sodass es wie „koo" klingt.
Für V	Verwende wie bei F ein „angehauchtes h".
Für W	Am Anfang des Wortes verwende stattdessen „oooh": „ooohlkommen" statt „willkommen".

1 Fessele die Aufmerksamkeit des Publikums, indem du etwas ganz Einfaches sagst, zum Beispiel: „Habt ihr das gehört?" Die Frage wird sie aufmerksamer zuhören lassen.

2 „Verschlucke" deine eigentliche Stimme und bewege beim Sprechen die Lippen so wenig wie möglich. Du solltest das Atmen kontrollieren und aus dem „Inneren" des Mundes sprechen.

3 Manche Buchstaben sind eine Herausforderung. Versuche, dafür die Ersatzlaute der Liste zu verwenden:

FERTIG!

29 SPIELE MIT PAPIER UND BLEISTIFT

Mache dich bereit für den Spielespaß!
Alles, was du brauchst, ist ein Bleistift,
Papier und einen Freund oder zwei!

Galgen

Denke an ein Wort und nenne deinem Freund das Thema (Ort, Person, Sport, Film oder TV-Show). Unser Beispiel unten lautet *Italien*. Als Nächstes ziehe eine Linie für jeden Buchstaben des Wortes. Dein Freund wählt dann einen Buchstaben, der im Wort enthalten sein könnte. Ist der korrekt, schreibe ihn an die richtige Stelle auf den Lösungswortlinien. Ist er jedoch falsch, ziehe eine Linie für deinen Galgen! Dein Freund hat sechs Versuche, das Wort zu erraten, bevor der Galgen komplett ist. Hier sind die Schritte, um den Galgen zu vervollständigen:

B ~~R~~ ~~V~~ ~~V~~ _ T A _ _ _ N

SCHARADE

Man braucht mindestens drei Leute, um das Spiel zu spielen. Als Erstes schneide oder reiße Papier in kleine Streifen. Schreibe Namen von Büchern, TV-Shows oder Filmen auf die verschiedenen Papierstreifen. Danach falte diese zusammen und mische sie zu einem Haufen. Nehmt abwechselnd einen Papierstreifen und „spielt" stumme Hinweise, sodass die Freunde die Begriffe erraten können. Es gibt nur eine Regel – man darf keinen Laut von sich geben! Hier sind Beispiele, wie du Hinweise darstellen kannst:

Buch

Film

TV-Show

Du hast es erraten!

FERTIG!

30 RIESENSEIFEN-BLASEN

Bastele deinen eigenen Zauberstab für Riesenseifenblasen!

1 Miss 2 m Schnur ab und fädle sie durch die beiden Strohhalme. Binde die Schnurenden zusammen und ziehe die Halme auseinander, sodass sie die Griffe des Blasen-Zauberstabes bilden.

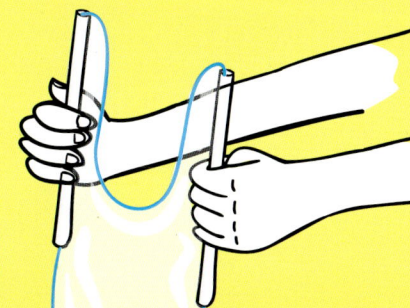

3 Tauche den Zauberstab in die Mischung. Hebe ihn heraus, hoch in die Luft, und gehe langsam rückwärts. Mache dir nichts draus, wenn es beim ersten Mal nicht gelingt – bald machst du spektakuläre Blasen!

2 Gib alle Zutaten für die Seifenlauge in die große Schüssel und vermische sie.

FERTIG!

31 NIE WIEDER LANGEWEILE

Auch wenn du ganz allein bist, ist das kein Grund für Langeweile! Es gibt immer etwas Lustiges zum Ausprobieren.

1 Lasse einen Tennisball aufspringen und schlage ihn gegen die Wand. Wie oft hintereinander triffst du ihn?

5 Erschaffe ein kleines Schattenpuppentheater mit einer Schachtel, einer Taschenlampe und einigen kleinen Spielfiguren.

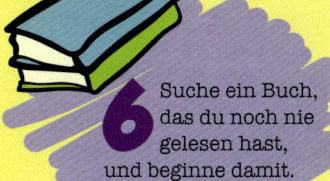

2 Lasse einen Hula-Hoop-Reifen kreisen – drinnen oder im Freien. Wie lange schaffst du es, ohne ihn fallen zu lassen?

6 Suche ein Buch, das du noch nie gelesen hast, und beginne damit.

3 Erfinde einen Tanz zu deiner Lieblingsmusik.

7 Schreibe dir selbst einen Brief in die Zukunft.

8 Erfinde und zeichne deine eigene Comic-Figur.

4 Suche drei Dinge in deinem Zimmer, um damit ein Instrument zu bauen.

FERTIG!

32 DOMINO OHNE ZAHLEN

Du brauchst keine Steine, um Domino zu spielen – nur Bastelstäbchen, farbige Filzstifte und eine flache Oberfläche!

Du musst sieben verschiedene Farben verwenden.

Du brauchst

- 28 hölzerne Eis- oder Bastelstäbchen
- Filzstifte. Du brauchst 7 Farben: blau, grün, violett, gelb, orange und rot. Eine unbemalte Seite des Stäbchens zählt auch als Farbe.
- 1 Umschlag, der groß genug für alle Stäbchen ist

3 Um zu spielen, teile alle Stäbchen zwischen den Spielern auf.

4 Jeder Spieler legt abwechselnd ein Stäbchen ab. Die Farben müssen mit denen am Stäbchen, das auf dem Tisch liegt, übereinstimmen (es gelten beide Enden). Wenn man kein passendes Stäbchen hat, muss man aussetzen.

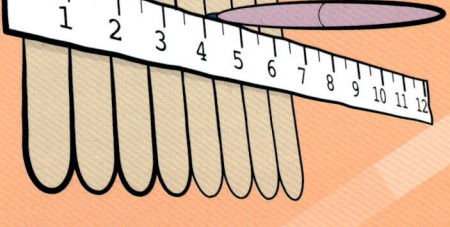

1 Lege einige Stäbchen in eine Reihe und ziehe mithilfe eines Lineals eine Linie quer durch die Mitte (wiederhole es mit allen Stäbchen).

2 Bemale die Hälften der Stäbchen. Folge dabei den Farben auf der Abbildung oben.

5 Der Spieler, der als Erster keine Stäbchen mehr hat, ist der Gewinner.

6 Bewahre das Spiel in einem Umschlag auf, sodass du es leicht auf eine Reise mitnehmen kannst.

FERTIG!

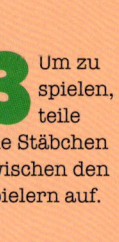

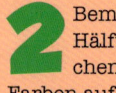

33 SCHIFFE VERSENKEN

Das ist ein großartiges Spiel, wenn du dir mit einem Freund die Zeit vertreiben willst. Vor dem Start bastele einige Raster für die Kriegsflotte.

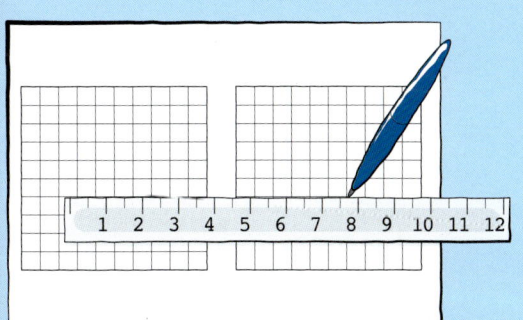

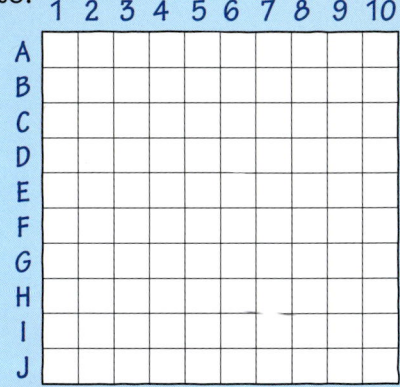

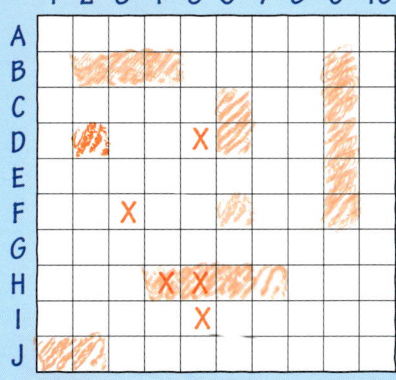

1 Für ein Set zeichne mithilfe von Bleistift und Lineal auf jedes Blatt Papier zwei Raster. Jeder Raster sollte 10 Quadrate quer und 10 längs enthalten, die Größe ist nicht so wichtig.

2 Beschrifte die Raster oben mit den Zahlen von 1 bis 10 und mit A bis J an den Seiten.

3 Jeder Spieler bekommt ein Set von zwei Rastern und zeichnet seine Flotte in das erste Raster nach den Regeln in der blauen Box unten. Du kannst deine Kriegsschiffe überall platzieren, vertikal oder horizontal, jedoch nicht diagonal.

Wo wirst du deinen Flugzeugträger verstecken?

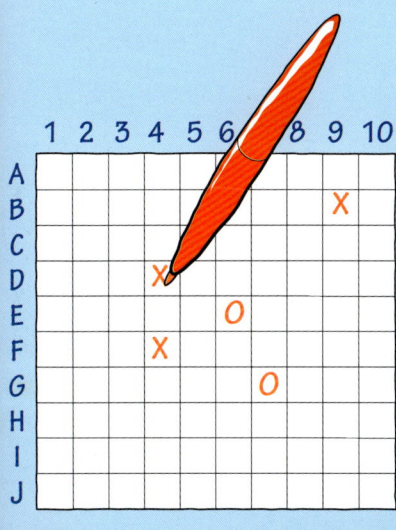

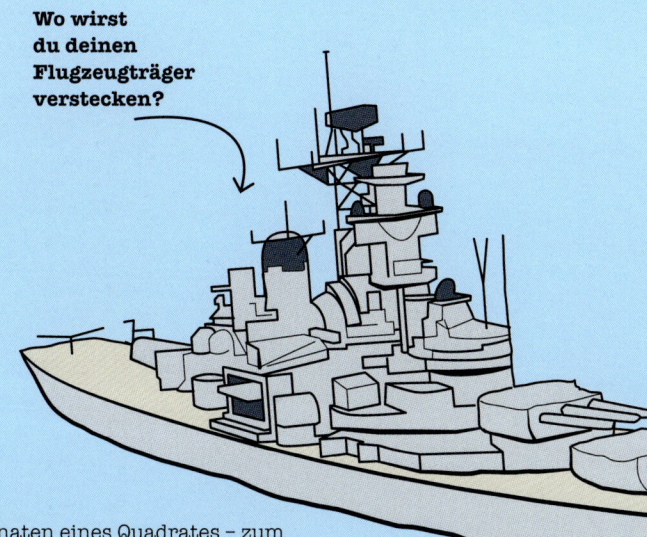

5 Hast du einmal alle Quadrate getroffen und ein Schiff versenkt, muss dir das dein Gegner sagen.

6 Der Spieler, der als Erster alle Schiffe des Gegners versenkt hat, ist der Sieger.

4 Nun nennt abwechselnd die Koordinaten eines Quadrates – zum Beispiel 4D oder 9B. Der Gegner muss nun mitteilen, ob eines der Schiffe auf seinem Raster getroffen wurde oder nicht. Bei einem Treffer markiere auf dem entsprechenden Quadrat auf deinem zweiten Raster ein X, ohne Treffer ein O.

SCHIFFE PRO SPIELER:
1 Flugzeugträger: 5 Quadrate
1 Kriegsschiff: 4 Quadrate
1 Kreuzfahrtschiff: 3 Quadrate
2 Zerstörer: je 2 Quadrate
2 Unterseeboote: je 1 Quadrat

FERTIG!

34 ENTDECKE DIE ZAHL

Spiele das nächste Mal, wenn du im Auto bist, Zahlen entdecken! Spiele in Teams, sodass alle mitspielen können.

Warum nicht?

Wenn du auf einer längeren Reise bist, halte während des ganzen Abenteuers die Augen offen nach Zahlen.

1 Entdecke drei einstellige Zahlen hintereinander, entweder auf einem Autonummernschild oder auf einem Gebäude, zum Beispiel.

3 Variiere das Spiel, indem du nur zwei Zahlen addierst und schreibe die Summen auf. Versuche während der Fahrt alle Möglichkeiten zu entdecken, von 2 (1 + 1) bis 18 (9 + 9).

$$9 + 9 + 9 = 27$$

2 Addiere die Zahlen. Der Gedanke dahinter ist, zu sehen, was deine höchste entdeckte Zahl während der Reise ist. Der Spitzenwert wäre 27 (9 + 9 + 9).

 **FERTIG!**

35 SPIELE ABC-KNOCKOUT

Das ist ein lustiges Spiel für mehrere Spieler während einer längeren Autofahrt. Beweise dein Geschick als Detektiv!

Warum nicht?

Man kann dieses Spiel auch spielen, ohne Dinge zu entdecken. Einigt euch auf Kategorien wie Tiere, Vornamen von Mädchen oder Jungen und schreibt dann eure alphabetische Liste.

1 Schreibe die Buchstaben des Alphabets auf die linke Seite des Papiers.

Du brauchst
- Stifte und Papier für jeden Spieler
- 1 Uhr, um die Zeit zu stoppen

2 Entdecke ein Ding für jeden Buchstaben und schreibe es auf. Spielt für 10 Minuten, dann lest eure Antworten laut vor.

3 Haben zwei Spieler dieselbe Antwort, wird diese durchgestrichen und zählt nicht. Verteile je einen Punkt für eine Antwort, die sonst niemand hat.

 **FERTIG!**

36 WORTE RATEN – KÄTZCHEN ZEICHNEN

Unter 29 hast du das „Galgen"-Spiel schon kennengelernt. Das ist ein wenig schauerlich, deshalb haben wir das Spiel flauschig und niedlich gemacht.

1 Der erste Spieler denkt an ein Wort und zeichnet für jeden Buchstaben einen Strich. Das Wort Buch zum Beispiel hätte vier Striche.

2 Der zweite nennt einen Buchstaben. Wenn er im Wort vorkommt, schreibt man ihn über den Strich.

3 Kommt der Buchstabe im Wort nicht vor, beginnt man mit der Katze. Es gibt 10 Abschnitte zu zeichnen.

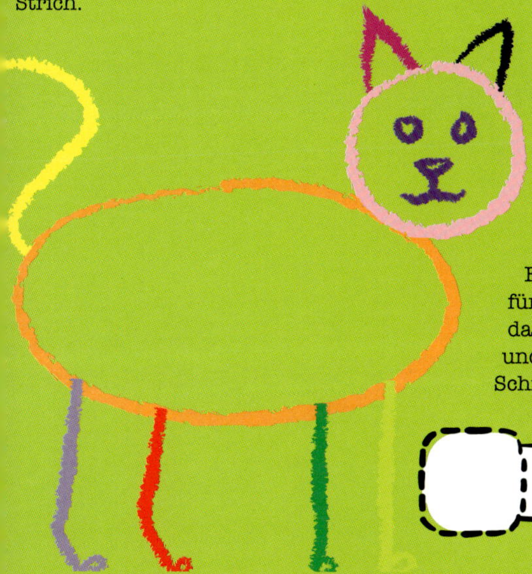

4 Jedes Mal, wenn ein Spieler falsch rät, wird ein Abschnitt der Katze gezeichnet. Wird sie fertig, bevor die Spieler das Wort errät? Es gibt 10 Abschnitte für das Kätzchen und das Gesicht (Augen, Nase und Mund) ist der letzte Schritt.

FERTIG!

37 WÄRST DU LIEBER …?

Hier ist ein Fragespiel mit Spaßfaktor.

Warum nicht? Erfinde deine eigenen coolen „Wärst-du-lieber"-Fragen.

WÄRST DU LIEBER …

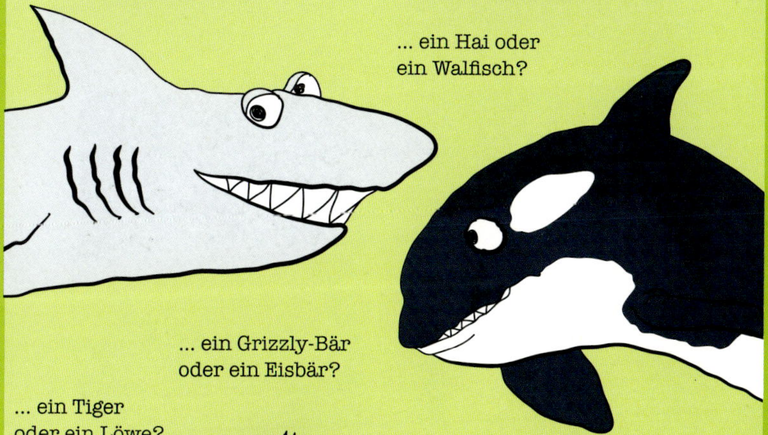

… ein Hai oder ein Walfisch?

… ein Grizzly-Bär oder ein Eisbär?

… ein Tiger oder ein Löwe?

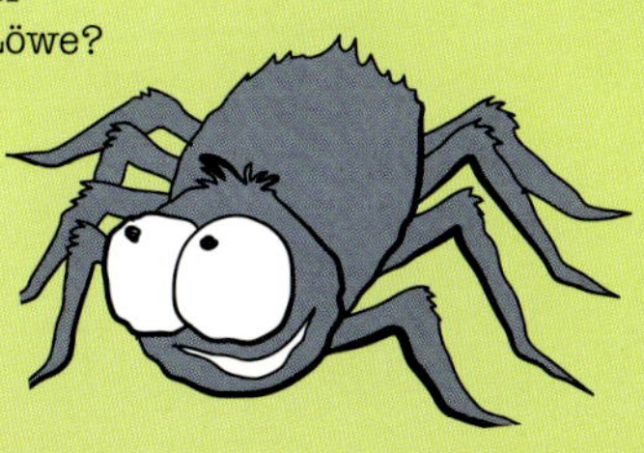

… ein Hund oder eine Katze?
… ein Vogel oder eine Biene?
… ein Pferd oder ein Hirsch?

… ein Wurm oder eine Spinne?

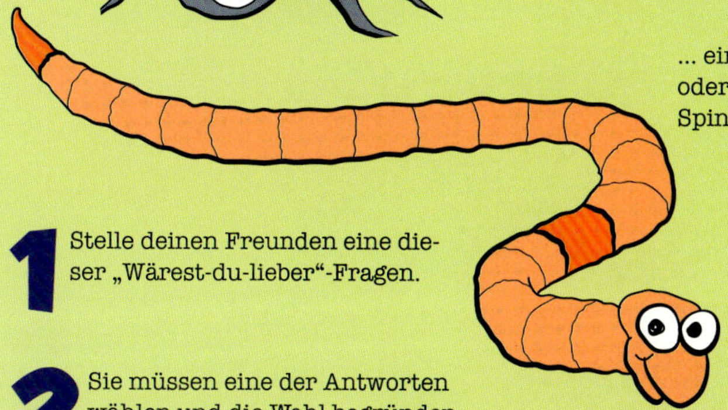

1 Stelle deinen Freunden eine dieser „Wärest-du-lieber"-Fragen.

2 Sie müssen eine der Antworten wählen und die Wahl begründen.

FERTIG!

38 EINIGE ZAUBERTRICKS

Verblüffe Freunde und Familie mit einigen Zaubertricks! Mit ein wenig Übung wirst du sie ohne besondere Ausrüstung beeindrucken können, doch es hilft, wenn man die richtige Kleidung trägt.

DER WACHSENDE ARM

1 Halte den rechten Arm quer zum Körper, fest an die Brust gepresst.

2 Packe das rechte Handgelenk und ziehe – lasse es wie harte Arbeit aussehen. Sprich mit lauter Stimme: „Arm, wachse!"

3 Beginne den rechten Arm nach links zu ziehen. Achte darauf, dass der lange Ärmel an seinem Platz an die Brust gepresst bleibt. Dein Arm scheint magisch zu wachsen!

STIFT DURCH GEDANKEN BEWEGEN

1 Verkünde deinem Publikum, du würdest versuchen, den Stift nur durch die Macht der Gedanken zu bewegen. Lege den Stift wie abgebildet auf dem Tisch.

2 Mache ein paar Bewegungen, um das Publikum abzulenken. Zeige ihnen, dass du bereit bist, die Macht der Gedanken zu nutzen!

3 Beuge dich vor und blase ganz sachte, ohne Geräusch. Das Blasen wird besser verborgen, wenn du den Trick in lauter Umgebung wie einem Café vorführst. Die Baseballkappe schirmt dein Gesicht ab.

 **FERTIG!**

39 BILDE EIN QUADRAT

Hier ist ein Spiel mit Stift und Papier für zwei Spieler – ideal für einen Regentag oder unterwegs.

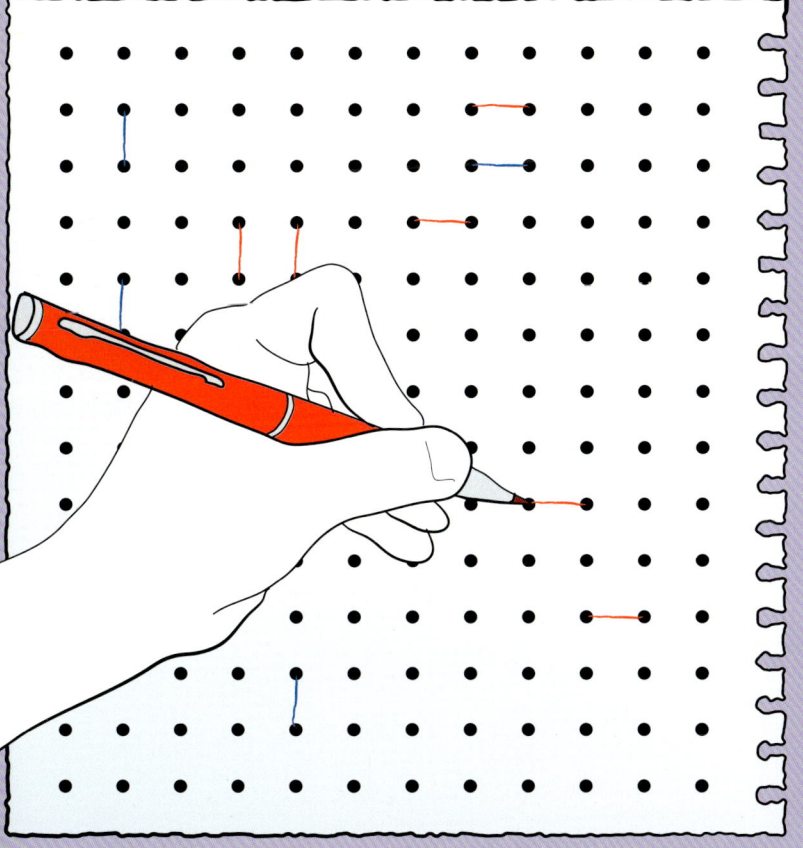

1 Zeichne ein Punkteraster wie abgebildet. Du könntest 8 Punkte nach unten und 8 Punkte quer zeichnen, doch wenn du möchtest, kannst du das Raster auch größer machen.

2 Der erste Spieler zieht eine Linie zwischen zwei Punkten (bitte keine diagonalen Linien). Der zweite Spieler zieht auch eine Linie zwischen zwei Punkten. Macht abwechselnd so weiter.

3 Wenn du die letzte Seite eines Quadrates ziehen kannst, gewinnst du dieses. Schreibe deine Initialen hinein. Dann darfst du noch eine Linie ziehen.

4 Der Gewinner ist der Spieler mit den meisten Quadraten am Ende des Spieles.

FERTIG!

40 BALANCIERE EINEN LÖFFEL

Versuche diesen Trick bei der nächsten Party!

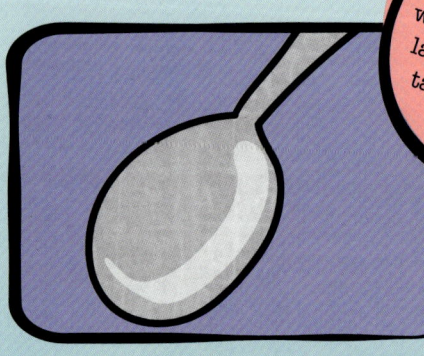

Warum nicht?
Mache etwas Anderes, während du den Löffel balancierst. Singe ein Lied, tanze herum oder sage ein Gedicht auf.

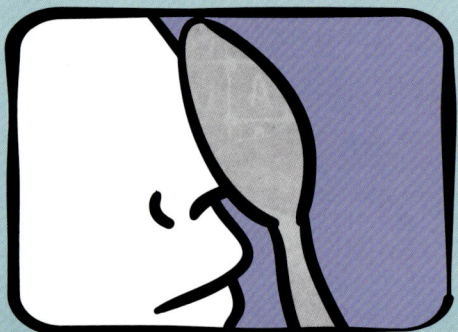

1 Verwende einen kleinen Löffel für den Trick. Ein Teelöffel ist perfekt.

2 Rubbele die konkave Seite des Löffels auf deiner Nase, um Reibung zu erzeugen. Währenddessen neige den Kopf nach hinten. Sobald du spürst, dass der Löffel an der Nase haftet, lasse den Stiel los!

3 Bleibt der Löffel nicht „haften"? Hauche einmal darauf oder reibe mit dem Zeigefinger ein paar Mal darüber, bevor du es nochmals versuchst. Das sollte helfen!

Du brauchst
• 1 Löffel
• Viel Konzentration

FERTIG!

41 SPIELE FLASCHENPOST

Wie wäre es, eine Botschaft zu schreiben, sie in eine Flasche zu stecken und ins Meer zu werfen? Wie weit käme sie? Wer würde sie finden? Lebst du nicht in der Nähe des Meeres, stelle dir vor, was passieren würde und schreibe eine Geschichte?

1 Suche eine mittelgroße Glasflasche mit einem starken Deckel, sodass kein Wasser eintritt.

3 Schreibe die Botschaft, inklusive Email-Adresse eines Erwachsenen, so kann der Finder mit dir in Kontakt treten.

2 Suche einen dünnen Karton und einen Permanent-Marker für deine Botschaft.

4 Stelle sicher, dass sich die Flut zurückzieht ist, wenn du die Flasche ins Meer wirfst, andernfalls wird diese wieder an Land gespült. Los geht's!

FERTIG!

42 BAUE EIN TOLLE FESTUNG

Was gibt es besseres, als eine riesige, selbstgebaute Festung? Suche Kissen, Decken und Stühle. Mal sehen, was du daraus zaubern kannst.

Entferne alle zerbrechlichen Dinge. Nimm keine schwachen oder zu kleine Möbel, die auf die Leute innerhalb der Festung herunterfallen könnten.

Drapiere Decken, Leintücher und Handtücher über große Möbelstücke wie Tische oder die Rückenlehnen von Lehnstühlen oder Sofas.

Verwende auch Stühle, um die Tücher oben zu halten. Drehe sie um, so kannst du sie im Inneren der Festung als Tisch verwenden.

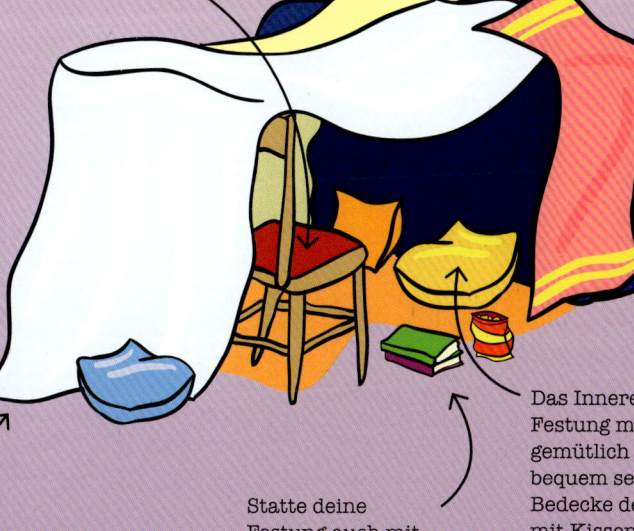

Leintücher ergeben das beste Dach, denn sie sind leicht. Befestige sie mit großen Wäscheklammern oder Kissen.

Statte deine Festung auch mit Dingen aus, die Spaß machen: Bücher, Spiele und Snacks sind perfekt!

Das Innere der Festung muss gemütlich und bequem sein. Bedecke den Boden mit Kissen, sodass du überall weich sitzen kannst.

 FERTIG!

43 POOH-STÄBE-WETTSCHWIMMEN

Du kannst dich bei Winnie Pooh für die Erfindung dieses einfachen Spiels bedanken. Er spielte es an warmen, sonnigen Tagen mit Freunden. Spiele es das nächste Mal, wenn du eine Brücke über einen Bach betrittst.

1 Jeder von euch sucht einen Stock. Seht ihn euch gut an, damit ihr wisst, welcher Stock wem gehört. Ihr könnt auch verschiedene bunte Bänder daran knüpfen.

2 Versammelt euch auf der Seite der Brücke, von der die Strömung kommt (flussaufwärts). Steht nebeneinander und haltet die Stöcke mit ausgestrecktem Arm übers Wasser.

3 Achtung, fertig, LOS! Lasst die Stöcke alle gleichzeitig fallen.

4 Lauft auf die andere Seite der Brücke (flussabwärts). Wessen Stock zuerst erscheint, hat gewonnen!

 **FERTIG!**

44 SCHNAPPT DIE ÄPFEL

Es ist zwar ein Halloween-Spiel, doch es macht bei jeder Gelegenheit Spaß – du brauchst nur eine Schüssel voll Wasser und ein paar Äpfel. Aber Achtung, ihr werdet ganz sicher NASS!

1 Stelle eine Schüssel etwa in Hüfthöhe auf eine stabile Unterlage wie einen festen Gartentisch. Fülle sie etwa zu drei Viertel mit Wasser und lasse einige Äpfel darauf schwimmen. Nimm so viele Äpfel, wie hineinpassen, aber nicht so viele, dass sie sich im Wasser nicht mehr bewegen.

2 Die Spieler müssen ihre Hände auf den Rücken legen und versuchen, einen Apfel zwischen ihre Zähne zu bekommen. Legt vorher fest, wie lange ein Spieler dafür Zeit hat – zum Beispiel 20 Sekunden. Alle anderen Spieler zählen die Sekunden herunter.

3 Hat ein Spieler einen Apfel erwischt, hört das Zählen auf – das sind dann seine Punkte. Jeder kommt an die Reihe und der Spieler mit der kürzesten Zeit hat gewonnen!

FERTIG!

45 BAUE DEINEN EIGENEN HINDERNISLAUF

Wenn du das nächste Mal nicht nach draußen kannst, mache dir einen hausgemachten Hindernislauf! Nimm dafür einfach Dinge aus der Wohnung.

START

1 Spielzeug werfen: Stelle einen Wäschekorb an ein Ende des Raumes, nimm einen Arm voll weiches Spielzeug oder Kissen und versuche, sie in den Korb zu werfen. Es müssen drei von fünf im Korb sein, bevor du zur nächsten Station laufen darfst!

2 Lustige Sprünge: Bei dieser Station muss jeder Spieler eine Reihe von Luftsprüngen machen, etwa einen Hampelmann, Froschhüpfen oder Hasenhoppeln.

3 Hula-paloola: Lege einen Hula-hoop-Reifen auf den Boden und springe mit geschlossenen Füßen 10 Mal hinein und heraus.

4 Tunnel-Zeit: mache einen Tunnel aus einer großen Decke (z.B. ein Tischtuch oder ein Bettlaken) und einigen Stühlen. Krieche durch den Tunnel und zurück, dann geht's weiter!

5 Seiltanzen. Lege einen langen Schal in gerader Linie auf den Boden und gib vor, ein Zirkuskünstler zu sein! Laufe über den Schal, ohne über den Rand zu steigen, und strecke für die Balance die Arme zur Seite.

6 Hut ist gut! Nimm einen Stoß Hüte, Schals und Handschuhe. Jeder Spieler muss alles anziehen, sich in Pose werfen, und dann alles wieder ausziehen!

ZIEL

FERTIG!

46 FRÖSCHE UND FLIEGEN

Ist einer deiner Freunde ein Super-Detektiv? Vielleicht will einer deiner Freunde Schauspieler werden? Wenn das so ist, werden sie dieses Spiel lieben.

Warum nicht?

Wenn ihr eine sehr große Gruppe seid, könnt ihr auch einen Fliegenretter bestimmen. Das ist einer, der mit einem bestimmten Zeichen (z. B. hindeuten) die Fliegen wieder zum Leben erwecken kann. Doch wenn der Detektiv herausfindet, wer der Fliegenretter ist, dann wird dieser auch zu einer toten Fliege.

1 Ihr sitzt im Kreis und wählt einen Detektiv. Dieser muss sich nun von der Gruppe entfernen (außer Hörweite), bis er zurückgerufen wird. Inzwischen wählt ihr den Frosch. Alle anderen sind Fliegen.

2 Ruft den Detektiv zurück. Wenn der Detektiv nicht hinsieht, wird der Frosch die Fliegen heimlich „töten", indem er ihnen die Zunge herausstreckt.

3 Die Fliegen sollten so dramatisch wie möglich „sterben" – sich herumwälzen und summen. Dann fallen sie auf einen Haufen auf dem Boden.

4 Der Detektiv muss herausfinden, wer der Frosch ist, bevor alle Fliegen tot sind. Hat der Frosch alle Fliegen bis auf eine getötet, dann ist er der Sieger. Errät der Detektiv davor, wer der Frosch ist, dann hat er gewonnen. Er darf allerdings nur drei Mal raten.

5 Für ein neues Spiel fangt mit einem neuen Detektiv von vorne an.

FERTIG!

47 KLEIDER-STAFFELLAUF

Das ist ein Spiel für mindestens vier Spieler. Seid ihr eine ungerade Zahl, bestimmt eine Person als Schiedsrichter oder ein Spieler darf zwei Mal laufen.

1 Stelle zwei Schachteln mit denselben Kleidungsstücken an ein Ende des Zimmers und die zwei leeren Schachteln an das andere Ende. Teile die Spieler in zwei Teams – die eine Hälfte steht neben der leeren Schachtel und die andere bei der mit den Kleidungsstücken.

Du brauchst
- 4 große Schachteln aus Karton
- 2 gleiche Sets aus Kleidern, groß genug, dass sie allen Spielern passen (T-Shirts, Shorts, Jacken, Hüte, Schals oder Krawatten etc.)

2 Beim Wort „LOS" läuft je ein Spieler von den leeren Schachteln zu den gefüllten und zieht alle Kleidungsstücke an, dann läuft er zur leeren Schachtel zurück, zieht alles wieder aus und legt es in die leere Schachtel.

3 Dann sind die Spieler auf der gegenüberliegenden Seite (bei der leeren Schachtel) dran etc. Das Team, das als Erstes fertig ist, sobald alle drangekommen sind, ist der Gewinner.

FERTIG!

48 KLATSCH DIE RATTE AB

Das Spiel ist für zwei oder mehr Spieler. Hast du keine große Röhre, verwende zwei Küchenpapierrollen und eine kleinere Socke für eine Maus statt einer Ratte.

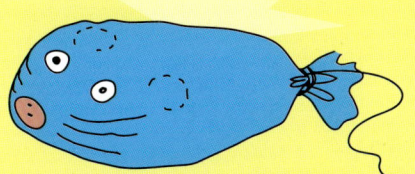

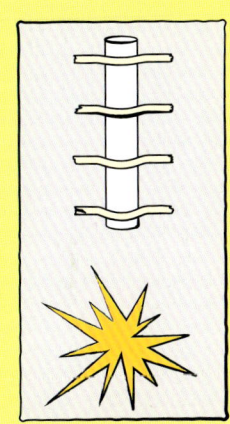

1 Fülle die Socke mit getrockneten Erbsen, Bohnen oder Reis, binde das offene Ende mit der Schnur ab, lasse dabei ein Stück als Schwänzchen stehen. Eventuell kannst du die Socke als Ratte verzieren.

Du brauchst
- 1 alte Socke
- Getrocknete Erbsen, Bohnen oder Reis
- 1 Schnur
- Lange Karton- oder Plastikröhre
- Großes Stück starken Karton oder Holz
- Klebeband
- Zeitungsrolle

2 Klebe die Rolle fest an den Karton oder das Holz. Unter dem Rohr sollte noch ca. 75 cm Karton frei sein.

3 Mache eine „Klatsche", indem du eine Zeitung fest rollst und sie mit Klebeband zusammenhältst. Lehne den Karton gegen eine Wand und lasse die Ratte oben in die Röhre fallen. Der andere Spieler muss versuchen, die Ratte zu erwischen, bevor sie am Boden auftrifft.

FERTIG!

2
KUNSTVOLL

Wer hätte gedacht, dass du ein kreatives Genie bist? Entwirf Grußkarten, style T-Shirts um, spiele in eigenen Filmen oder bastele lustige Pompons und flackernde Laternen, um dein Zimmer zu schmücken. Stecke dein Herzblut in deine Kunst und gestalte deine Mini-Meisterwerke.

49 STRICKEN OHNE NADELN

Mit den Fingern stricken ist wirklich leicht. Es ergibt eine lange Schnur, aus der du Ketten, Gürtel, Kordeln und vieles mehr machen kannst.

Top-Tipp
Um deine Strickerei aufzubewahren, stecke einen Bleistift, Pinsel oder ein Essstäbchen durch die Maschen und ziehe sie von den Fingern.

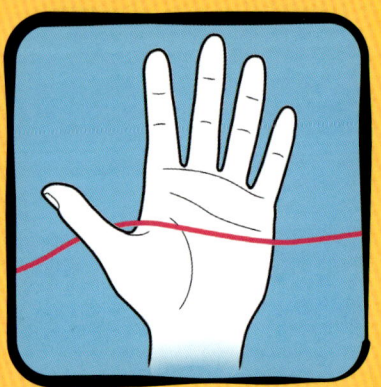

1 Als Rechtshänder lasse das Ende des Knäuels zwischen dem Daumen und der linken Handfläche hängen, als Linkshänder zwischen Daumen und rechter Handfläche.

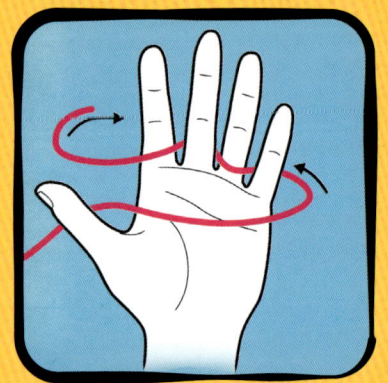

2 Führe das Garn über die Handfläche, schlinge es um den kleinen Finger und führe es abwechselnd vor und hinter den anderen Fingern zurück.

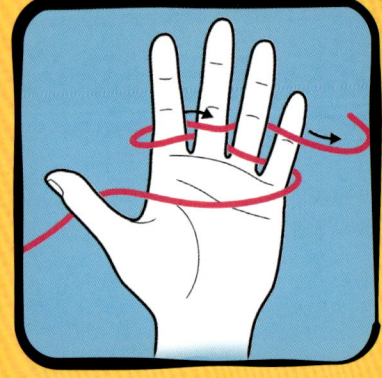

3 Schlinge das Garn um den Zeigefinger und führe es wieder abwechselnd und gegenläufig zurück bis zum kleinen Finger.

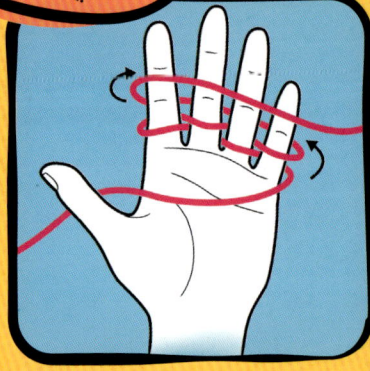

4 Nun schlinge das Garn um alle vier Finger auf einmal.

Du brauchst
- Garn (dickeres Garn eignet sich besser, so kommst du schneller voran)
- Schere
- Bleistift, Pinsel oder Essstäbchen, wenn du die Strickerei für später aufheben willst
- Nadel, falls du die Strickschnüre zusammennähen willst

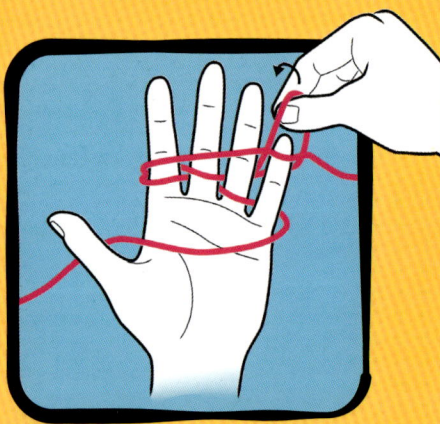

5 Hebe die untere Schlinge über die obere, vom kleinen Finger bis zum Zeigefinger. Wiederhole die Schritte 4 und 5, bis die Strickerei so lang ist, wie du sie haben willst.

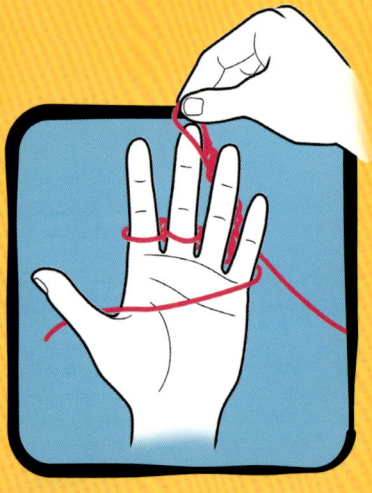

6 Zum Abketten ziehe die Schlinge vom kleinen Finger über den Ringfinger, die untere Schlinge des Ringfingers über den Mittelfinger etc., bis nur mehr die Schlinge am Zeigefinger übrigbleibt. Schneide das Garn mit einem Rest von etwa 15 cm ab, ziehe das Ende durch die letzte Schlinge und binde es ab.

7 Du kannst die gestrickten Schnüre auch flechten und daraus ein Armband für deine Freunde machen.

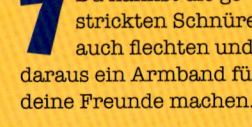

FERTIG!

50 EIER BEMALEN

Du kannst dafür auch hartgekochte Eier verwenden, doch die darfst du nur eine Woche aufheben. Wenn du möchtest, dass deine Eier länger überdauern, blase sie aus, sodass du eine saubere, leere Schale hast. Hier ist die Anleitung.

Top-Tipp
Wirf die Eier nicht weg! Verwende sie für Omeletts, Rührei oder Kuchen.

Du brauchst
• Eier bei Raumtemperatur
• 1 scharfen Gegenstand wie eine Nadel oder Zirkelspitze
• 1 Trinkhalm
• 1 Schüssel
• Lebensmittelfarbe
• Essig
• Optional: Gummibänder, Filzstifte, Stickers, Wackelaugen, Klebesteine, Bänder, Klebeband etc.

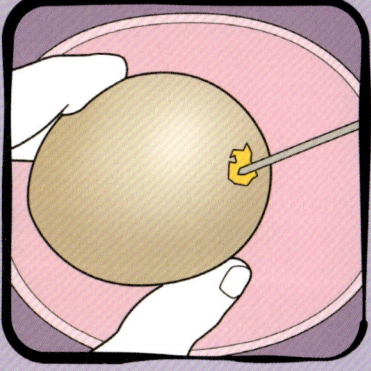

1 Bitte einen Erwachsenen, mit einem scharfen Gegenstand ein Loch am breiteren Ende des Eis zu machen und es vorsichtig zu erweitern, sodass der Inhalt des Eis austreten kann. Stich vorsichtig in das Loch, um das Ei zu mischen, dann mache ein kleineres Loch am anderen Ende des Eis.

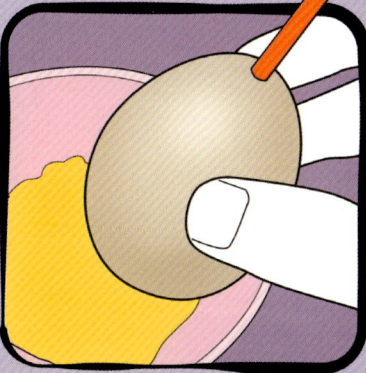

2 Halte das größere Loch über eine Schüssel und platziere einen Trinkhalm über dem kleineren Loch. Blase vorsichtig in den Halm, bis das Ei leer ist.

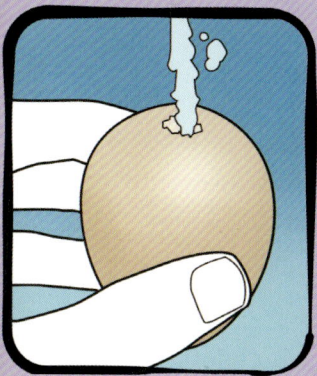

3 Säubere das Ei, indem du es unter den Wasserhahn hältst (vorsichtig, es ist ziemlich zerbrechlich), dann lasse es trocknen.

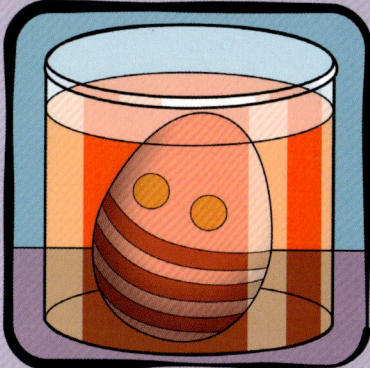

4 Färbe die Eier, indem du sie in ein halbvolles Glas mit heißem Wasser, einem Teelöffel Lebensmittelfarbe und einem Teelöffel Essig legst. Du kannst Streifen, Punkte oder andere Muster erzeugen, indem du Gummibänder oder Sticker auf den Eiern befestigst, bevor du sie ins Wasser legst.

5 Nun wird es Zeit, kreativ zu sein! Hier sind einige EIsgezeichnete Ideen zum Verzieren.

FERTIG!

51 BASTELE MINI-POMPONS

Pompons sind für alle möglichen Bastelarbeiten nützlich. Mit einer Gabel kannst du sie schnell und leicht herstellen.

Du brauchst
- 1 Gabel mit vier Zinken
- Dickes Garn (leichtes Kammgarn eignet sich am besten)
- Schere

1 Schlinge das Garn um die Gabel – mindestens 40 Mal.

2 Schneide ein separates, etwa 20 cm langes Stück Garn ab, dann führe ein Ende zwischen den zweiten und dritten Zinken unten durch und ziehe das andere Ende zwischen den zweiten und dritten Zinken oben durch. Binde die Enden so fest du kannst zusammen.

Warum nicht?
Für Baby-Vögel klebe oder nähe zwei Mini-Pompons zusammen. Füge nur Augen und den Schnabel hinzu.

3 Schiebe das Garnbündel vorsichtig von der Gabel und bitte einen Erwachsenen, dir beim Aufschneiden aller Schlingen zu helfen. Flausche das Pompon zwischen deinen Händen auf und trimme die ungleich langen Enden.

FERTIG!

52 DRUCKE EIGENES GESCHENKPAPIER

Warum stellst du nicht handgedrucktes Papier her, um ein Geschenk einzupacken? Der Stempel eignet sich auch für Anhänger, Karten und Briefpapier.

Du brauchst
- Gewöhnliches Papier, groß genug für das Geschenk
- 1 gleichmäßig gewachsene Kartoffel
- 1 Messer
- 1 Keksausstecher
- Küchenpapier
- Farbe und Pinsel

Sicherheit zuerst!
Bitte einen Erwachsenen, dir beim Schneiden der Kartoffel zu helfen.

1 Je nach Muster halbiere die Kartoffel längs oder der Breite nach und drücke den Ausstecher fest in die Schnittfläche der einen Hälfte.

3 Trage mit einem Pinsel Farbe auf den Stempel und drücke ihn gleichmäßig verteilt auf das Papier. Bevor du es verwendest, lasse die Farbe gut trocknen.

2 Bitte einen Erwachsenen, die Stücke rund um den Ausstecher wegzuschneiden, und trockne die Kartoffel mit Küchenpapier ab.

Warum nicht?
Stelle zweifarbige Muster her, indem du mit der anderen Hälfte der Kartoffel den Hintergrund in einer anderen Farbe druckst.

FERTIG!

53 ZEICHNE EIN PORTRÄT

Wenn du niemanden findest, der gewillt ist, für dich still zu sitzen, versuche ein Selbstporträt zu zeichnen oder kopiere ein Gesicht aus einer Zeitschrift. Natürlich ist jedes Gesicht unterschiedlich, doch diese Tipps helfen dir, die Proportionen richtig hinzubekommen.

Du brauchst
- Papier
- 1 weichen Bleistift
- 1 schwarzen Textmarker
- Farben und Pinsel
- 1 Spiegel für ein Selbstporträt

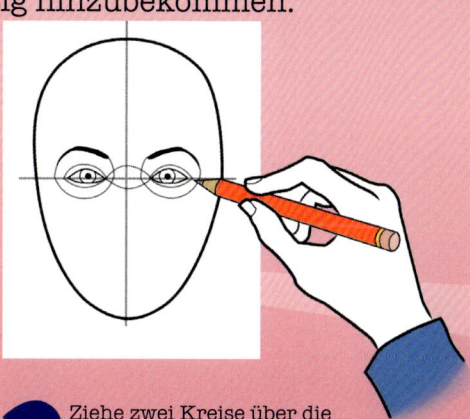

1 Zeichne eine Eiform in die Mitte des Papiers, dann ziehe ein feines Kreuz durch die Mitte. So kannst du die Gesichtsmerkmale besser platzieren.

2 Ziehe zwei Kreise über die horizontale Mittellinie und markiere die Augenbrauen entlang der Oberseite der Kreise, dann zeichne die Augen in der Mitte der Kreise ein. Sie sollten mandelförmig und etwa eine normale Augenweite voneinander entfernt sein.

3 Teile nun die untere Hälfte des Gesichtes, indem du in der Mitte zwischen der Mittellinie und dem Kinn eine feine Linie zeichnest. Skizziere die Nasenspitze, sodass sie diese Linie berührt.

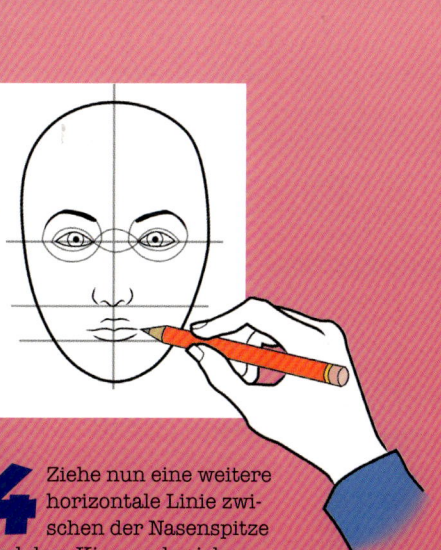

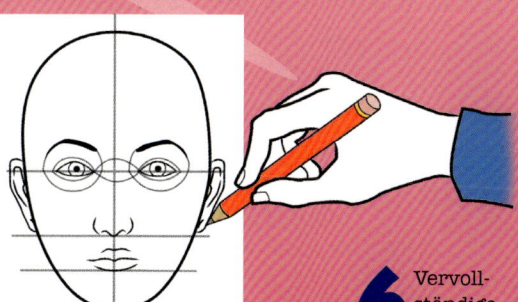

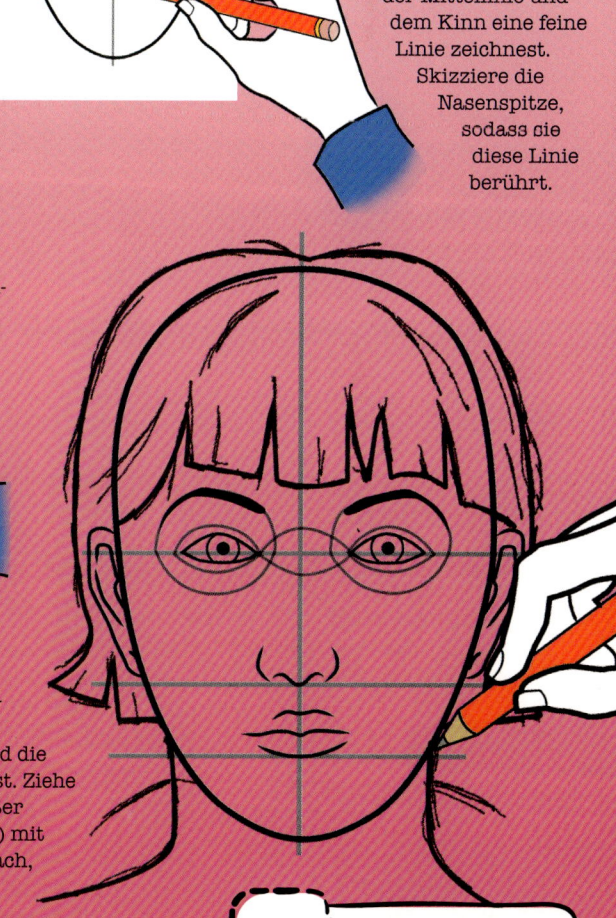

4 Ziehe nun eine weitere horizontale Linie zwischen der Nasenspitze und dem Kinn und zeichne den Mund. Die Unterlippe sollte diese Linie berühren.

5 Füge nun die Ohren an. Der untere Rand des Ohres sollte in einer Linie mit der Nasenspitze sein, die Oberlippe mit den oberen Bögen des Auges.

6 Vervollständige die Zeichnung, indem du den Hals und die Haare zeichnest. Ziehe die Linien (außer den Hilfslinien) mit dem Marker nach, dann radiere die Hilfslinien aus. Nun ist das Porträt fertig zum Ausmalen.

FERTIG!

54 BASTELE EIN KORALLENRIFF

Bastele mit den bunten, tropischen Fischen ein Korallenriff für die Wand – dann mache die Meereskunst mit einem hungrigen Hai noch bissiger!

Du brauchst
- 6 kleine weiße Pappteller
- 2 große weiße Pappteller
- Farben
- Pinsel
- 6 Wackelaugen
- Kleber
- Schere

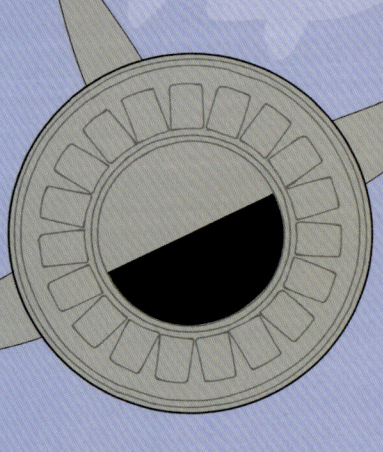

1 Für die tropischen Fische bemale die Rückseiten von vier kleinen Papptellern mit strahlend bunten Farben. Während sie trocknen, schneide aus den restlichen kleinen Tellern Flossen und Schwänze aus und bemale sie ebenfalls.

2 Klebe Flossen und Schwänze auf die andere Seite der bemalten Teller und verziere die Fische mit Streifen, Punkten oder anderen Mustern. Dann klebe die Wackelaugen auf und arrangiere die Fische an der Wand.

3 Bemale für den Hai die Rückseite eines großen Tellers mit grauer Farbe.

4 Schneide drei Flossen aus dem zweiten großen Teller, färbe sie grau und schneide weiße, dreieckige Zähne aus der restlichen Pappe.

5 Sobald die graue Farbe trocken ist, zeichne einen halbkreisförmigen Mund am unteren Ende des Tellers und male ihn schwarz an. Klebe die Flossen auf die andere Seite des Tellers, je eine an den Seiten neben dem Gesicht und die dritte oben auf dem Kopf.

6 Klebe die Wackelaugen auf und statte den Hai mit den furchterregenden Zähnen aus. Platziere ihn an der Wand, wo er auf die bunten Fische lauern kann.

Warum nicht? Male ein Korallenriff als Hintergrund, um die Unterwasserszene zu vervollständigen.

FERTIG!

55 POP-UP-KARTE MIT RIESENMUND

Du kannst die Grußkarten irre niedlich oder irre furchterregend gestalten, je nach Gelegenheit.

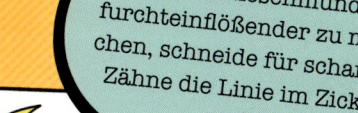

Top-Tipp
Um den Riesenmund furchteinflößender zu machen, schneide für scharfe Zähne die Linie im Zickzack.

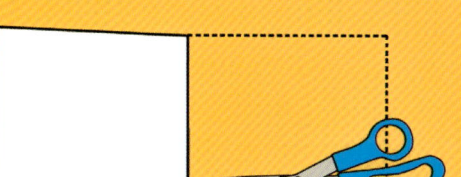

Du brauchst
- 1 dünnen, hellfarbigen Karton in Briefpapiergröße
- 1 dünnen, roten Karton in Briefpapiergröße
- Lineal
- Bleistift
- Schere
- Farben oder bunte Textmarker

1 Falte das Blatt hellfarbigen Kartons in der Mitte. Markiere den Mittelpunkt der Kante und ziehe von dort eine 3 cm lange horizontale Linie, entlang derer du den Karton einschneidest.

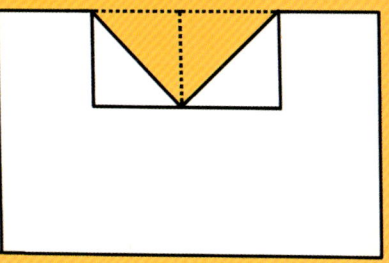

2 Falte die Klappen zurück – so entstehen zwei Dreiecke.

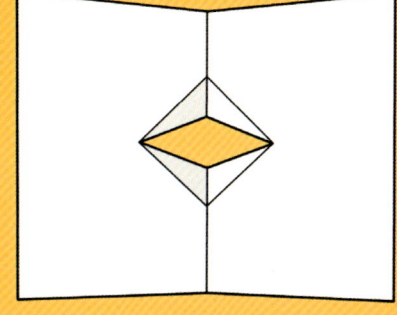

3 Falte die Dreiecke wieder zurück zur Mitte und öffne den Karton. Schiebe die Dreiecke nach oben und drücke sie fest zusammen – so entsteht der Pop-up-Mund.

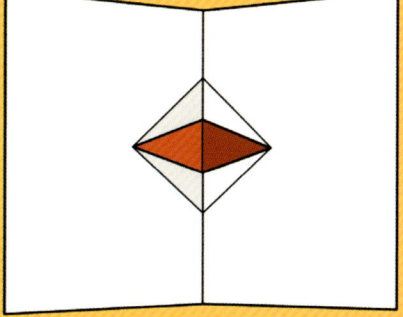

4 Falte nun den roten Karton in der Mitte und klebe die beiden Kartons zusammen. (Rund um den Mund sollte kein Klebstoff sein.)

5 Zeichne ein furchterregendes oder freundliches Gesicht rund um den Riesenmund. Hier sind einige Vorschläge.

FERTIG!

56 VERWANDLE EIN T-SHIRT

Braucht ein altes, langweiliges T-Shirt eine Auffrischung, versuche diese schnelle, leichte Methode!

1 Wähle ein Design für das T-Shirt aus einem Buch oder einer Zeitschrift und zeichne es auf den Karton oder das Plastik mit klebender Rückseite (oder drucke die Zeichnung auf dünnem Karton und schneide sie aus).

Sicherheit zuerst!
Bitte einen Erwachsenen, dir beim Ausschneiden der Form zu helfen. Manche Textilfarben muss man bügeln. Bitte einen Erwachsenen, das zu tun.

2 Lege das T-Shirt auf eine ebene Fläche und stecke den Karton hinein, sodass die Farbe nicht durchläuft. Lege die Vorlage in Position und befestige sie mit doppelseitigem Klebeband, oder ziehe die Folie von der klebenden Rückseite des Plastiks ab.

3 Trage mit Schwamm oder Pinsel vorsichtig Farbe rund um die Vorlage auf. Lasse es trocknen, hebe die Vorlage vorsichtig hoch und folge den Anweisungen, um die Farben waschfest zu machen.

FERTIG!

57 ZEICHNE DEINE HAND IN 3-D

Das ist leicht durchzuführen und das Resultat ist beeindruckend.

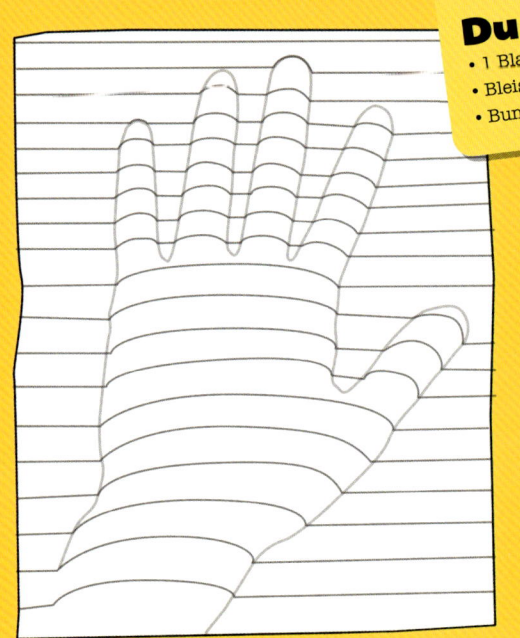

1 Lege deine Hand auf die Mitte des Papiers und ziehe die Umrisse mit einem Bleistift nach.

2 Ziehe eine gerade Linie von der Außenkante des Papiers zur Umrisslinie, dann eine gebogenen Linie über die Hand und eine gerade Linie zur anderen Kante. Wiederhole dies im Abstand von etwa 2 cm, auch über die Finger.

3 Ziehe mit bunten Textmarkern die Bleistiftlinien nach und fülle die Lücken dazwischen aus.

Voilà! Sieh dich nun im Haus um. Was könntest du noch in dieser 3-D-Technik zeichnen?

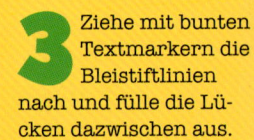

FERTIG!

58 ERZEUGE MARMORIERTES PAPIER

Es eignet sich bestens als Geschenkpapier oder um Bücher einzubinden sowie für coole Grußkarten und Briefpapier. Aber vergiss nicht, vor der Verwendung den Besitzer des Rasierschaums zu fragen!

Top-Tipp
Rollt sich das Papier beim Trocknen auf, setze ein beschwertes Backblech darauf, um es wieder flach zu machen.

Du brauchst
- Rasierschaum
- 1 großes Tablett oder Backblech
- Lineal oder Spachtel
- Lebensmittel- oder Malfarben
- 1 hölzernes Stäbchen (z. B. Zahnstocher oder Essstäbchen)
- Schweres weißes Papier
- Küchenpapier
- Viel Zeitungspapier, um den Tisch sauber zu halten

1 Drücke eine kleine Menge Rasierschaum auf das Tablett oder Backblech und verstreiche ihn mit einem Lineal oder einem Spachtel zu einer dünnen Schicht, nur etwas dicker als das Papier.

2 Tropfe gleichmäßig verteilt Lebensmittel- oder Malfarbe auf den Rasierschaum.

3 Ziehe das Stäbchen durch die Farbklekse, um in den Rasierschaum Farbstreifen zu bringen. Mische nicht zu stark – die Farben sollten getrennt bleiben.

4 Lege das Papier vorsichtig auf den Rasierschaum und drücke sachte und gleichmäßig darauf.

5 Hebe das Papier wieder ab und lege es mit der farbigen Seite nach oben auf Küchenpapier.

6 Schabe mit Lineal oder Spachtel den Schaum ab, die Farben lässt du auf dem Papier. Danach lasse das Papier trocknen.

FERTIG!

59 SALZTEIG BACKEN

Salzteig ist leicht zu machen und man kann ihn zu vielen Formen kneten oder ausstechen, aber nicht essen!

1 Vermische Mehl und Salz in einer Schüssel, dann gieße nach und nach das Wasser dazu – ist der Teig zu klebrig, füge mehr Mehl hinzu. Mit den Händen gut glatt kneten.

2 Salzteig eignet sich perfekt für Dekoration bei allen möglichen Feierlichkeiten. Roll den Teig aus und steche mit Keksausstechern die Formen aus. Bohre vor dem Backen mit einem Halm oder Stäbchen in der Mitte ein Loch, sodass du es aufhängen kannst.

3 Lege die Formen auf Backpapier auf ein Backblech. Backe sie bei 100°C, bis sie komplett trocken sind. Das dauert zwischen einer und drei Stunden, je nach Dicke. Ist der Teig ausgekühlt, kannst du ihn bemalen.

Du brauchst
- 250 g Mehl
- 270 g Salz
- 235 ml lauwarmes Wasser
- Keksausstecher
- 1 Trinkhalm oder Essstäbchen
- Backpapier
- Farben

Wie man Salzteig verwendet

Hänge Salzteig-Formen zur Dekoration auf eine Girlande oder in einen Baum. Wenn du sie in Seidenpapier wickelst, kannst du die Formen jahrelang aufbewahren.

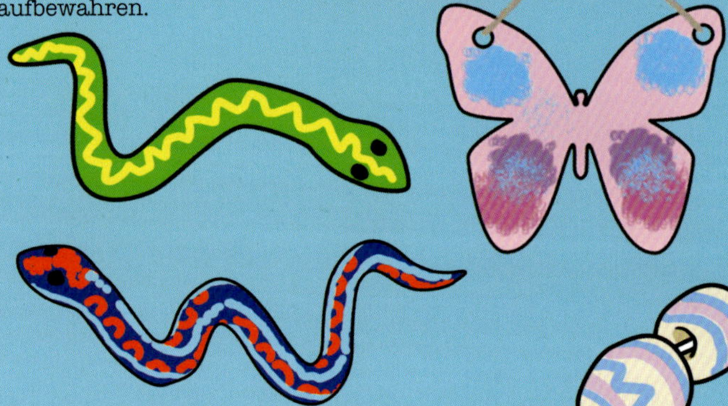

Aus Salzteig kann man auch tolle Schlangen basteln. Suche doch Bilder von den buntesten Schlangen wie der Kornnatter oder der Strumpfbandnatter und bemale deine Schlangen dementsprechend.

Hast du etwas Salzteig übrig, mache daraus Perlen für andere Bastelprojekte. Roll den Teig zu Kugeln und bohre in der Mitte mit einem Halm, Stäbchen oder Bleistift ein Loch.

FERTIG!

60 STOFFE WEBEN

Mit Stoffstreifen zu weben geht viel schneller als mit Garn. Hänge das fertige Stück an die Wand, oder verwende es als Matte oder Untersetzer.

Du brauchst
- Festes Stück Karton
- Lineal
- Bleistift
- Schere
- Dickes Garn
- Stoffstreifen (oder Bänder), etwa 2 cm breit
- Kleber

Sicherheit zuerst!
Dicker Karton ist schwer zu schneiden, bitte deshalb einen Erwachsenen um Hilfe.

1 Miss die Oberkante des Kartons und markiere die Mitte, dann mache auf jeder Seite des Mittelpunktes im Abstand von 1,5 cm einen Punkt. Wiederhole den Vorgang an der Unterkante und schneide mit einer Schere etwa 1 cm lange Schlitze an den Markierungspunkten.

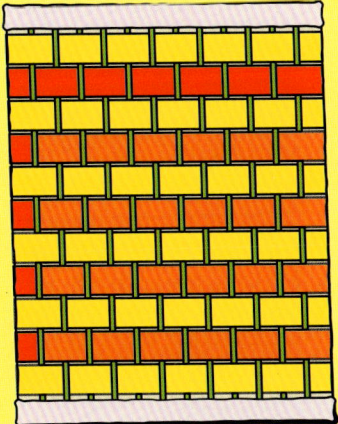

2 Führe das Garn durch den linken oberen Schlitz, lasse dabei ein Schwänzchen von etwa 10 cm. Dann winde das Garn durch den unteren Schlitz, um die Rückseite und hinauf zum zweiten Schlitz und so weiter bis zum Ende. Verknüpfe das Garn mit dem Schwänzchen auf der linken Seite und schneide es ab.

3 Webe die Stoffstreifen auf der Vorderseite durch das Garn, lasse dabei ein kleines Stück auf jeder Seite überhängen. Klebe die Enden auf der Rückseite des Kartons fest. Klebe ein Stück Stoff oder ein Band auf die Ober- und Unterkante, um den Karton zu verdecken.

FERTIG!

61 NAMENSSCHILD FÜR DEIN ZIMMER

Markiere dein Reich mit diesem persönlichen Zimmerschild.

Du brauchst
- 1 Stück dicken Karton in der Größe des Schildes und ein kleineres Stück für deinen Namen
- Farbe und Pinsel
- Fotos oder Bilder aus dem Internet, einem Katalog oder einer Zeitschrift
- Kleber
- 1 Band
- Buchstaben für den Namen, aus einer Zeitschrift ausgeschnitten

1 Hat der Karton nicht die richtige Größe oder Form, bitte einen Erwachsenen, ihn für dich zuzuschneiden. Bohre zwei Löcher zum Aufhängen an der Oberkante, dann bemale ihn gemeinsam mit dem kleineren Karton.

2 Drucke Bilder aus dem Internet oder Fotos aus, oder schneide sie aus Katalogen oder Zeitschriften aus (Dinge, die dir wichtig sind wie Lieblingssportarten, Bands, Hobbys etc.) und mache eine Collage davon auf dem Schild.

3 Schreibe Namen, indem du Buchstaben auf den kleinen Karton klebst, befestige diesen am Schild, fädle ein Band durch die Löcher und hänge es an deine Tür.

FERTIG!

62 BLEISTIFT-AUFSÄTZE

Gib deinen Stiften mit den coolen Aufsätzen ein freches Aussehen. Quilling eignet sich auch für Grußkarten, Anhänger und Baumschmuck.

Du brauchst
- Quilling-Werkzeug, Wattestäbchen oder Trinkhalm
- Bunte Papierstreifen (1 cm breit)
- Kleber

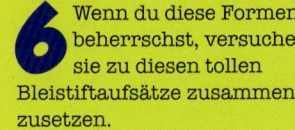

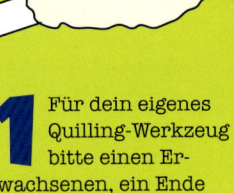

1 Für dein eigenes Quilling-Werkzeug bitte einen Erwachsenen, ein Ende eines Wattestäbchens abzuschneiden und einen ca. 1 cm langen Schlitz anzubringen oder einen Trinkhalm einzuschneiden.

2 Schiebe das Ende eines Papierstreifens in den Schlitz und drehe das Stäbchen, bis du zum Ende kommst. Tupfe etwas Kleber auf das Ende des Papiers, drücke es an die Spirale und schiebe diese vom Werkzeug. So macht man eine enge Spirale.

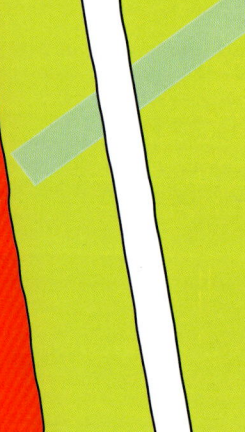

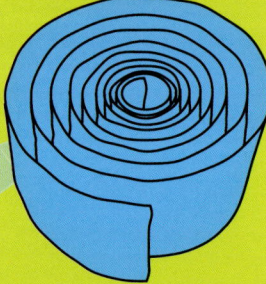

3 Für eine lockere Spirale schiebe das Papier vom Werkzeug und lasse es ein wenig auseinanderwickeln, bevor du das Ende festklebst.

4 Für eine Spirale in Tränenform drücke ein Ende einer losen Spirale fest zusammen.

6 Wenn du diese Formen beherrschst, versuche sie zu diesen tollen Bleistiftaufsätze zusammenzusetzen.

Top-Tipp
Du kannst Papierstreifen fürs Quilling kaufen oder bitte einen Erwachsenen, sie für dich mit einem Cutter auszuschneiden.

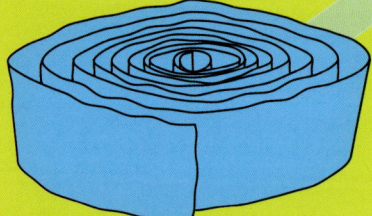
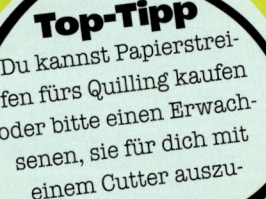

5 Für eine Spirale in Augenform drücke beide Enden einer losen Spirale fest zusammen.

FERTIG!

63 VERZIERE EINE FEDERMAPPE

Mit dieser schnell und leicht zu fabrizierenden Federmappe hast du Stifte immer bei der Hand.

Du brauchst
- 1 Ringmappe
- 1 großen Plastikbeutel mit Zippverschluss
- Washi-Klebeband (oder einfaches Gewebeband, verziert)
- Schere
- Locher

1 Lege den Beutel parallel zu den Ringen der Mappe und falte den unteren Teil nach innen, sodass er gut auf den Deckel passt. Klebe das gefaltete Ende mit Klebeband fest.

2 Bedecke eine Seite des Beutels mit Washi-Klebeband, lasse dabei an beiden Seiten etwas überhängen. Wenn eine Seite beklebt ist, drehe den Beutel um, falte die Überhänge auf die andere Seite, dann bedecke diese Seite auch mit Klebeband.

Top-Tipp
Wenn die Kanten abgenutzt sind, klebe sie mit Klebeband ab, damit sie besser aussehen.

3 Mache Löcher in die Mappe, sodass du sie in den Ringen einhängen kannst. (Vielleicht brauchst du die Hilfe eines Erwachsenen, um die Löcher durch das Klebeband zu drücken.)

FERTIG!

64 MUSCHEL-TIERCHEN

Sammele doch Muscheln, wenn du das nächste Mal am Strand bist. Suche verschiedene Formen und Größen und stelle sicher, dass keine Tiere mehr drin sind!

Du brauchst
- Muschelsammlung
- Bastelkleber
- Pinsel
- Modelliermasse
- Kleine Perlen

1 Sieh dir diese Muscheltierchen an. Ist eines davon niedlich genug, um dein Liebling zu werden? Verwende sie als Inspiration, wenn du deine Muschelsammlung nach den richtigen Formen und Größen durchsuchst.

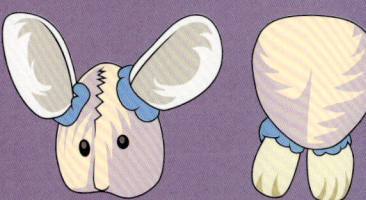

2 Experimentiere mit verschiedenen Muschelkombinationen, bevor du sie zusammenklebst. Modelliermasse eignet sich gut, um sie in Position zu halten, bevor du zum Kleben bereit bist. Baue Kopf und Körper separat und klebe kleine Teile wie Augen, Ohren und Nasen vor dem Zusammensetzen auf. Hast du keine winzigen Muscheln für die Augen, nimm stattdessen Perlen.

3 Wenn dir dein Arrangement gefällt, klebe es zusammen. Trage den Kleber mit einem Pinsel auf die heiklen Teile auf. Modelliermasse ist auch günstig, um das Tierchen aufrecht zu halten, während es trocknet.

FERTIG!

65 RIESIGES MONSTER-WANDBILD

Du kannst es einfach „zusammenwerfen". Es ist ganz leicht, ein übergroßes Wandbild nur mit Farben und Spielbällen herzustellen.

1 Suche einen Platz, wo du das Papier oder Leintuch aufhängen kannst – Scheunenwand oder Zaun sind ideal (frage zuerst den Besitzer). Leintücher können auch von der Wäscheleine hängen. Breite den Staubfänger davor auf.

2 Drücke verschiedene Farben in unterschiedliche Behälter. Rolle einen Ball in den Farben, bis er damit gut bedeckt ist. Stelle dich in etwa 1,5 m Entfernung auf und wirf den Ball auf das Papier.

3 Wirf immer wieder Bälle, bis das Papier so voll damit ist, wie es dir gefällt. Signiere es, indem du die Hand in Farbe tauchst und sie dann auf eine Ecke des Papiers drückst.

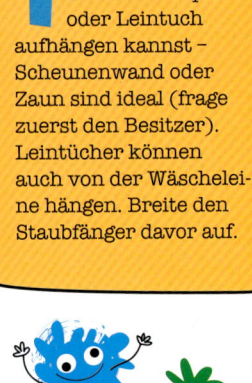

Du brauchst
- Große Papierrolle oder ein altes Leintuch
- Reißzwecken
- Staubschutz oder altes Tuch
- Tempera-Farben
- Farbwannen oder Wegwerfbehälter
- Stoffbälle wie Spikeballs
- Permanent-Marker
- Wackelaugen (optional)

4 Nun zum kreativen Teil – mache mit den Markern und den Wackelaugen aus den Flecken wirklich lustige Monstergesichter.

 **FERTIG!**

66 KARTOFFEL-DRUCK

Kartoffeln eignen sich gut, du kannst aber auch anderes Gemüse, gekauft oder gezüchtet, dafür verwenden – halbe Paprikaschoten, Blumenkohl, oder experimentiere mit Sellerieblättern und Karottengrün.

1 Halbiere eine große Kartoffel und drücke einen Keksausstecher fest in die entstandene Schnittfläche.

2 Bitte einen Erwachsenen, die Stücke rund um die Form wegzuschneiden. Reste und Ausstecher entfernen.

3 Drücke die Farbe in einen Topf und tauche die Kartoffel in die Farbe. Drücke die Kartoffelform auf das zu verzierende Papier. Versuche es auch mit anderem Gemüse und sieh dir an, was für tolle Kunstwerke du damit machen kannst!

FERTIG!

67 GALERIE AUF DER WÄSCHELEINE

Du brauchst nicht viel Platz für ein Freiluft-Atelier – Balkon, Veranda oder eine kleine Wiese eignen sich bestens.

1 Richte dir ein Atelier ein. Es kann ganz einfach aus einem Stapel Papier, einem Behälter mit Farbstiften und einem Teppich bestehen. Ein paar Kissen wären sicher auch ganz nett.

2 Bitte einen Erwachsenen, dir dabei zu helfen, die Wäscheleine oder das Seil zwischen zwei Stangen oder Bäumen aufzuhängen. Es sollte so hoch sein, dass du es gut erreichen kannst. Lege einen Beutel oder eine Schachtel mit Wäscheklammern daneben.

3 Lade ein paar Freunde ein, mit dir Kunst zu machen. Hängt eure Meisterwerke nacheinander auf die Leine. Dann lade mehr Freunde oder die Familie in eure Kunstgalerie ein.

FERTIG!

68 REIBEBILDER VON RINDE UND BLÄTTERN

Mit Papier und Farbstiften kannst du Rinden und Blätterstrukturen abreiben und eine eigene Sammlung erstellen. Klebe sie in ein Sammelalbum und identifiziere sie mithilfe des Internets.

1 Lege ein Blatt Papier auf die Rinde eines Baumes und halte es mit einer Hand fest. Reibe mit einem Farbstift glatt darüber. Führe die Striche mit der Seite der Mine immer in derselben Richtung. Das Muster und die Rippen der Rinde werden so auf das Papier übertragen.

2 Suche dir ein trockenes Blatt aus. Am besten eignet sich dazu ein Blatt mit vielen Adern und Rippen.

3 Lege das Blatt auf eine feste Unterlage und lege ein dickes Blatt Papier darüber. Verwende den Farbstift in derselben Weise, wie bei der Rinde beschrieben – immer in derselben Richtung. Eine Seite des Blattes ist wahrscheinlich glatter als die andere. Versuche es mit beiden Seiten.

FERTIG!

69 DRUCKE MIT SONNENLICHT

Sei kreativ mit Solar-Fotopapier! Spezielle Chemikalien im Papier reagieren auf Sonnenlicht und lassen fantastische Schattendrucke entstehen. Die sind so cool, dass du sie sicher in deinem Zimmer aufhängen willst!

Du brauchst
- Interessant geformte Objekte – Spielzeug, Blätter, Schlüssel etc.
- Solar-Fotopapier (erhältlich in Spielzeuggeschäften und im Internet)
- Tablett
- Große Plastikschüssel mit sauberem Wasser
- Küchenpapier
- Sonnigen Platz im Freien

1 Suche ein paar Dinge mit lustigen Formen. Kleines Spielzeug, Plastik-Insekten, Blätter, Schlüssel, Scheren und Blumen eigenen sich gut.

2 Suche einen schattigen Platz, oder erledige diesen Teil im Haus, weit weg von einem Fenster. Lege einige Blätter Solar-Fotopapier auf ein Tablett, sodass sie sich nicht überlappen. Arrangiere darauf deine kleinen Objekte.

3 Trage das Tablett an einen sonnigen Platz, achte dabei darauf, dass sich die Objekte nicht verschieben. Lasse das Tablett 2 bis 5 Minuten in der Sonne. (Sollte es ein wenig bewölkt sein, lasse es bis zu 20 Minuten liegen.)

4 Nimm eine Schüssel mit sauberem Wasser hinaus zum Tablett. Sobald das Solar-Fotopapier weiß ist, nimm die Objekte herunter. Lege das Papier einige Minuten in die Schüssel. Nun kommt die Magie – die Formen der Objekte werden weiß und der blassblaue Hintergrund färbt sich dunkelblau.

5 Nimm die Drucke aus dem Wasser und lasse sie auf Küchenpapier trocknen. Beeindruckt? Hänge sie doch in deinem Zimmer auf!

FERTIG!

70 FUNKELNDE LATERNEN

Das flackernde Licht einer Laterne ist alles, was du brauchst, um die Zeit nach dem Sonnenuntergang draußen zu genießen. Verziere die magischen Objekte und erzähle Geschichten – wer weiß, was sonst noch passiert?

1 Dekoriere das Konfitürenglas mit Acrylfarbstiften, entweder mit Mustern oder mit Figuren von Feen, Drachen oder anderen magischen Wesen. Lasse die Farben trocknen.

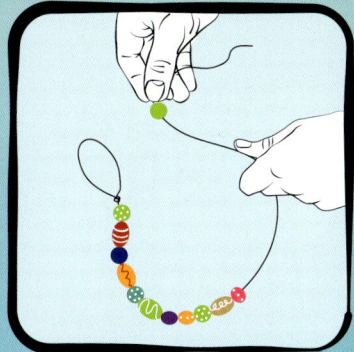

2 Fertige nun den Henkel. Mache eine Schlaufe an einem Ende des Gartendrahts. Fädle die Perlen von der anderen Seite her auf, bis der halbe Draht bedeckt ist.

Du brauchst

- 1 altes Konfitürenglas (oder mehrere)
- Acrylfarbstifte
- 50 cm dünner Gartendraht
- Perlen
- Spielsand
- 1 Behälter mit Deckel
- Lebensmittelfarbe
- 1 Teelicht (wenn möglich mit Zitronelle, um Moskitos und andere Stechmücken abzuwehren)

3 Wickle den restlichen Draht um den Rand des Konfitürenglases und verbiege das Ende, um ihn zu sichern.

4 Biege den Draht mit den Perlen über das Glas. Öffne die Schleife aus Schritt 2 und führe diesen Teil durch den Draht am Rand. Verdrehe die beiden Enden und stecke sie darunter.

5 Nimm den Deckel vom Behälter und gib ein paar Löffel Spielsand mit einigen Tropfen Lebensmittelfarbe hinein. Setze den Deckel wieder auf, schraube ihn fest zu und schüttele 1 Minute lang.

6 Leere den Sand auf den Boden des Konfitürenglases und setze ein Teelicht darauf. Hänge die Laterne im Freien auf, bitte einen Erwachsenen, dir in der Dämmerung beim Anzünden zu helfen, oder verwende ein batteriebetriebenes Teelicht. Welche Magie kannst du herbeizaubern?

FERTIG!

71 ZEICHNE EINEN BAUM

Hast du einen Lieblingsbaum im Garten oder auf dem Schulweg? Zeichne ihn doch! Es geht leicht, wenn du dich auf einen Teil nach dem anderen konzentrierst.

Du brauchst
- Papier
- Bleistift
- Bleistiftspitzer
- Radiergummi
- Kissen zum Sitzen (optional)

1 Setze dich vor deinen Lieblingsbaum und mache es dir gemütlich. Betrachte aufmerksam die Form, den Stamm, die Zweige und die Blätter. Beginne von unten mit dem Zeichnen und arbeite dich nach oben. Zeichne die Seiten des Stammes und eventuelle Wurzeln.

2 Nun zeichne die Hauptäste. Beachte, dass sie dünner werden, je weiter sie sich ausbreiten. Lasse einige Zweige hinter anderen vorbeilaufen. Beziehe auch die ungewöhnlichen Formen mit ein, die Äste oft haben.

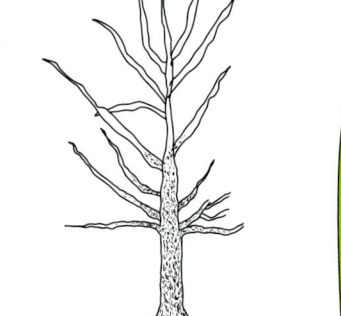

6 Schaue genau, wo der Schatten auf den Baum fällt. Beginne mit dem Stamm und füge Schatten und Tönung hinzu. Schattiere dann die Zweige, die im Schatten liegen. Als letztes schattiere die Blätter. Vergiss nicht, das Meisterwerk zu signieren, wenn du damit fertig bist!

3 Zeichne das Muster der Rinde auf dem Stamm und den Ästen. Füge so viele Details an wie möglich. Schatten und Linien machen sie realistischer.

4 Zeichne die kleineren Äste und Zweige. Beachte, wie die kleinen Zweige aus den großen, und noch kleinere wieder aus diesen herauswachsen.

5 Mache nun ein paar weichere Striche für die Blätter. Du musst nicht jedes Blatt einzeln zeichnen.

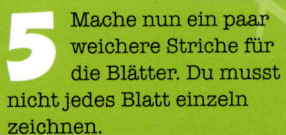

FERTIG!

72 PERSÖNLICHES BRIEFPAPIER

Mache dein Briefpapier mit Sprühfarben und gefundenen Objekten persönlicher. Entwirf alle möglichen Muster und Texturen für besondere Dankschreiben, Geburtstagskarten oder Geschenkpapier.

Du brauchst
- Leere Sprühflaschen
- Farbe
- Wasser
- Dickes Papier oder leeres Schreibpapier
- Zeitung
- Gefundene Objekte (Blätter, Kieselsteine, Muscheln, Federn, wiederverwertbares Material)

1 Wasche die Sprühflaschen gründlich aus. Drücke die verschiedenen Farben in je eine Flasche und füge Wasser hinzu. Es sollte nicht zu flüssig werden. Sprühe etwas auf eine alte Zeitung, um die Konsistenz zu prüfen.

2 Lege Zeitungen auf den Rasen oder die Terrasse und lege das leere Papier darauf. Arrangiere auf dem Papier die gefundenen Dinge, wie Kiesel, Blätter, Federn oder anderes, interessant geformtes wiederverwertbares Material.

3 Sprühe die Farbenmischungen über Papier und Objekte. Lasse es trocknen und entferne dann vorsichtig die Dinge, sodass das Sprühfarben-Muster zum Vorschein kommt.

FERTIG!

73 SCHNALZE EIN MEISTERWERK

Das ist lustige und chaotische Kunst, die alle Sinne anspricht – eine Meisterwerk im Handumdrehen!

Du brauchst
- Weißes Papier, doppelt so breit wie der Karton
- Gummibänder (wenn möglich in unterschiedlicher Stärke)
- Verschiedene Farben
- Schwamm
- Pinsel
- Karton (wie die Seiten einer Müslischachtel)
- Behälter zum Farbenmischen

3 Tropfe mit dem Pinsel Farbe auf ein paar Gummibänder und lasse sie schnalzen. Die Farbe wird willkürlich über das Papier spritzen.

1 Falte das weiße Papier über beide Seiten des Kartons. Spanne und wickle die Gummibänder so darüber, dass ein lineares Muster entsteht.

4 Lasse das Kunstwerk auf der einen Seite trocknen, bevor du die andere bemalst. Ist die zweite Seite trocken, entferne die Gummibänder, entfalte das Papier und bewundere das Muster.

2 Drücke die Farben in unterschiedliche Behälter. Tauche Schwämme hinein und tupfe damit aufs Papier mit den Gummibändern. Für reine Farben nimm für jede Farbe einen eigenen Schwamm.

Warum nicht? Verwende die Gummiband-Kunst auch für Geschenk- oder Briefpapier!

FERTIG!

74 ZEICHNE EINEN COMICSTRIP

Comicstrips können lustig, nachdenklich oder voller Abenteuer sein! Hier sind ein paar Hinweise, wie man einen eigenen Comicstrip erschafft.

1 Überlege dir deinen Stil, bevor du den Comicstrip schreibst und zeichnest. Wenn dir Details eher egal sind, ist das auch okay! Zeichne Strichmännchen und erfinde kluge Pointen oder dumme Scherze.

2 Zeichne zuerst mit Bleistift, sodass du noch Ausbesserungen machen kannst.

3 Erfinde coole Charaktere. Gib ihnen einen Namen und einfache, aber besondere Merkmale wie schräge Brillen, einen großen Haarschopf oder furchterregende Zähne. Was sind ihre guten und schlechten Eigenschaften? Lustige Comicstrips sollten mit einer Pointe, Abenteuer mit einem Cliffhänger enden!

4 Erzähl so viel wie möglich des Witzes oder der Geschichte mit den Bildern und halte die Sprechblasen kurz.

GESICHTS-AUSDRÜCKE

Zeige Emotionen!
Hier sind ein paar Geheimtipps, wie man Gesichtsausdrücke zeichnet.

Zornig
Stirnrunzeln, Schlitzaugen und ein möglichst rotes Gesicht.

Glücklich
Ein Lächeln und offene Augen.

Traurig
Stirnrunzeln und schmale Augen.

Geschockt
Offener Mund, aufgerissene Augen und möglichst ein paar Striche auf der Stirn.

Schadenfroh
Grinsen und schmale Augen mit einer hochgezogenen Augenbraue.

Bestimmt nicht!

JA!

HMMMMM

Was?

NEIN!

FERTIG!

75 MINI-WEBSTUHL

Seit Beginn der Zivilisation weben die Menschen. Bastele einen Mini-Webstuhl – und lerne, wie du deinen eigenen winzigen Wandteppich webst.

Du brauchst
- 1 großes Stück harten Karton
- Schere
- Klebeband
- Lineal zum Abmessen und Bleistift zum Markieren der Abmessungen
- Starke Schnüre/Garne (in verschiedenen Farben
- 1 Nadel mit großem Öhr

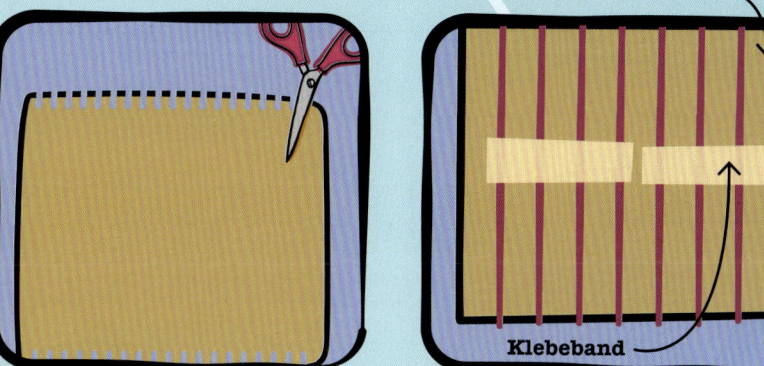

Rückseite des Webstuhls

Klebeband

1 Miss eine gerade Anzahl an Linien quer über den Karton, etwa im Abstand von 1 cm. An der Ober- und Unterkante schneide kleine Kerben, sodass die Schnur gut hält, wenn du sie um den Webstuhl wickelst.

2 Wähle eine bestimmte Farbe für die Fäden, die du vorsichtig um den Webstuhl wickelst, sodass sie in den Kerben einrasten. Dann klebe die Fäden auf der Rückseite fest, sodass sie nicht verrutschen, während du webst.

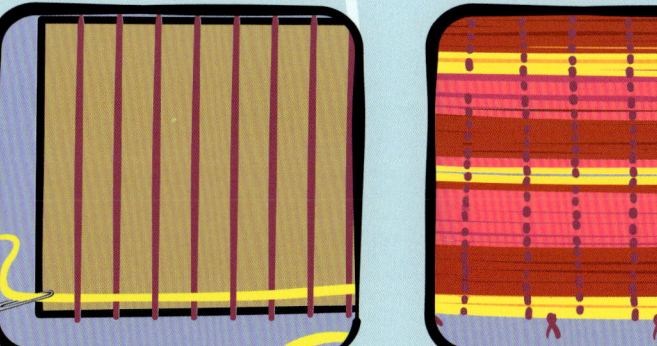

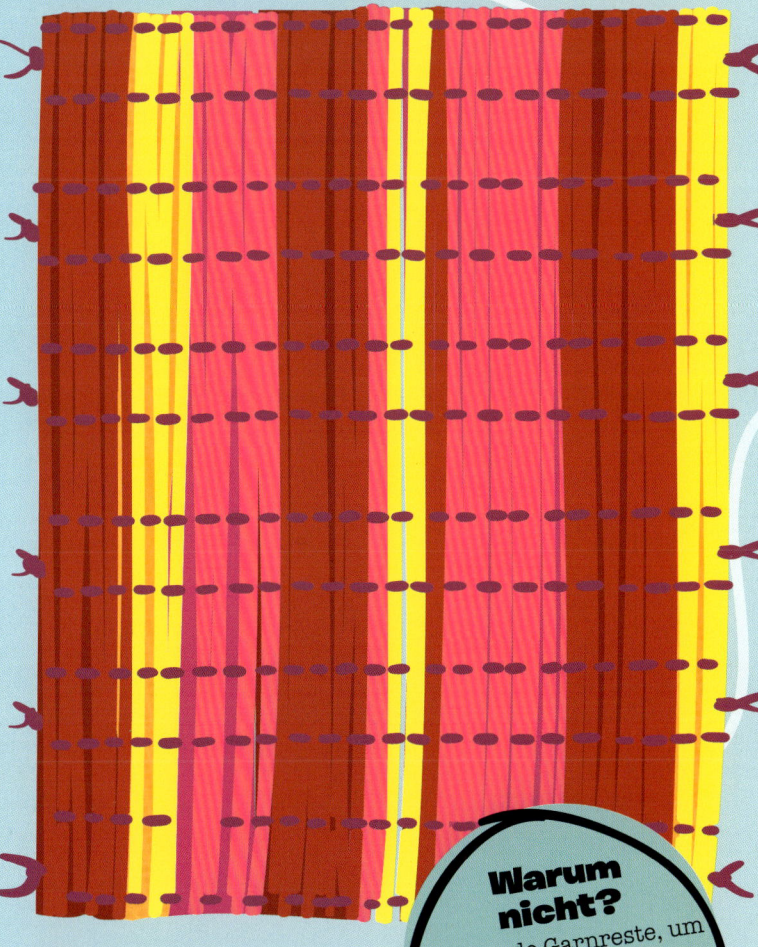

3 Wähle einen andersfarbigen Faden und beginne mithilfe der Nadel zu weben, indem du den Faden vorsichtig abwechselnd unter und über die gespannten Fäden führst. In der zweiten Reihe führe den Faden gegenläufig.

4 Webe weiter, bis der gesamte Webstuhl voll ist. Während des Webens kannst du auch die Farbe des Fadens wechseln. Drücke vorsichtig die Reihen aneinander, sodass sie gerade liegen. Denke daran, den Faden an den Seiten nicht zu straff anzuziehen.

5 Wenn du fertig bist, drehe den Webstuhl um und schneide die gespannten Fäden durch. Knüpfe nun die Fäden auf einer Seite paarweise zusammen, sodass die Ränder abgeschlossen werden. Dein Meisterwerk ist fertig!

Warum nicht?
Verwende Garnreste, um ein buntes, verrücktes Muster zu entwerfen!

FERTIG!

76 SOCKENPUPPE MIT HALTUNG

Du kannst mühelos eine coole Puppe aus einem der einfachsten Dinge machen: einer Socke!

Warum nicht?

Wenn die Sockenpuppe fertig ist, verleihe ihr Persönlichkeit. Dann lehre sie zu sprechen (siehe #28)!

Du brauchst
- 1 Stück dicker Karton
- Schere
- 1 große Socke
- Garn (optional)
- 2 Knöpfe, Wackelaugen, Pfeifenreiniger und anderes Material
- Textilkleber

1 Schneide ein großes Oval aus dem Karton und falte es in der Mitte. Das wird der Mund der Puppe.

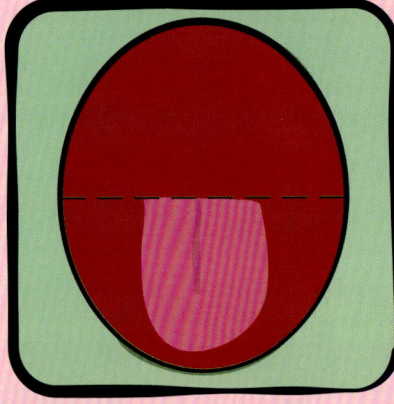

2 Verziere das Oval, sodass es wie ein Mund aussieht. Du kannst Zunge, Zähne und sogar Worte hinzufügen!

3 Stecke die Hand in die Socke hinein und suche den „Mund". Stecke den Daumen in die Ferse und die anderen Finger in die Zehen.

4 Tupfe etwas Textilkleber auf den Knick, schiebe den Kartonmund hinein und lasse den Kleber trocknen.

Wollhaare

Knopfaugen

Kartonzunge

5 Verziere die Puppe zum Schluss mit Materialien, mit dem du ihr einen originellen Charakter verleihen kannst: falsche Perücke (aus Wolle), lustige Augen (aus Pfeifenreiniger) oder vielleicht einem Cape (aus Stoff-resten)!

FERTIG!

77 TAGEBUCH GESTALTEN

Tagebuch schreiben macht Spaß und kann dir sogar helfen, ein großer Schriftsteller zu werden! Folge den einfachen Tipps, um ein ganz besonderes Tagebuch zu gestalten.

1 Nimm ein Blatt Tonpapier und falte es in der Mitte (wie eine Geburtstagskarte). Das wird der Umschlag des Tagebuchs – verziere ihn wie du möchtest!

Du brauchst
- Tonpapier
- Liniertes Schreibpapier
- Farbstifte, Stickers und Marker für die Dekoration
- Locher
- 1 Band

MEIN TAGEBUCH

2 Mache nun mit einem Locher nahe der gefalteten Kante zwei Löcher in der Mitte. Vielleicht solltest du einen Erwachsenen bitten, dir zu helfen.

3 Wenn dein liniertes Schreibpapier nicht gelocht ist, mache auch hier mit dem Locher zwei Löcher in der Mitte der linken Seite. Das werden die Innenseiten deines Tagebuches.

6 Das Tagebuch ist fertig zum Gebrauch! Du kannst auch eines mit unlinierten Blättern machen, und es als Skizzenbuch verwenden.

5 Fädle ein Band durch die Löcher des Umschlags und des Schreibpapiers und binde es zu einer Schleife.

4 Lege das Schreibpapier in den Umschlag, sodass die Löcher übereinander liegen.

Warum nicht?
Erfinde einen Code, den nur du verstehst, sodass neugierige Augen keine Chance haben, dein Tagebuch zu lesen!

FERTIG!

78 DREHE EINEN KURZFILM

Einen Film mit Freunden zu drehen, macht Spaß. Folge den Tipps und kreiere dein Meisterwerk. Beginne mit den vier „S".

STORYBOARD

1 Erstelle ein Storyboard (einen groben Ablauf der Geschichte im Comicstrip-Stil), als Leitfaden. Zeichne eine schnelle Skizze, wie jede Einstellung aussehen soll.

SKRIPT

2 Sobald du eine Vorstellung von der Geschichte und den Figuren hast, schreibe das Skript für jeden Schauspieler.

SET UND KULISSEN

3 Für großartige Einstellungen musst du nicht spezielle Orte suchen. Dein Zuhause ist perfekt für einen Beginn. Vielleicht wollen Freunde und Familie gleich mitspielen.

SPEZIALEFFEKTE

4 Make-up, Perücken und andere Kostümteile können einen Freund in einen Schauspieler und Superstar verwandeln!

Weitwinkel

Verwende diese Einstellung, um zu zeigen, wo der Film spielt und um das Set für die Szenen festzulegen.

Über die Schulter

Die Einstellung zeigt die Aktion aus der Sicht der Figur.

Extremes Close-Up

Die Einstellung zieht die Aufmerksamkeit auf Details. Mit dem extremen Close-up auf das Gesicht des Darstellers lässt sich Spannung erzeugen.

Close-Up

Verwende die Einstellung, um die Gefühle und Reaktionen der Figuren zu zeigen.

FERTIG!

79 MALEN WIE EIN BE-RÜHMTER KÜNSTLER

Du kannst Werke schaffen, wie die einiger großer Künstler der Welt! Hier sind Techniken zweier Künstler zu deiner Inspiration!

Du brauchst
• Zeitung
• Papier und dünner Karton
• Farben
• Pinsel
• Doppeltes Klebeband
• Bleistift
• PVC-Kleber

IMPASTO-MALEREI

Impasto ist eine Maltechnik, bei der die Farbe sehr dick aufgetragen wird, sodass man die Pinselstriche gut erkennt. Der holländische Maler Vincent van Gogh verwendete diese Technik oft.

SPRITZMALEREI

Der amerikanische Künstler Jackson Pollock verwendete diese Technik für seine berühmtesten Werke. Versuche es doch auch!

1 Klebe die Zeitung zuerst auf den Fußboden, so wird er nicht allzu schmutzig. Lege leere Leinwand oder Papier auf die Zeitung.

1 Skizziere mit einem Bleistift die Umrisslinien dessen, was du auf den Karton malen möchtest.

2 Beginne mit dicken Pinselstrichen. Füge kein Wasser zur Farbe, sie sollte so dick und zäh wie möglich sein. Acrylfarben eignen sich am besten.

2 Stehe über der Leinwand und tauche den Pinsel in die Farbe, dann schüttele ihn und spritze Farbe von links nach rechts darauf. Wiederhole den Vorgang mehrmals mit unterschiedlichen Farben.

Warum nicht?

Hast du keine Acrylfarben, versuche einen Klecks PVC-Kleber in Plakatfarbe zu mischen.

3 Lasse die erste Farbschicht trocknen, bevor du eine weitere aufträgst. Mit dem Pinselstiel kannst du Wirbelmuster auf dem Bild anbringen.

FERTIG!

80 FÄRBEN MIT KNÜPF-BATIK-TECHNIK

Sei kreativ und verwandle ein weißes T-Shirt in ein cooles Top!

1 Decke die Arbeitsfläche mit dem Tischtuch oder den Müllbeuteln ab. Rolle das T-Shirt vom Kragen nach unten auf und binde es mit Gummibändern zusammen.

2 Trage Gummihandschuhe, um die Textilfarben vorsichtig in einem Krug mit Wasser zu mischen (folge der Anleitung auf der Verpackung) und gieße die Mischung in die zusammendrückbare Flasche. Du kannst so viele Farben verwenden, wie du willst.

3 Gib warmes Salzwasser in eine Schüssel und lege das T-Shirt hinein und nimm es nach 1 oder 2 Minuten wieder heraus.

4 Drücke Farbe auf der geschützten Arbeitsfläche auf jeden Abschnitt zwischen den Gummibändern auf das T-Shirt.

Warum nicht?
Versuche verschiedene Farben und Knüpfungen am T-Shirt, um unterschiedliche Effekte zu erzielen.

5 Nachdem du die Farbe aufgetragen hast, lege das T-Shirt in einen Plastikbeutel und lasse es dort über Nacht. Am nächsten Tag spüle das T-Shirt in kaltem Wasser aus, trage jedoch dabei die Gummihandschuhe, um die Hände zu schützen. Spüle so lange, bis das Wasser klar ist, dann entferne die Gummibänder!

6 Bitte einen Erwachsenen, das T-Shirt in die Waschmaschine zu geben (für sich allein!) und den Kaltwaschgang einzuschalten. Danach lasse es trocknen. Bei den nächsten paar Waschgängen muss das T-Shirt separat gewaschen werden!

FERTIG!

81 FALTE EIN KAUGUMMIPAPIER-ARMBAND

Es macht nicht nur Spaß, das Armband herzustellen – du betreibst sogar Recycling! Du kannst das Armband mit jedem Bonbon-Einwickelpapier oder Papierschnitzel machen, doch Kaugummipapier eignet sich am besten dazu.

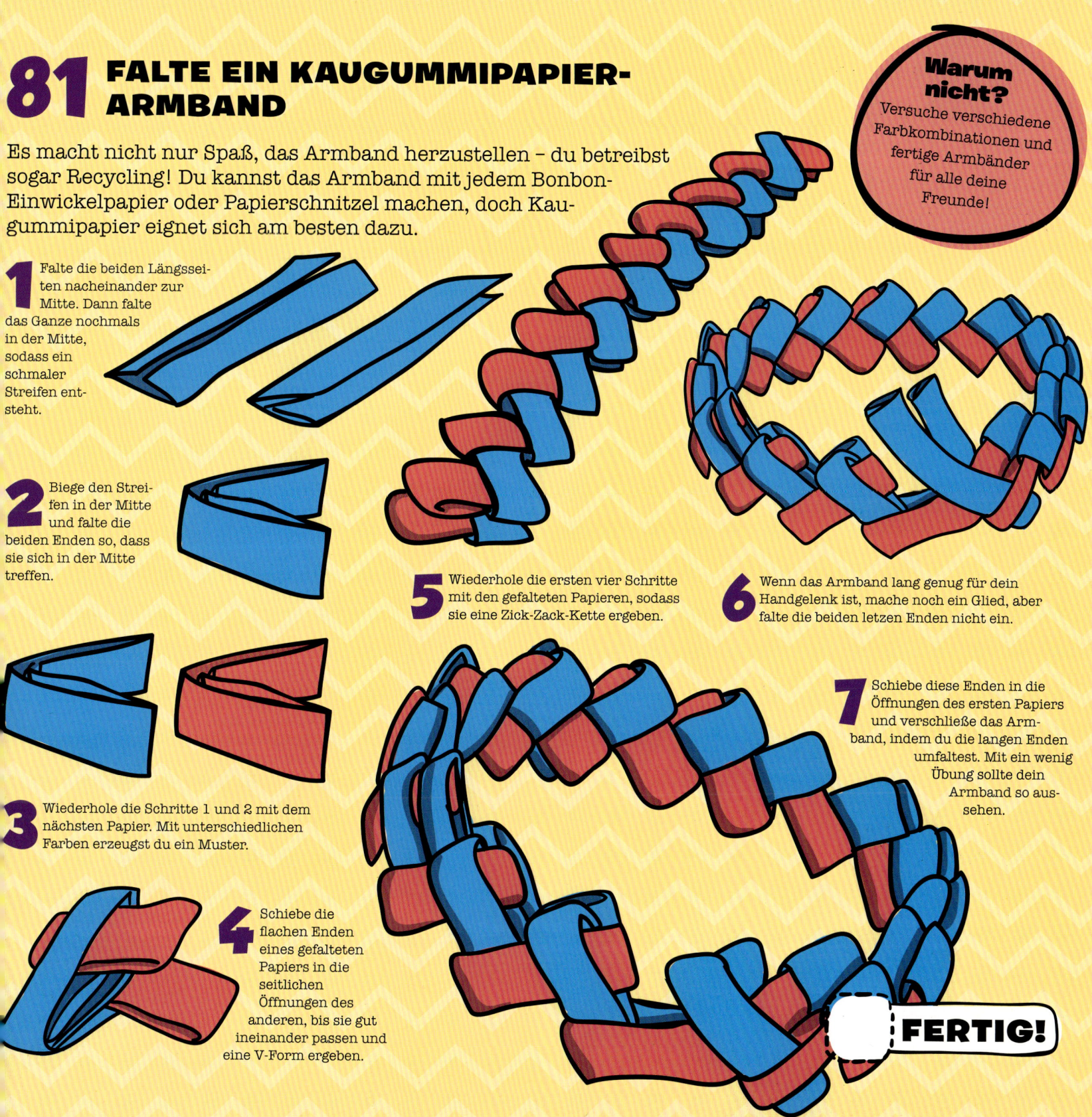

1 Falte die beiden Längsseiten nacheinander zur Mitte. Dann falte das Ganze nochmals in der Mitte, sodass ein schmaler Streifen entsteht.

2 Biege den Streifen in der Mitte und falte die beiden Enden so, dass sie sich in der Mitte treffen.

3 Wiederhole die Schritte 1 und 2 mit dem nächsten Papier. Mit unterschiedlichen Farben erzeugst du ein Muster.

4 Schiebe die flachen Enden eines gefalteten Papiers in die seitlichen Öffnungen des anderen, bis sie gut ineinander passen und eine V-Form ergeben.

5 Wiederhole die ersten vier Schritte mit den gefalteten Papieren, sodass sie eine Zick-Zack-Kette ergeben.

6 Wenn das Armband lang genug für dein Handgelenk ist, mache noch ein Glied, aber falte die beiden letzten Enden nicht ein.

7 Schiebe diese Enden in die Öffnungen des ersten Papiers und verschließe das Armband, indem du die langen Enden umfaltest. Mit ein wenig Übung sollte dein Armband so aussehen.

FERTIG!

82 BILDER IM BLOCKDRUCK

Das nächste Mal, wenn du das Essen in einer Box geliefert bekommst, bewahre sie doch auf! Du kannst damit ein cooles Kunstwerk herstellen.

Du brauchst

- 1 saubere Menübox
- 1 Bleistift
- Posterfarbe
- 1 Pappteller
- 1 Farbroller
- Papier

1 Skizziere den Entwurf leicht auf der flachen Seite der Menübox. Wenn er dir gefällt, drücke den Bleistift stärker auf, sodass du einen vertieften Abdruck hinterlässt.

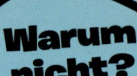

Warum nicht?

Verwende verschiedene Farben auf der Schablone und überlagere die Schichten auf dem Papier!

2 Gib Farbe auf den Pappteller und tauche den Roller darin ein. Stelle sicher, dass der ganze Roller leicht, aber gleichmäßig mit Farbe bedeckt ist.

3 Verteile die Farbe mit dem Roller auf der Box, sodass die ganze Oberfläche bedeckt ist. Versuche, die Farbe nicht zu dick aufzutragen, sonst kommt deine Zeichnung nicht heraus.

4 Presse ein Blatt Papier auf die bemalte Box. Reibe sachte mit der Handfläche darüber, sodass sich die Farbe gleichmäßig verteilt.

5 Ziehe das Papier ab, um dein Kunstwerk zu enthüllen! Du kannst den Vorgang wiederholen, so oft du willst, und so Poster oder Geschenkpapier herstellen, sogar Grußkarten dekorieren!

FERTIG!

83 WAPPEN ZEICHNEN

Ein traditionelles Wappen ist ein verzierter Schild, der alle möglichen Dinge zeigt, die mit der Familie in Verbindung stehen. Mache doch ein eigenes!

Warum nicht?
Füge ein Familienmotto auf deinem Wappen hinzu, z. B. Freitagabend ist Kino-Abend!

1 Zeichne zuerst die Grundform deines Wappens. Die häufigsten Formen siehst du oben, du kannst aber auch eine eigene entwerfen!

2 Schreibe eine Liste mit Worten, die dir als Erstes in den Sinn kommen, wenn du an die Familie denkst. Die werden zu Symbolen auf dem Schild. Schreibe zum Namen jedes Familienmitglieds etwas Cooles!

3 Teile dein Wappen in vier Abschnitte, einen für jedes Familienmitglied. Nimm nun ein passendes Ding für jeden von der Liste und zeichne es in den jeweiligen Abschnitt.

FERTIG!

84 KOFFERANHÄNGER BASTELN

Binde Anhänger oder Bänder an deinen Koffer, sodass du sie wiedererkennst. Mit Karton aus Altpapier ist es leicht, Anhänger zu basteln.

Du brauchst
- Einfachen Karton
- Schere
- Filzstift
- Feste Schnur

1 Bitte einen Erwachsenen, dir beim Ausschneiden der Formen (Form und Größe nach Wunsch) aus dem Karton zu helfen und beschrifte sie.

2 Bohre mit dem Stift ein Loch in den Anhänger. Ziehe ein Stück Schnur durch und befestige ihn am Koffer.

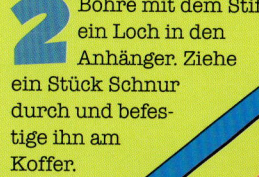

3 Wenn dein Gepäckstück auf dem Laufband am Flughafen ist, ist es schwer, es unter den anderen zu erkennen. Es ist eine gute Idee, ein buntes Band am Griff zu befestigen. So kannst du deine Gepäckstücke leichter erkennen, wenn sie auftauchen.

FERTIG!

85 PERSÖNLICHES SAMMELALBUM

Ein persönliches Sammelalbum ist ein einzigartiges Buch der Erinnerungen. Hier ein paar Tipps, wie es gut aussehen kann.

Warum nicht?

Es gibt im Internet viele Ideen für Sammelalben. Sieh dir das an und hole dir Inspirationen.

1 Überlege, was auf eine Doppelseite passen könnte. Jede davon könnte einem Thema gewidmet sein, z. B. „Ausflüge" oder „Essen".

4 Beschrifte nun die Fotos und Erinnerungsbilder und füge die Texte hinzu.

5 Nun ist es Zeit, die Seiten zu dekorieren. Füge Sticker oder sogar Papierschnitzel aus nettem Geschenkpapier ein. Für einen coolen Look kannst du Leerstellen mit kleinem Gekritzel oder aus Zeitschriften ausgeschnittenen Buchstaben oder Wörtern füllen.

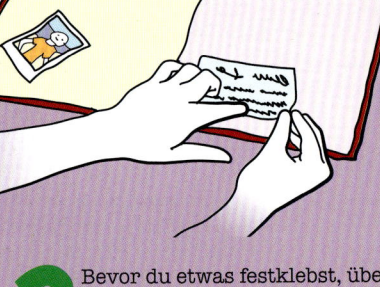

2 Bevor du etwas festklebst, überlege dir das „Layout". Wo sollen die Fotos hin, und wo willst du den Text hinschreiben?

Du brauchst

- 1 Sammelalbum (du kannst eines beim Händler kaufen)
- Tickets, Postkarten oder Fotos, die du vielleicht in den Ferien gesammelt hast
- Klebestift
- Filzstifte
- Lineal
- Sticker, Bonbonpapier etc. als Dekoration. Wenn du möchtest, kannst du im Internet auch jede Menge Dekorationsmaterial für Sammelalben kaufen).
- 1 Füller, um deine Erinnerungen niederzuschreiben
- Zeitschriften, Broschüren oder Fotos, die du für die Collage zerreißen oder ausschneiden kannst.

6 Wenn das Sammelalbum komplett ist, überlege dir, wie du den Umschlag verzieren möchtest. Du kannst ihn mit Geschenkpapier umwickeln, eine Collage aufkleben oder ein Bild auf ein Blatt Papier zeichnen und es auf den Umschlag kleben.

3 Wenn du bereit bist, klebe die Bilder ein. Dann mache Verzierungen, indem du mit Lineal und Filzstiften Rahmen darum herum zeichnest.

FERTIG!

86 ZEICHNE EINEN RENNWAGEN

Hier sind einige einfache Schritte, um einen Renn-wagen zu zeichnen. Wenn du einmal die Grundform hast, kannst du ihn verzieren, wie du möchtest.

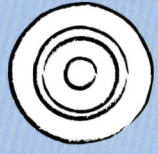 

1 Beginne mit zwei Rädern auf dem Boden. Füge wie abgebildet die Details hinzu.

2 Zeichne die Umrisse des Fahrgestells.

3 Füge das Heck des Rennwagens und den Fahrer hinzu.

Warum nicht? Zeichne einige Rennstreifen dazu, sodass der Rennwagen schneller aussieht. Verziere die Seiten mit Streifen und Badges. Überlege dir einen Namen für dein Racing-Team.

FERTIG!

87 ZEICHNE EIN FLUGZEUG

Zeichne ein Flugzeug in drei ein-fachen Schritten. Dann kreiere damit verschiedene Bilder.

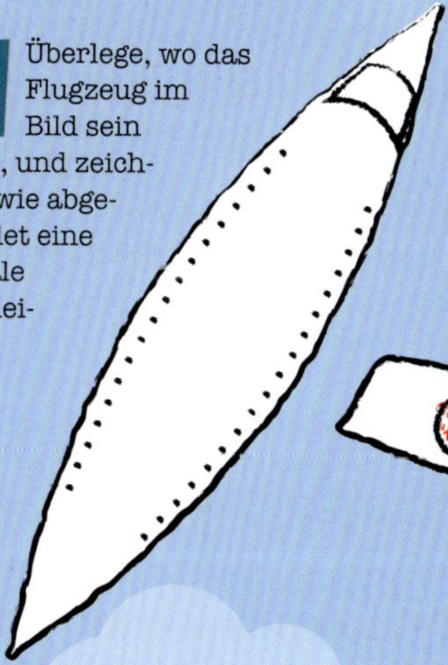

1 Überlege, wo das Flugzeug im Bild sein soll, und zeich-ne wie abge-bildet eine ovale Schei-be.

2 Zeichne zwei Flügel und das Cock-pit-Fenster.

3 Zeich-ne drei Heckflos-sen. Nun hast du die Grundform des Flugzeugs und kannst es verzieren, wie du möchtest.

Warum nicht? Füge eine Kondensstreifen am hinteren Teil an, als hätte das Flugzeug gerade ein Looping im Himmel gemacht. Zeichne fünf Mini-Flugzeuge in Formation oder ein hinter dem Flugzeug flatterndes Banner mit einer Botschaft. Zeichne den Boden unter dem Flugzeug mit winzigen Bäumen und Häusern.

FERTIG!

88 ZEICHNE EIN PUZZLE

Entwirf dein eigenes Puzzle! Du brauchst eine ebene Fläche zum Zusammensetzen!

Du brauchst
- 1 Stück steifen Karton (z. B. Rückseite einer leeren Müslipackung)
- Kleber
- Bleistift
- Schere
- 1 Beutel mit Zippverschluss oder Umschlag zum Aufbewahren

1 Drucke ein Foto aus, das dir gefällt, oder schneide etwas aus einer Zeitschrift aus. Klebe das Foto auf den Karton. Lasse den Kleber trocknen und begradige die Kanten.

2 Zeichne einen Plan von Puzzle-Teilchen auf die Rückseite. Alle Formen sind okay, aber sie sollten nicht zu schwer auszuschneiden sein.

3 Bitte einen Erwachsenen, dir beim Ausschneiden der Teile zu helfen. Verwahre das Puzzle bis zum Gebrauch in einem Umschlag.

FERTIG!

89 BASTELE EINE FASCHINGSMASKE

Gib dir selbst einen geheimnisvollen Anstrich mit dieser Maske auf der Basis deiner Handfläche – so sollte sie passen.

1 Lege deine Hand auf den Karton und spreize die Finger. Ziehe die Umrisse der Hand nach und schneide sie vorsichtig aus. Drehe die ausgeschnittene Hand um und nimm sie als Vorlage für die andere Hälfte der Maske.

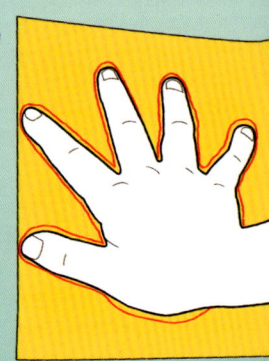

2 Überlappe die Teile und klebe die Hände zusammen. Probiere die Maske auf und markiere die Löcher für die Augen. Bitte einen Erwachsenen, sie mit dem Cutter für dich auszuschneiden.

Sicherheit zuerst!
Bitte einen Erwachsenen, die Maske und die Augenlöcher auszuschneiden.

Du brauchst
- Violetten, grünen und/oder goldenen dünnen Karton oder bemale weißen Karton in diesen Farben
- Schere
- Cutter
- Kleber
- Stab oder ungespitzten Bleistift
- Violette, grüne und/oder goldene Federn, Pailletten, bunte Steine, Glitter etc., zum Dekorieren

3 Dekoriere die Maske mit Federn, Pailletten, bunten Steinen und Glitter, damit sie funkelt. Befestige den Stab an einer Seite mi Klebeband.

FERTIG!

90 KAFFEEFILTER-SCHMETTERLINGE

Die Schmetterlinge sind eine schöne Dekoration für Fensterscheiben, oder hänge sie als Mobile auf!

1 Schneide den Filter entlang der Bodenkante und einer Seitenkante auf, klappe ihn flach auf, oder lege einen runden einfach flach auf, und kritzle mit den bunten Stiften darauf.

2 Lege die Filter auf Küchenpapier, darunter viel Zeitungspapier und besprühe die Mitte der Filter mit Wasser und beobachte, wie die Farben verlaufen.

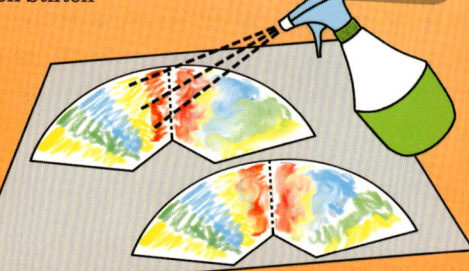

Top-Tipp

Wenn du keine Sprühflasche hast, spritze mit einem Pinsel Wasser auf die Filter.

3 Wenn sie trocken sind, drehe einen Pfeifenreiniger um die Mitte der Filter und kringle die Enden für die Fühler.

FERTIG!

91 ERFINDE EIN BRETTSPIEL

Beim nächsten Regentag, spiele nicht einfach ein Brettspiel – entwirf dein eigenes!

1 Entwirf zuerst das Brett. Die einfachste Form dafür ist ein Quadrat mit 10 kleineren Quadraten an jeder Seite. Bestimme einige Quadrate als „aktiv" und färbe sie ein.

Vergiss nicht!

Du brauchst auch Spielsteine, um sie über das Brett zu bewegen. Verwende Perlen, Münzen, Figuren oder Bonbons.

ERZÄHLE EINEN WITZ!

2 Bestimme, welche Art Spiel du gestalten willst. Beantwortest du gern Fragen oder machst du lieber Mutproben? Überlege dir für jedes „aktive" Feld lustige Dinge, die die Freunde machen müssen. Schreibe sie auf kleine Karten oder Papierschnitzel und lege sie in die Mitte des Spielfelds.

3 Bevor das Spiel beginnt, überlege dir die Regeln, und bleibe dabei. Würfelt abwechselnd und zieht über das Spielfeld.

FERTIG!

92 SEI EIN MODE-DESIGNER

Bei der Aufgabe könnt ihr alle Modedesigner werden und das perfekte Ferienoutfit entwerfen.

1 Schreibe die Namen der Mitspieler auf Zettel. Falte sie und bitte jeden, einen zu wählen. Haltet den Namen auf dem Zettel geheim. Wer den eigenen Namen zieht, wählt nochmals.

2 Entwirf nun ein Ferien-Outfit für die dir zugeteilte Person. Füge Farben und Etiketten hinzu. Es könnte etwas für den Strand, für einen Tagesausflug aufs Land oder für einen Stadtbummel sein.

3 Falte die Zeichnung und schreibe den Namen der Person darauf. Dann präsentiert die Entwürfe auf einer „Designer-Modeschau"!

FERTIG!

93 FOTOGRAFIERE DAS ALPHABET

Wenn du unterwegs bist, in der Stadt oder auf dem Land, suche und sammele dein eigenes Alphabet. Wenn du genau hinsiehst, findest du überall Buchstaben, sogar an den unerwartetsten Plätzen.

1 Gehe in der Nachbarschaft spazieren, um mit der Buchstabenjagd zu beginnen. Lasse dich dabei immer von einem Erwachsenen begleiten. Suche zuerst nach den echten Buchstaben auf Zeichen, Geschäften und Autos. Wenn du einen Buchstaben siehst, der dir gefällt, fotografiere ihn. Versuche, nur den Buchstaben auf das Bild zu bekommen, nicht das Drumherum.

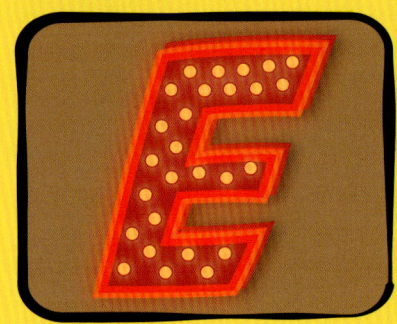

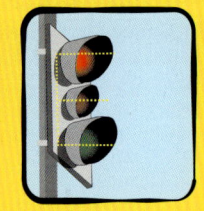

2 Suche nun nach weniger offensichtlichen Buchstaben. Es gibt viele Gebäude, Pflanzen und andere Dinge, die wie Buchstaben aussehen. Es könnte die Hälfte eines Fensterrahmens oder Tores sein, eine Verkehrsampel oder der Schatten eines Telefonkabels.

3 Mache danach deine eigenen Buchstaben. Du könntest ihn in Sand oder Erde schreiben, mit Blättern oder Tannenzapfen auslegen oder mit Büroklammern und Füllern. Du kannst auch einen Freund bitten, einen Buchstaben mit dem Körper darzustellen.

4 Versuche, das gesamte Alphabet zusammenzustellen. Dann druck es für eine Botschaft an Freunde aus – sie eignen sich für interessante Grußkarten – besonders beeindruckend am Valentinstag!

FERTIG!

94 BASTELE EINEN MÜLLMANN

In Autos kann es ziemlich unordentlich werden! Du kannst einen „Müllmann" verstauen, um es sauber zu halten!

1 Klebe Papier auf die Seiten und den Deckel des Schuhkartons, um die Logos zu verdecken. Das können auch gerissene Papierstücke sein. Das ist leichter, als ein Stück sorgfältig abzumessen, und dem Müllmann ist es egal. Er sieht gern fetzig aus!

2 Sobald der Kleber trocken ist, verziere den Müllmann mit Filzstiften. Zeichne ein lustiges Gesicht und stecke ihm Arme an, wenn du willst. Lege einen sauberen Plastikbeutel für den Müll hinein.

3 Der Müllmann passt in eine Ecke des Autos und ist bereit den Müll zu sammeln.

FERTIG!

95 WANDERNDER BLEISTIFT

Die winzige Spitze eines Bleistifts oder Füllers erzeugt erstaunlich verschlungene Muster, die du ausmalen kannst.

1 Beginne in einer Ecke: Bewege den Bleistift auf dem Papier und kreiere dabei Schlaufen und Wellen.

2 Halte nicht an. Die Linie soll durchgehend sein – rundherum, gerade, rauf und runter – bis das ganze Blatt mit einem zufälligen Muster bedeckt ist.

3 Mit Buntstiften kannst du die Formen, die die Zwischenräume der Linien bilden, ausmalen.

FERTIG!

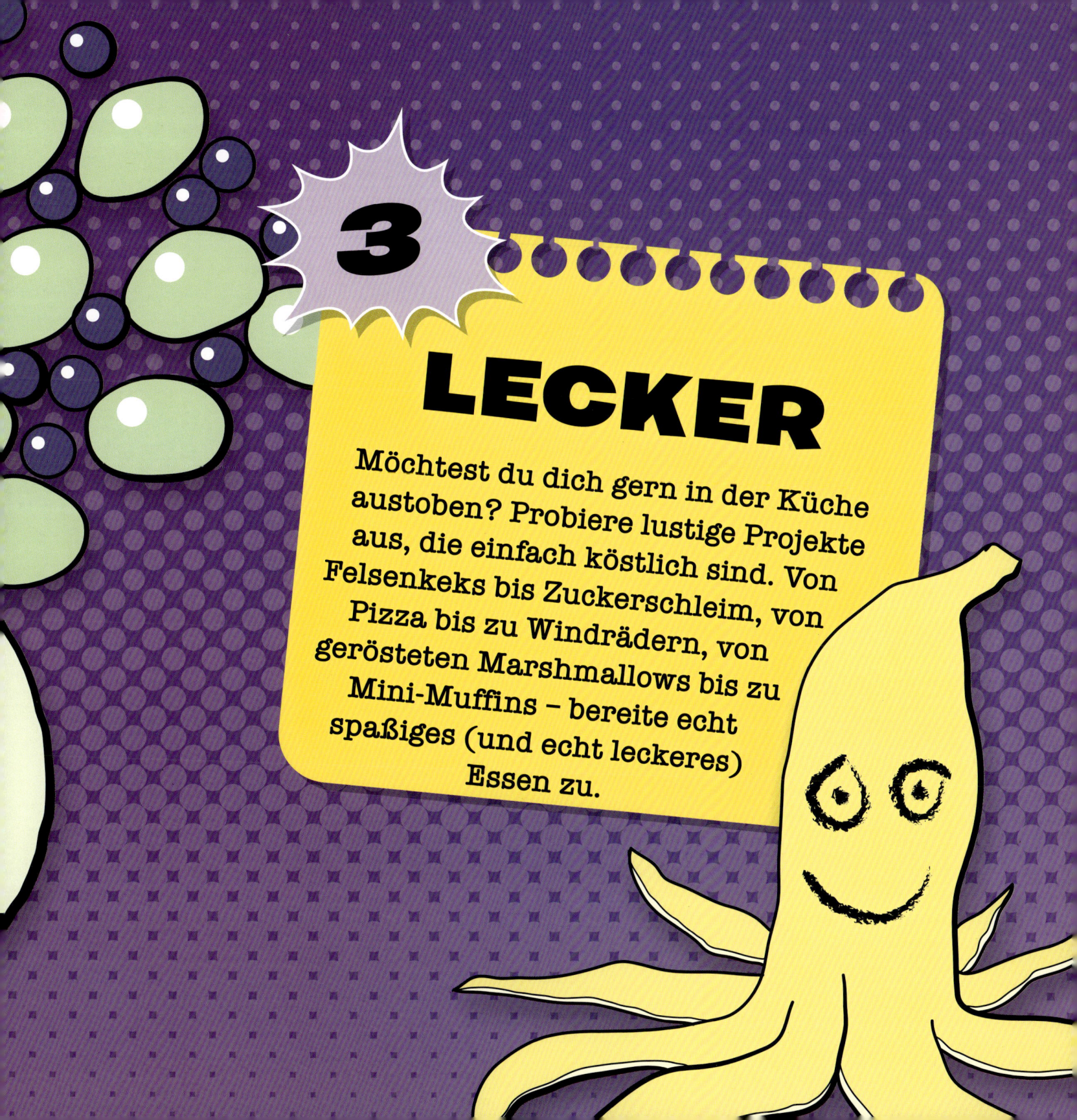

3

LECKER

Möchtest du dich gern in der Küche austoben? Probiere lustige Projekte aus, die einfach köstlich sind. Von Felsenkeks bis Zuckerschleim, von Pizza bis zu Windrädern, von gerösteten Marshmallows bis zu Mini-Muffins – bereite echt spaßiges (und echt leckeres) Essen zu.

96 KNUSPRIGE SNACKS

Du kannst die knusprigen Snacks in nur 30 Minuten zubereiten. Sie werden nicht gebacken und du kannst alles mit Tassen und Löffel abwiegen.

Du brauchst
- 1½ Tassen Schokotröpfchn
- 3 Esslöffel weiche Butter
- 2 Esslöffel Honig (optional)
- Mikrowelle
- 1 Tasse Mini-Marshmallows
- 1 Tasse einfache Kekse, zerkrümelt
- 1 Tasse Rosinen oder andere getrocknete Früchte
- Frischhaltefolie oder Backpapier

1 Gib Schokotröpfchen, Butter und Honig (wenn gewünscht) in einer großen hitzefesten Schüssel für 30 Sekunden in die Mikrowelle.

2 Nimm die Schüssel heraus, rühre die Mischung um und füge die anderen Zutaten hinzu. Rühre so lange, bis alles mit Schokolade überzogen ist.

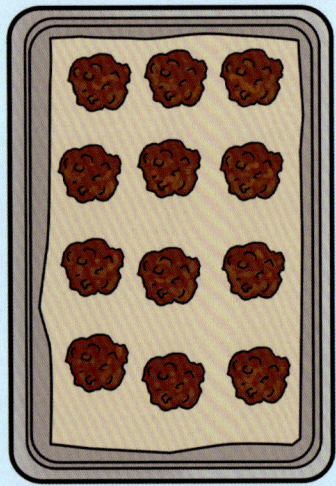

3 Setze die Mischung in großen Klecksen auf ein mit Backpapier oder Frischhaltefolie ausgelegtes Blech und stelle es in den Kühlschrank, bis die Schokolade hart ist.

Sicherheit zuerst!
Bitte einen Erwachsenen, dir mit der Mikrowelle zu helfen.

FERTIG!

97 VERKEHRSAMPEL-GÖTTERSPEISE

Bei diesem Rezept musst du am Vortag beginnen, denn jede Schicht Gelatine braucht etwa 3 Stunden, um fest zu werden.

Sicherheit zuerst!
Gelatine muss man in kochendem Wasser auflösen. Bitte dabei einen Erwachsenen um Hilfe.

Du brauchst

- 1 großen Glaskrug
- 1 Paket Limetten-Gelatine
- 1 Paket Orangen-Gelatine
- 1 Paket Erdbeer-Gelatine
- 8 transparente Plastikbecher (oder Gläser)

1 Mache die Limetten-Götterspeise in einem Krug nach Packungsanleitung und lasse sie etwa 1 Stunde auskühlen. Gieße etwas Götterspeise in jeden Becher, bis er etwa zu einem Drittel voll ist. Dann stelle sie zum Festwerden kalt.

2 Wenn die Limetten-Götterspeise fest ist, mache die Orangen-Götterspeise, lasse sie etwa 1 Stunde auskühlen und gieße sie dann über die Limetten-Götterspeise, bis der Becher zu zwei Drittel voll ist. Dann stelle sie zum Festwerden kalt.

3 Wenn die Orangen-Götterspeise fest ist, mache die Erdbeer-Götterspeise, lasse sie etwa 1 Stunde auskühlen und gieße sie dann über die Orangen-Götterspeise. Dann stelle sie zum Festwerden kalt.

FERTIG!

98 MUFFINS AUS DER TASSE

Folge diesem super schnellen Rezept und du hast innerhalb von Minuten einen Schokoladen-Muffin.

Sicherheit zuerst!

Bitte einen Erwachsenen, dir mit den Muffins in der Mikrowelle zu helfen.

1 Gib alle Zutaten in eine Tasse und vermenge sie gut. Teile die Masse auf zwei Tassen auf.

Du brauchst

- 2 Tassen
- 4 Esslöffel Kristallzucker
- 4 Esslöffel Mehl
- ½ Teelöffel Backpulver
- 1 Prise Salz
- 4 Esslöffel Milch
- 4 Esslöffel Öl
- 3 Esslöffel Kakaopulver
- 1 Ei

2 Stelle die Tassen in die Mikrowelle, 60 bis 90 Sekunden bei voller Stärke.

Genieße!

Top-Tipp
Mit Schokotröpfchen wird der Muffin besonders lecker.

FERTIG!

99 TORTILLA-RÄDER

Probiere die Wraps für einen schnellen Lunch!

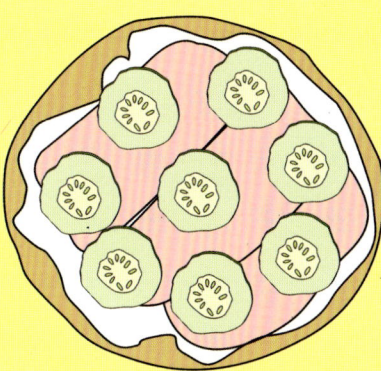

Du brauchst

- Frischkäse
- 4 Tortilla-Wraps
- 120 g Fleisch, Fisch oder geröstetes Gemüse, geschnitten
- Dünn geschnittene Gurke
- Zahnstocher
- Buttermesser

1 Verstreiche den Frischkäse auf den Tortillas und lege die anderen Zutaten darauf.

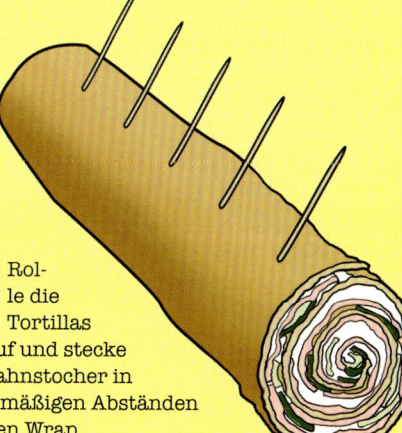

2 Rolle die Tortillas fest auf und stecke je 5 Zahnstocher in gleichmäßigen Abständen in jeden Wrap.

3 Schneide jeden Wrap mit einem Buttermesser zwischen den Zahnstochern in 5 Teile und serviere!

Warum nicht?
Sei bei der Füllung kreativ! Probiere Hummus oder Pesto und füge essfertigen Salat für extra Knackigkeit hinzu!

Sicherheit zuerst!

Bitte einen Erwachsenen, die Zutaten für dich zu schneiden.

FERTIG!

100 TESTE DEINEN GESCHMACK

Stelle deine Geschmacksknospen mit verbundenen Augen auf die Probe!

Sicherheit zuerst!

Vergewissere dich, dass alles essbar ist, und gib niemandem rohes Fleisch oder rohen Fisch. Überprüfe, ob ein Mitspieler an einer Allergie leidet, bevor ihr beginnt. Bitte einen Erwachsenen, Obst und Gemüse aufzuschneiden, und vergiss nicht, alles vor dem Aufschneiden zu waschen.

1 Behalte das Essen im Versteck und verbinde einem oder mehreren Mitspielern die Augen.

2 Nimm ein wenig von einer Speise auf einen Löffel und bitte einen Spieler, sie mit verbundenen Augen zu kosten und zu raten, was es ist.

3 Die Spieler bekommen einen Punkt für jede richtige Vermutung.

Du brauchst

• Tuch zum Verbinden der Augen
• Löffel
• Auswahl an Speisen wie Erdnussbutter, Mayonnaise, zerdrückte Banane, Käse, Schokolade, Gurke, Ketchup, Apfel, Kiwi, Erdbeeren, Konfitüre oder Honig

Top-Tipp
Gibt es viele Spieler, könnt ihr auch in Teams spielen – ein Team bereitet die Speisen für das andere Team vor.

FERTIG!

101 VERSUCHE ES MIT ESSSTÄBCHEN

Vor dem Essen sagen Japaner „itadakimasu", was bedeutet „ich empfange diese Speise". Dann nehmen sie die Essstäbchen und essen. Kannst du das auch?

1 Streck die Hand aus, als ob du Hände schütteln wolltest. Lege das erste Stäbchen in die Grube zwischen dem Daumen und der Spitze des Ringfingers.

2 Halte das zweite Stäbchen wie einen Bleistift mit Daumen, Zeigefinger und Mittelfinger. Wichtig: das untere Stäbchen darf sich nicht bewegen.

3 Halte mit dem Daumen die Stäbchen fest, während du das obere Stäbchen bewegst, sodass es auf das untere trifft, um die Speise aufzunehmen.

Weißt du das?
In Japan gilt es als unhöflich, die Essstäbchen über dem Essen hin- und herzu bewegen. Greife direkt nach dem leichtesten Stück!

FERTIG!

102 MACHE CAKE-POPS

Die niedlichen Küchlein auf Stäbchen kommen mit einer explosiven Überraschung. Wenn du keine Knallbrause hast, schmecken sie ohne genauso gut.

1 Bitte einen Erwachsenen, die Schokolade in der Mikrowelle oder über einem Topf mit heißem Wasser zu schmelzen. Krümle den Kuchen in die geschmolzene Schokolade und vermenge alles.

2 Nimm die Mischung löffelweise und rolle sie zu Kugeln in der Größe von Golfbällen. Drücke je ein Stäbchen in die Kugeln und stelle sie für 30 Minuten kalt, damit sie fest werden.

3 Bitte einen Erwachsenen, die weiße Schokolade wie in Schritt 1 zu schmelzen und rühre die Knallbrause ein.

4 Tauche jede Kugel in die weiße Schokolade, rolle sie in den bunten Streuseln und lasse sie im Kühlschrank fest werden.

FERTIGE EINE CAKE-POP-HALTERUNG

Damit die Cake-Pops rund bleiben, müssen sie im Kühlschrank aufrecht stehen. Du kannst einen Halterung aus Eierkarton machen. Drehe den Karton um und bohre mit einem Bratspieß ein Loch in den Boden und stecke die Cake-Pops hinein.

Top-Tipp
Wenn der Kuchen am Stäbchen hinunterrutscht, tauche die Spitzen der Stäbchen in die Schokolade und schiebe sie wieder zurück in die Küchlein.

FERTIG!

103 ERZEUGE ESSBAREN SCHLEIM

Dieser Schleim ist klebrig und köstlich. Er ist absolut sicher und super süß, falls du ihn gerne probieren möchtest. Denke nur daran, die Hände zu waschen, bevor du loslegst!

Du brauchst
- Puderzucker
- 1 Schachtel mit fruchtigen Kaubonbons

1 Wickle die Bonbons aus und gib sie in eine Schüssel. Vielleicht suchst du Farben aus, die gut zusammenpassen, etwa orange und gelb oder rot und.

2 Bitte einen Erwachsenen, auf dem Herd Wasser in einem Topf zum Kochen zu bringen. Verwende einen Topfhandschuh, um die Schüssel in den Topf zu stellen. Rühre um, bis die Bonbons vollständig geschmolzen sind. Nimm die Schüssel mit Topfhandschuhen vom Wasser und schalte den Herd aus.

3 Während die Bonbons auskühlen, bestäube eine saubere Arbeitsfläche mit Puderzucker. Sobald die Mischung kühl genug ist, um bearbeitet zu werden, schabe sie aus der Schüssel auf den Zucker.

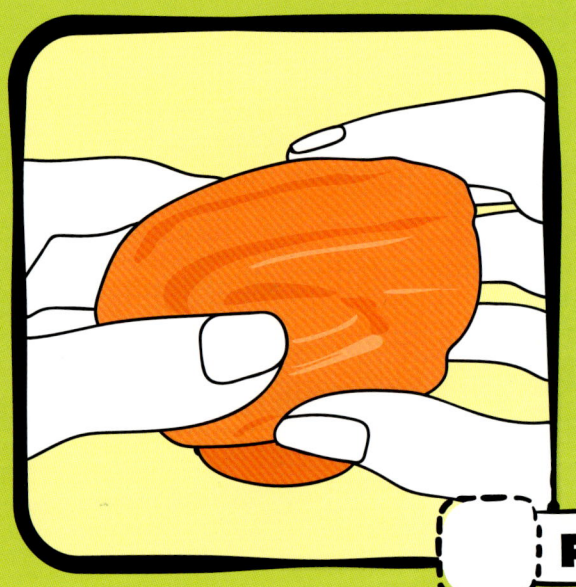

4 Knete den Puderzucker ein und füge mehr Zucker hinzu, wenn der Schleim dickflüssiger sein soll.

FERTIG!

104 ZAUBERE KOKOS-NUSS-KUGELN

Du brauchst deine Hände, um die Kokos-Kugeln zu mischen und zu formen, deshalb denke daran, vorher die Hände zu waschen!

1 Vermenge mit einem hölzernen Löffel die Kondensmilch und den Puderzucker in einer großen Schüssel. (Es wird eine steife Masse.) Mische die Kokosraspel mit den Händen unter.

2 Wenn du die Hälfte der Masse einfärben möchtest, gib ein paar Tropfen pinke Lebensmittelfarbe in eine separate Schüssel.

3 Streue etwas Puderzucker und Kokosraspeln auf eine saubere Arbeitsfläche und rolle die Masse zu Kugeln. Setze diese in die Papierförmchen oder auf einen Teller oder Tablett und lasse sie über Nacht setzen.

FERTIG!

105 VERDREHTE PIZZA

Blätterteig ist schwer zu verarbeiten, wenn er warm wird, also lasse ihn bis zur letzten Minute im Kühlschrank und verarbeite ihn so schnell du kannst.

1 Bitte einen Erwachsenen, den Backofen auf 190°C vorzuheizen und verstreiche etwas Öl auf den Blechen.

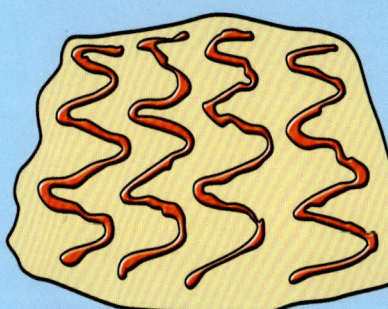

2 Lege den Blätterteig auf eine saubere Arbeitsfläche, drücke mit Tomatenmark Zick-Zack-Streifen darüber und verstreiche diese dann gleichmäßig mit einem Buttermesser.

3 Streue einige Prisen Kräuter über das Tomatenmark und verteile den Käse darüber. Schneide den Teig in ca. 2 cm breite Streifen und hebe sie vorsichtig auf die Backbleche.

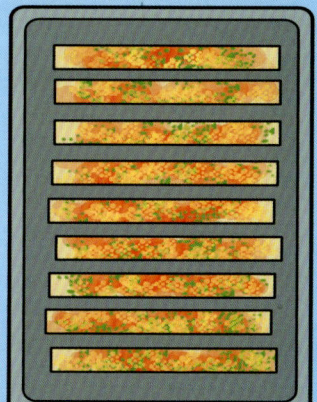

4 Stich mit einer Gabel in die Streifen und verdrehe jeden ein, zwei oder drei Mal. Bitte einen Erwachsenen, die Bleche für 10 Minuten in den Ofen zu schieben um die Pizza knusprig goldbraun zu backen.

FERTIG!

106 MARSHMALLOWS RÖSTEN

Ob ihr am Abend bei einem Feuer am Strand sitzt, im Wald bei einem Lagerfeuer zusammenkuschelt oder nur einen Grillabend macht, es ist immer die perfekte Zeit, Marshmallows zu rösten – lecker!

Sicherheit zuerst!
Zünde niemals ein Feuer ohne einen Erwachsenen an! Wenn Marshmallows Feuer fangen, blase es aus! Nicht schütteln!

Warum nicht?
Füge Toppings hinzu! Tauche geröstete Marshmallows in Schokolade- oder Karamellsauce, und wälze sie in gehackten Nüssen!

1 Gib einen Marshmallow auf einen Stecken. Vergewissere dich, dass der Stecken auf der anderen Seite durchgeht, sodass nichts ins Feuer fällt.

2 Halte den Marshmallow über (nicht in) das Feuer oder die heißen Kohlen des Grills. Drehe den Marshmallow, damit er gleichmäßig geröstet wird. Wenn du Marshmallows eher zäh magst, nimm ihn vom Feuer, sobald er aufgesprungen ist, oder warte, bis er goldbraun ist.

3 Nimm den Marshmallow vom Feuer und lasse ihn 1 Minute auskühlen. Beiße direkt vom Stecken ab und lasse den Marshmallow im Mund zergehen. Köstlich! Zeit für noch einen?

FERTIG!

107 NUTZE DIE SONNENENERGIE

An einem heißen Tag kannst du mit einer einfacher Schachtel Sonnenenergie für einen Ofen nutzen, in dem du die klebrigen Leckereien zubereitest!

Sicherheit zuerst!
Bitte einen Erwachsenen, dir mit dem Deckel der Schuhschachtel zu helfen

Du brauchst
- 1 Schuhschachtel
- Alufolie
- Frischhaltefolie
- Klebestift
- Kekse (z.B. Butterkekse)
- Marshmallows
- Schokolade

1 Bereite die Schuhschachtel vor. Schneide vorsichtig ein großes Loch in den Deckel. Mit einem Klebestift befestige die Alufolie an den Innenseiten der Schachtel, mit der glänzenden Se nach außen, so wird die Hitze bes ser reflektiert. Setze den Deckel a

2 Stelle deinen Ofen in die Sonne, um ihn vorzuheizen. Lege nach 30 Minuten einen Keks, belegt mit einem Marshmallow, auf den Boden und verschließe die Schachtel mit Frischhalte- folie.

3 Lasse den Ofen in der Sonn stehen, bis der Marshmall flüssig und warm wird. Nir heraus und lege ein Stück Scho darauf, bedecke alles mit einer ten Keks und drücke sie vorsi zusammen, sodass die Schoko schmilzt. Schmatz!

FERTIG

108 BACKE DIE ULTIMATIVE PIZZA

Pizza mit allen Lieblingsbelägen schmeckt noch einmal so gut – warum also machst du sie nicht selbst?

1 Für die schnellste Pizza, laufe zum Supermarkt und kaufe einen fertigen Pizzateig. Heize den Ofen laut Packungsanleitung vor.

3 Verstreiche löffelweise Tomatensauce (aus Dosentomaten und Basilikum) darauf und bestreue sie mit Mozzarella oder anderem Käse.

4 Verteile deine Lieblingsbeläge wie gehackte Paprikaschoten, Spinat, Schinken oder Champignons darüber und schiebe die Pizza vorsichtig in den Ofen.

2 Lege den Teig flach auf einen mit Öl beträufelten Pizzastein oder ein Backblech.

5 Backe sie, bis die Ränder braun werden und der Käse Blasen wirft. Das dauert etwa 10 bis 15 Minuten. Nimm die Pizza nun aus dem Ofen, beiße ab und genieße!

Paprikaschoten

Gekochter Schinken

Salami

Tomaten

Entkernte Oliven

Geschnittene Champignons

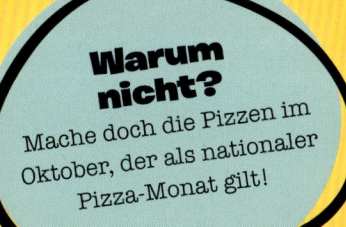

Warum nicht?

Mache doch die Pizzen im Oktober, der als nationaler Pizza-Monat gilt!

Delizioso!

(bedeutet „lecker" auf Italienisch)

FERTIG!

109 MACHE KANDIS

Es gibt nichts besseres als ein wissenschaftliches Experiment, das man essen kann! So süß kann Wissenschaft sein.

1 Binde ein Stück Schnur um die Mitte des Bleistifts.

2 Die Schnur sollte so lang sein, dass sie beinahe den Boden des Glasbehälters erreicht, wenn du den Bleistift darüber legst.

5 Füge ein paar Tropfen Lebensmittelfarbe zu und drücke eine Zitrone für den Geschmack aus und gieße die Mischung dann in den Glasbehälter, sodass er fast voll ist. Lege den Bleistift darüber und lasse die Schur in der Flüssigkeit baumeln. Achte darauf, dass sie nicht den Boden oder die Seiten berührt.

6 Suche einen sicheren Platz (nicht den Kühlschrank), an dem du das Glas abstellen kannst. Nach etwa einem Tag solltest du sehen, wie sich Kristalle rund um die Schnur zu bilden beginnen. Lasse es mehrere Tage stehen, damit sich viele Kristalle bilden, und lasse den Kandis trocknen, bevor du ihn genießt!

Fertig kristallisiertes Kandis

3 Bitte einen Erwachsenen, das Wasser vorsichtig zum Kochen zu bringen, und füge 115 g Zucker hinzu.

4 Sobald die Mischung beginnt, Blasen zu werfen, füge nach und nach den restlichen Zucker zu, dann nimm den Topf vom Herd.

DENKE DARAN!

Spiele nicht mit dem Glasbehälter herum, und stecke nicht die Finger hinein! Das unterbricht die Bildung der kristallinen Struktur!

Warum nicht?

Indianische Kandis-Bonbons sind zum Erfrischen des Mundes mit Fenchel gemischt! Was möchtest du hinzufügen?

FERTIG!

110 VERANSTALTE EINE PYJAMA-PARTY

Freunde zum Übernachten einzuladen macht so viel Spaß! Sorge dafür, dass du genügend Leckereien für deine Gäste bereit hältst.

EINLADUNG

Schreibe die Einladungen – entweder auf Papier, per Email oder SMS! Bestimme ein Thema für die Party wie Sport, Musik oder einen Film-Marathon.

ESSEN

Erstelle ein Lager mit Lieblingssnacks: Popcorn, Chips, Kekse, Obst oder Gemüsesticks mit Dip eignen sich gut.

SPIELE

Erstelle eine Liste mit Spielen und Aktivitäten, die ihr mögt, sodass es immer etwas zu tun gibt. Vielleicht bittest du deine Freunde, einen Lieblingsfilm oder ein Spiel mitzubringen, damit die Auswahl größer wird? Du kannst auch eine Geistergeschichte erfinden, sobald das Licht aus und es dunkel ist.

SCHLAF (KEINEN!)

Suche für jeden den besten Platz für den Schlafsack! Schichtet viele weiche Kissen und Decken auf und macht es euch gemütlich!

Warum nicht?
Unterhalte dich und deine Freunde auch mit anderen Aktivitäten aus diesem Buch!

 **FERTIG!**

111 GESCHÜTTELTE EISCREME

Du kannst Eiscreme mit nichts außer einem Plastikbeutel und ein paar anderen simplen Dingen herstellen!

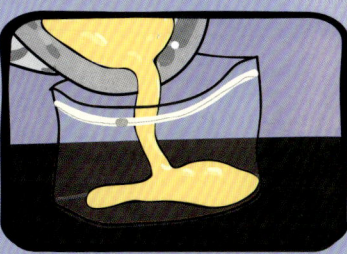

1 Vermenge Zucker, Sahne und Vanille in einer Schüssel und gieße die Mischung in den kleinen Beutel, den du gut verschließt.

Du brauchst

- 2 Esslöffel Zucker
- 230 g Sahne
- ½ Teelöffel Vanille-Extrakt
- 1 kleinen und 1 großen verschließbaren Plastikbeutel
- 3 Esslöffel grobes Salz
- Viele Eiswürfel (genug für einen großen Plastikbeutel)
- Leckere Dinge zum Verfeinern wie Schokotröpfchen, Nüsse oder frisches Obst

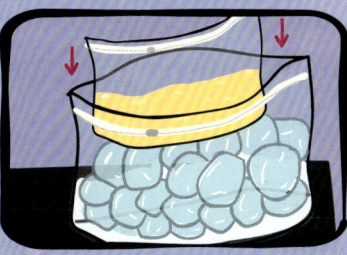

2 Gib das Salz und die Eiswürfel in den großen Beutel, dann lege auch den kleinen Beutel in den großen.

3 Verschließ den großen Beutel. Schüttele ihn, bis die Mischung hart wird, etwa 10 bis 15 Minuten. Fertig ist die Eiscreme!

Warum nicht?
Füge Toppings hinzu, sobald die Eiscreme gefroren ist, wie frisches Obst oder Schokoladensauce!

Schokoladensauce   Kirsche

FERTIG!

112 HEISSE SCHOKOLADE

Wenn du bis jetzt nur heiße Schokolade mit Kakaopulver kennst, ist das ein echter Hammer!

Du brauchst
- 250 ml Milch
- 50 g dunkle Schokolade
- Mini-Marshmallows (optional)

1 Bitte einen Erwachsenen, die Milch zu erhitzen. In der Zwischenzeit brich die Schokolade in Stücke und lege sie in einen hitzebeständigen Krug.

2 Gieße vorsichtig ein Drittel der heißen Milch über die Schokolade und verquirle sie. Lasse die Mischung 1 Minute ruhen.

3 Füge die restliche Milch unter ständigem Rühren zu, bis Milch und Schokolade vollständig vermischt sind. Genieße sie in deinem Lieblingsbecher!

Warum nicht?
Für den besonderen Genuss streue einige Mini-Marshmallows über die heiße Schokolade!

FERTIG!

113 STELLE SELBST LIMONADE HER

Was könnte an einem heißen Sommertag besser sein als ein Glas kalte, hausgemachte Limonade? Das Rezept ist für 6 Gläser.

Du brauchst
- 8 Zitronen
- 1,5 l Wasser
- 250 g Kristallzucker
- Zitronenscheiben zum Garnieren

1 Presse die Zitronen aus und gieße den Saft in einen Krug – vergiss nicht, die Kerne zu entfernen!

2 Bitte einen Erwachsenen, ein Drittel des Wassers mit Zucker in einem Topf zu erhitzen. Rühre um, bis der Zucker vollständig aufgelöst ist, dann mische die Flüssigkeit mit Zitronensaft.

3 Gieße das restliche Wasser in den Krug und stelle alles kalt. Serviere die Limonade mit Eiswürfeln und einer Zitronenscheibe!

FERTIG!

114 ROLLE EIGENE BROTSTANGEN

Die köstlichen kleinen Brotstangen sind ein leckerer Snack und leicht herzustellen. Du kannst sie auch in einer Lunchbox aus Plastik aufbewahren.

Du brauchst

- 75 g plus 2 Esslöffel Mehl
- 1 Teelöffel Zucker
- ¾ Teelöffel Backpulver
- ¼ Teelöffel Salz
- 80 ml Vollmilch

1 Heize den Ofen auf 200 °C vor. Lege ein Backblech mit Alufolie aus oder besprühe es leicht mit Öl und stelle es beiseite.

Sicherheit zuerst!
Bitte immer einen Erwachsenen, dir zu helfen, wenn du den Ofen benutzt oder Messer verwendest.

2 Vermenge Mehl, Zucker, Backpulver und Salz. Rühre gründlich um, sodass sich alles gut vermischt.

3 Gieße nach und nach die Milch zu und rühre vorsichtig um, bis sich der Teig zu einer Kugel formt; der Teig sollte weich, aber nicht klebrig sein (füge wenn nötig mehr Milch oder Mehl hinzu).

4 Bestäube die Arbeitsfläche mit Mehl und knete den Teig mit sauberen Händen ein oder zwei Minuten lang (stoße ihn mit den Fingerknöcheln).

5 Rolle den Teig aus, schneide ihn zu Riegeln in Fingergröße und setze diese auf das Backblech. Bitte einen Erwachsenen, das Blech in den Ofen zu schieben. Backe die Finger 15-18 Minuten goldbraun, dann bitte einen Erwachsenen, sie aus dem Ofen zu nehmen.

Genießen!

FERTIG!

115 SCHOKOLADEN-SCHLEIM

Für Schokofans und Schleimliebhaber! Davon kannst du abbeißen – wenn die Hände sauber sind!

Du brauchst
- 400 g süße Kondensmilch
- Puderzucker
- Speisestärke
- 110 g dunkle Schokolade, in Stücken

1 Gib die süße Kondensmilch in eine Schüssel und füge die Schokoladenstücke hinzu.

2 Bitte einen Erwachsenen, Wasser in einem flachen Topf zu erhitzen. Setze mit Küchenhandschuhen die Schüssel in den Topf. Rühre mit einem Löffel, bis die Schokolade geschmolzen ist. Nimm die Schüssel mit Küchenhandschuhen vom Wasser und schalte den Herd aus!

3 Während die Schokoladenmischung etwas abkühlt, bestäube ein sauberes Brett oder eine Matte mit Puderzucker und Speisestärke. Wenn die Mischung kühl genug ist, gieße sie darauf.

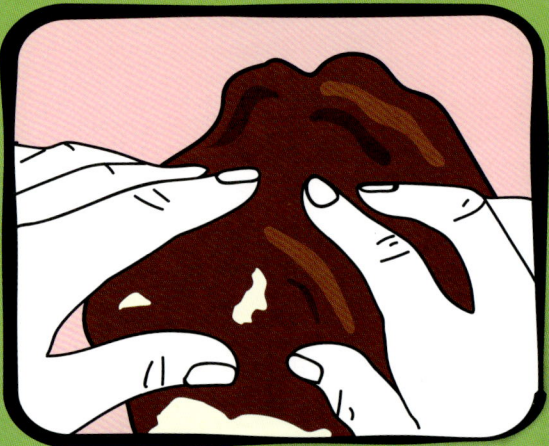

4 Arbeite die trockenen Zutaten mit einem Löffel und den Händen in die Schokoladenmischung ein, bis sie eine schleimige Konsistenz hat und alles gut vermischt ist.

Science-Alarm!
Speisestärke wirkt als Eindickmittel und ist dafür verantwortlich, dass die Mischung von einer Flüssigkeit zu einer formbaren Masse wird.

Top-Tipp
Den Schleim kannst du in einem luftdicht verschlossenen Behälter bis zu einer Woche aufbewahren!

FERTIG!

116 KUNST AUF DEM TELLER

Verwandle Speisen in ein Kunstwerk! Überlege dir, was du sonst noch machen könntest (und denke daran, Lebensmittel nicht zu verschwenden).

SONNENBLUMEN-SALAT

Du brauchst

- 1 runde Käsescheibe
- Kirschtomaten
- 1 Stück Gurke
- Kleine Salatblätter
- Kleine Obst- oder Gemüsestückchen für das Gesicht

1 Lege die Käsescheibe auf den Teller und arrangiere die Tomaten rund herum.

2 Lege das Gurkenstück unten als Stiel an und den Salat als Blätter an den beiden Seiten. Gib der Sonnenblume mit Obst- oder Gemüsestückchen ein freundliches Gesicht.

BANANEN-OKTOPUS

Du brauchst

- 1 Banane
- 1 Buttermesser oder Schere
- 1 schwarzen Marker

1 Schäle die Banane bis zur Hälfte und schneide oder breche den geschälten Teil ab. Schneide die Schale in 8 Streifen und arrangiere sie rund um die verbleibende Hälfte, sodass sie aufrecht steht. Zeichne mit einem Marker Augen und Mund.

BIRNEN-PFAU

Du brauchst

- 1 Birnenhälfte (frisch oder aus der Dose)
- Grüne Weintrauben
- Heidelbeeren
- 1 Karottenstäbchen
- 1 Rosine
- 1 Buttermesser

1 Setze die Binenhälfte an den unteren Rand des Tellers, aber lasse Platz für die Beine. Arrangiere Weintrauben und Heidelbeeren als Rad rund um die Birne.

2 Schneide eine Ecke der Karotte mit dem Buttermesser für den Schnabel ab. Halbiere das restliche Karottenstäbchen für die Beine. Halbiere die Rosine für die Augen.

FERTIG!

117 EINLADUNG ZUM PICKNICK

Wie kann man einen herrlich sonnigen Nachmittag besser verbringen als mit einem Picknick? Plane voraus, damit du nichts vergisst!

1 Überlege dir einen schönen Ort fürs Picknick – vielleicht im örtlichen Park, am Strand oder im eigenen Garten? Dann schreibe die Einladungen für deinen Freunde. Vergiss nicht, Ort, Zeit und was sie mitbringen sollen, mitzuteilen.

2 Mache eine Liste mit den Gästen und dem vorzubereitenden Essen. Überlege dir gut, was jeder gerne isst. Sandwiches oder Wraps und Obst sind gute Ausgangspunkte. Liste auf, was deine Freunde versprachen mitzubringen, sodass du beurteilen kannst, ob es genug zu essen gibt. Ein Erwachsener soll dir dabei und beim Einkaufen helfen.

3 Mache dich mit zumindest einem Freund auf den Weg und stelle sicher, dass ein Erwachsener weiß, wo ihr seid. Seid etwas früher als eure Gäste dort. Legt eine Picknick-Decke auf, esst, entspannt euch, plaudert und werft ein Frisbee! Vergesst nicht, den Müll mit nach Hause zu nehmen!

Warum nicht?

Probiere mal ein Picknick im Winter mit heißer Schokolade oder Suppe. Packt euch warm ein und nehmt Decken zum Kuscheln mit!

 **FERTIG!**

118 SPIELE DAS SPEISE-KARTENSPIEL

Alles, was du dafür brauchst ist eine Münze und zwei Spieler, doch sei gewarnt! Vielleicht wirst du dabei hungrig, oder vom Essen abgeschreckt.

1 Die Idee ist, ein „Speisetablett" (einen Zettel in diesem Fall) mit möglichst vielen Gerichten von der Speisekarte zu füllen. Ihr dürft nur etwas auswählen, wenn ihr Kopf werft.

2 Wenn Zahl kommt, muss die Münze an den nächsten Spieler weitergegeben werden, ohne etwas auszuwählen.

3 Notiere, welche Speisen ausgewählt wurden. Wenn etwas einmal gewählt wurde, darf ein anderer es nicht nehmen. Je länger ihr spielt, desto ekliger wird die Auswahl. Der Erste, der 8 Gerichte auf seinem „Tablett" hat, gewinnt.

Speisekarte

- Burger
- Milchshake
- Pommes
- Banane
- Muffin
- Eiscreme
- Pizzaschnitte
- Schimmliges Sandwich
- Fischeintopf
- Schafsauge
- Hühnerfüße
- Nacktschnecke
- Spaghetti
- Super-scharfes Curry
- Schüssel voll Luft
- Gebratene Heuschrecken

 **FERTIG!**

119 BAUERNHOF-CUPCAKES

Du wirst beim Dekorieren genauso viel Spaß haben wie beim Essen.

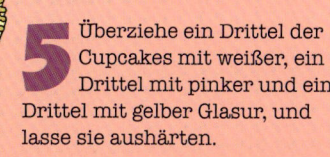

Du brauchst

- 1 Cupcake- oder Muffinblech
- Cupcake-Förmchen aus Papier
- 7 Esslöffel weiche Butter
- 115 g Kristallzucker
- 2 Eier
- 120 g Mehl, versiebt mit 2 Teelöffel Backpulver
- 220 g gesiebter Puderzucker
- Lebensmittelfarbe
- Zum Dekorieren: pinke und weiße Mini-Marshmallows, Geleebohnen, Schokotröpfchen oder kleine Schoko-Bonbons

NUN ZUM DEKORIEREN!

Gestalte mit den pinken Marshmallows die Schnauzen der Schweine, halbiere pinke Marshmallows für die Ohren und verwende Schokolade-Chips für die Augen.

Verwende weiße Marshmallows für die Gesichter der Schafe und gib ihnen Augen und Nasen aus Schokolade.

Mit den gelben Geleebohnen mache Hahnenkämme und mit den orangen Schnäbel. Die Augen bestehen aus Schokolade.

3 Löffle die Mischung in die Förmchen und backe sie 20 Minuten goldbraun. Bitte einen Erwachsenen, zu überprüfen, ob sie gar sind, um sie aus dem Ofen zu nehmen. Lasse sie auf einem Kuchengitter auskühlen.

1 Heize den Ofen auf 180°C vor. Lege das Blech mit den Papierförmchen aus.

4 Gib den Puderzucker in eine Schüssel und mische nach und nach 2-3 Esslöffel warmes Wasser unter, bis eine ziemlich feste Glasur entsteht. Färbe davon in separaten Schüssel je ein Drittel pink und gelb.

2 Verrühre Butter, Zucker, Eier, Mehl und Backpulver 2-3 Minuten, bis alles gut vermischt ist.

5 Überziehe ein Drittel der Cupcakes mit weißer, ein Drittel mit pinker und ein Drittel mit gelber Glasur, und lasse sie aushärten.

Sicherheit zuerst!

Bitte einen Erwachsenen, dir mit dem Ofen zu helfen, und die fertigen Cupcakes herauszunehmen.

FERTIG!

4 HANDGEMACHT

Hier findest du coole Projekte zum Bauen, Entwerfen und Gestalten – von Nudel-Monstern bis zu Murmelbahnen. Befolge die Anweisungen oder nutze die Tipps, um deine eigenen innovativen Kreationen zu erfinden. Lege los und sei kreativ!

120 KONSTRUIERE EINE PIÑATA

Eine Piñata herzustellen ist fast so lustig, wie sie zu zerschlagen. Mit einem Papierbeutel als Basis, brauchst du nur noch zu dekorieren.

1 Schneide das bunte Papier in lange Streifen und schneide dann diese von unten bis zur Mitte vorsichtig in Fransen.

Warum nicht?
Drucke eine Figur aus einem Comicstrip oder einen Superheld aus dem Internet aus, um die Piñata zu verzieren.

2 Klebe die Papierstreifen von unten beginnend in Schichten auf den Beutel, bis zur Oberkante. Verziere auch den Boden.

Du brauchst
- 1 starke Papiertragetasche
- Bunten Stoff oder Kreppapier (oder Papierstreifen)
- Schere
- Kleber
- Bonbons und/oder kleines Spielzeug
- Bälle aus zerknülltem Zeitungspapier
- Verpackungsklebeband, wenn nötig

3 Fülle den Beutel mit Leckereien und fülle die Leerstellen mit Zeitungspapier. Klebe die Öffnung des Beutels zu und verstärke wenn nötig die Henkel mit Verpackungsklebeband. Hänge die Piñata auf und der Spaß kann beginnen!

FERTIG!

121 PAPIERBLUMEN-STRAUSS

Das schöne Bouquet aus Papierrosen ist ein tolles Geschenk für einen Geburtstag oder Muttertag. Die Blumen benötigen kein Wasser und verwelken nicht.

Du brauchst
- Holzstäbchen wie Kebab-Spieße, grün bemalt oder mit grünem Klebeband umwickelt
- Krepppapier
- Schere
- Grünes Gartenklebeband oder transparentes Klebeband
- 1 Band oder Geschenkpapier

1 Schneide ein Quadrat Papier für die Knospe ab und falte es zu einem Dreieck. Befestige eine Ecke mit Klebeband am Stab und rolle es dann darum herum. Befestige es mit Klebeband.

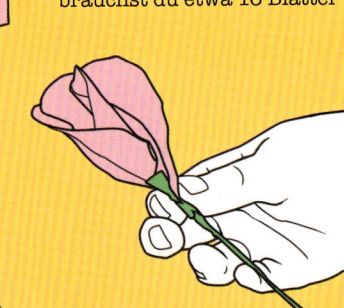

2 Schneide Blätter aus dem Krepppapier. Wenn du es faltest, bekommst du mehrere Blätter gleichzeitig. Für jede Rose brauchst du etwa 16 Blätter

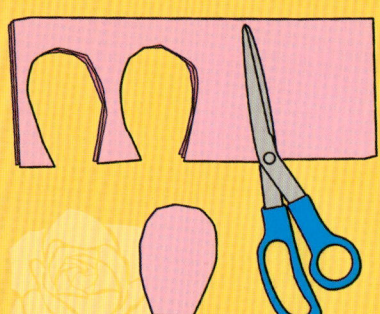

3 Wickle die Blätter um die Knospe und klebe sie fest. Wenn du genug Rosen für einen Strauß hast, binde sie mit einem Band zusammen oder wickl sie in Geschenkpapier.

FERTIG!

122 HELM FÜR EINEN SAMURAI-KRIEGER

Es geht so schnell und leicht, den Samurai-Helm herzustellen, dass du auch welche für deine Freunde machen kannst. Gründet euren eigenen Krieger-Clan.

Du brauchst
• 1 Blatt Papier, etwa 50 cm im Quadrat
• Schere
• Farben, Marker oder Buntstifte

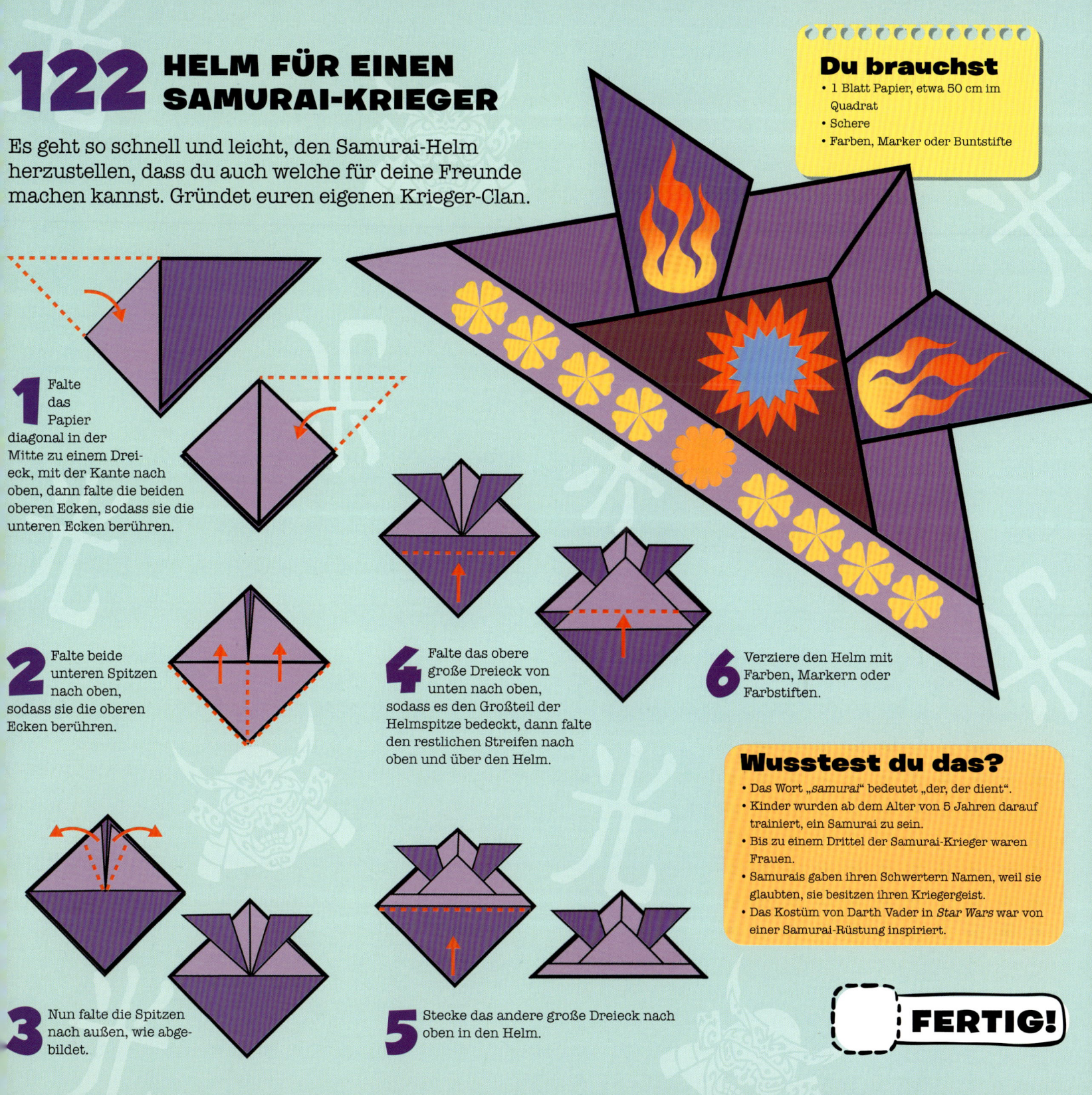

1 Falte das Papier diagonal in der Mitte zu einem Dreieck, mit der Kante nach oben, dann falte die beiden oberen Ecken, sodass sie die unteren Ecken berühren.

2 Falte beide unteren Spitzen nach oben, sodass sie die oberen Ecken berühren.

3 Nun falte die Spitzen nach außen, wie abgebildet.

4 Falte das obere große Dreieck von unten nach oben, sodass es den Großteil der Helmspitze bedeckt, dann falte den restlichen Streifen nach oben und über den Helm.

5 Stecke das andere große Dreieck nach oben in den Helm.

6 Verziere den Helm mit Farben, Markern oder Farbstiften.

Wusstest du das?
• Das Wort „samurai" bedeutet „der, der dient".
• Kinder wurden ab dem Alter von 5 Jahren darauf trainiert, ein Samurai zu sein.
• Bis zu einem Drittel der Samurai-Krieger waren Frauen.
• Samurais gaben ihren Schwertern Namen, weil sie glaubten, sie besitzen ihren Kriegergeist.
• Das Kostüm von Darth Vader in *Star Wars* war von einer Samurai-Rüstung inspiriert.

FERTIG!

123 KONSTRUIERE EIN PERISKOP

Hast du dir schon mal gewünscht, über einen hohen Zaun zu sehen, oder um die Ecke zu blicken, ohne gesehen zu werden? Das Periskop ist das perfekte Spionage-Werkzeug.

Du brauchst
- 2 große Saft- oder Milchkartons
- Cutter
- Lineal
- Bleistift oder Füller
- 2 kleine, flache Spiegel
- Abdeckband

Sicherheit zuerst!
Bitte einen Erwachsenen, dir beim Schneiden des Kartons zu helfen.

3 Bitte einen Erwachsenen, beginnend von oben, entlang der diagonalen Linie einen Schlitz in der Länge des Spiegels zu schneiden.

1 Bitte einen Erwachsenen, den oberen Teil der beiden Kartons mit einem Cutter abzutrennen, und ein Fenster in den unteren Teil zu schneiden, wobei etwa 7 mm Rand um das Loch bleiben sollten. Dann wasche die Kartons gründlich aus.

2 Lege eine Karton auf die Seite, mit dem Loch rechts. Miss die Länge des Bodens und dann dieselbe Distanz auf der linken Kante des Kartons ab und markiere die Stelle. Ziehe eine Diagonale zwischen dem Punkt und der rechten Ecke des Bodens.

4 Schiebe den Spiegel in den Schlitz, sodass du ihn vom Loch in der Vorderseite aus sehen kannst. Wenn der Spiegel in der richtigen Position ist (du solltest die Zimmerdecke durch den Karton sehen können), befestige ihn mit Klebeband. Wiederhole die Schritte 3–4 mit dem anderen Karton.

Top-Tipp
Wenn du das Periskop aufstellst, kannst du unter Tische sehen (oder in die untere Koje eines Stockbetts).

5 Stelle einen Karton mit dem Loch unten zu dir gewandt auf, dann setze den anderen umgedreht darauf, mit dem Loch oben und von dir abgewandt.

6 Drücke den oberen Karton leicht zusammen, sodass er ein wenig in den anderen hineinrutscht, dann klebe die beiden zusammen.

FERTIG!

124 BASTELE EINE FOTOSCHACHTEL

Das ist eine kluge Art, Fotos sicher aufzubewahren, um sie schnell herzeigen zu können. Es wäre auch ein tolles Geschenk für Freunde und Großeltern.

Du brauchst

- 1 runde Kartoffelchipsdose mit Deckel
- Bleistift oder Füller
- Bastelmesser
- Dünner Karton
- Schere
- Band
- Heftmaschine (optional)
- Kleber
- Fotos
- Klebeband
- Farbe oder Marker

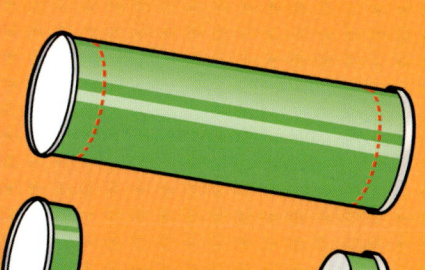

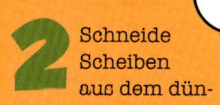

1 Miss 3 cm von jedem Ende der Rolle und ziehe eine Linie rund herum. Bitte einen Erwachsenen, die Rolle dort mit einem Cutter durchzuschneiden, sodass du zwei separate Enden hast.

2 Schneide Scheiben aus dem dünnen Karton, die etwas kleiner sind, als das Innere der Rolle (verwende einen Zirkel oder ein Glas oder einen Deckel, um den Kreis zu zeichnen). Vielleicht kann dir auch jemand dabei helfen. Du brauchst einen Kreis für jedes Foto. Klebe oder hefte die Scheiben auf ein Band.

Warum nicht?

Schneide ein extra Foto aus und klebe es auf den Deckel der Fotoschachtel!

3 Nach der gleichen Anleitung schneide auch die Fotos aus und klebe sie auf die Kartonscheiben. Klebe ein Ende der Fotokette auf die untere innere Hälfte der Rolle und das andere Ende innen auf den Deckel. Wenn du viele Fotos hast, kannst du auch die Rückseiten der Scheiben damit bekleben.

4 Klebe die beiden Enden der Rolle mit Klebeband zusammen, dann schneide einen 5 cm breiten Streifen aus, der lang genug ist, die Rolle zu umwickeln. Verziere ihn thematisch zu den Fotos passend, z. B. Ferien, Geburtstag oder Weihnachten.

5 Klebe den Kartonstreifen rund um die Fotoschachtel.

6 Um die Fotos zu zeigen, nimm den Deckel der Schachtel ab und ziehe die Bilder vorsichtig heraus.

Sicherheit zuerst!
Bitte einen Erwachsenen, dir beim Schneiden der Dose zu helfen.

FERTIG!

125 BASTELE NUDEL-MONSTER

Nudeln sind nicht nur zum Essen da – sie eignen sich auch wunderbar zum Basteln. Versuche Nudel-Formen auf einen Magneten für den Kühlschrank oder Namen auf einen Anstecker zu kleben.

1 Gib die Nudeln in Plastikbeutel, einen für jede Farbe. Füge 3 bis 4 Esslöffel Essig und einige Tropfen Lebensmittelfarbe hinzu, dann verschließe den Beutel und schüttele ihn, bis die Nudeln gleichmäßig eingefärbt sind.

2 Öffne den Beutel ein wenig und entleere die Flüssigkeit. Lege die Nudeln zum Trocknen auf Schichten von Küchen- oder Zeitungspapier.

3 Klebe die Nudeln zusammen, um Monster zu gestalten und befestige die Augen.

FERTIG!

126 EIN TIPI FÜR DRINNEN

Im Freien zu campen macht Spaß, doch wenn es kalt ist, ist ein Zelt in der Wohnung viel gemütlicher.

Top-Tipp
Platziere einige Kissen außen am Tipi, um die Stangen an ihrem Platz zu halten!

1 Binde die Stangen etwa 20 cm von oben mit der Schnur zusammen.

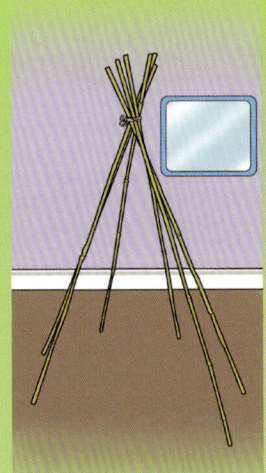

2 Stelle das andere Ende der Stangen auf den Boden und und ziehe sie zu einer Tipi-Form auseinander. Das geht leichter, wenn dir jemand dabei hilft.

3 Drapiere Decken und Leintücher über den Stangen und klammere sie oben und unten fest, dann fülle das Tipi mit Decken, Teppichen und Kissen.

FERTIG!

127 BASTELE EIN SONNEN-SYSTEM-MOBILE

Durch das Modell des Sonnensystems lernst du die Positionen der Planeten. Solltest du es vergessen, gibt es hier einen praktischen Satz, dir die Reihenfolge von der Sonne aus zu merken: **Mein V**ater **e**rklärt **m**ir jeden **S**onntag **u**nsere **N**atur.

Du brauchst

- 1 rundes Stück Karton, etwa 30 cm Durchmesser (z.B. Pizza-Karton)
- Locher
- Lineal
- Zirkel
- Bleistift, Farbstifte oder Marker
- Verschiedenfarbigen Karton
- Schere
- Schnur

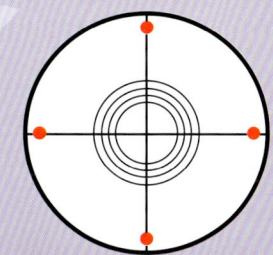

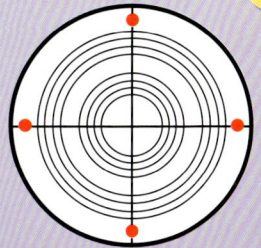

1 Suche den Mittelpunkt des Papiers mit dem Lineal und ziehe zwei Linien. Dann stanze mit dem Locher nahe der Kreislinie vier Löcher auf den geraden Linien.

2 Ziehe mit dem Zirkel einen Kreis mit 4 cm Durchmesser, dann drei weitere Kreise, jeweils im Abstand von 1,3 cm. Die vier Kreise sind die Umlaufbahnen der felsigen Planeten Merkur, Venus, Erde und Mars.

3 Lasse einen Abstand von 3 cm. Das ist der Asteroidengürtel. Dann ziehe noch vier Kreise, jeweils im Abstand von 1,5 cm. Die vier Kreise sind die Umlaufbahnen der gasförmigen Giganten Jupiter und Saturn sowie der Eisplaneten Uranus und Neptun.

4 Dann schneide Kreise aus farbigen Kartons aus für die Sonne und die Planeten. Die Sonne ist riesig, mache sie am größten. Der Größe nach ist Merkur der kleinste Planet, dann Mars, Venus, Erde, Neptun, Uranus, Saturn und Jupiter. Stanze mit dem Locher ein Loch am oberen Ende jeder Scheibe.

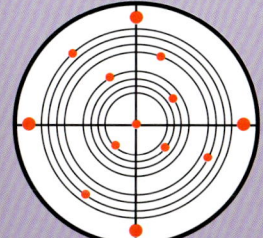

5 Mache mit dem Zirkel ein Loch in die Mitte und irgendwo auf den Umlaufbahnen, sodass die Planeten gut verteilt sind.

6 Knüpfe eine Schnur in das Loch der Sonne und ziehe das andere Ende durch das Loch in der Mitte der Umlaufbahnscheibe und mache einen Knoten. Wiederhole den Vorgang mit den Planeten und befestige sie an den passenden Umlaufbahnen.

7 Schneide vier Schnüre in der Länge von 20 cm ab und knüpfe je eine in die vier Löcher am Rande der Kartonscheibe. Binde die Enden oberhalb dieser Scheibe zusammen, sodass sie gut ausbalanciert ist, und hänge sie auf.

Sicherheit zuerst!
Bitte einen Erwachsenen, dir beim Stanzen der Löcher zu helfen.

FERTIG!

128 BRINGE ORDNUNG INS LEBEN

Aus Alt mach Neu! Alte Jeans der Familie werden zu coolen Wandordnern.

1 Schneide den Stoff vorsichtig rund um die Taschen der Jeans aus. Mit einer Zickzackschere bekommst du einen lustigen Rand und die Kanten fransen nicht aus. Jeansstoff ist dick und schwer zu schneiden, deshalb bitte einen Erwachsenen, dir zu helfen.

Du brauchst

- 1 Stück starken Stoff, groß genug für alle Taschen, inklusive einem Rand von 10 cm unten und an den Seiten und 20 cm oben.
- Einige alte Jeans
- Starken Stoffkleber
- Zickzackschere oder normale Schere
- 1 Stange (z B. Stock, Besenstiel, Vorhangstange), mindestens 20 cm länger als der Stoff
- Schnur oder Kordel

3 Arrangiere nun die Taschen auf dem Stoff. Verteile Kleber auf der ganzen Rückseite und klebe sie auf.

4 Lasse den Kleber gut trocknen, dann binde die Schnur um die Enden der Stange und hänge den Wandordner auf.

2 Schneide die Kanten des großen Stoffstückes mit der Zickzackschere ab (oder falte sie unten und an den Seiten um und klebe sie fest). Falte die Oberkante des Stoffes über die Stange und klebe ihn an der Rückseite fest.

Top-Tipp
Die Taschen haben die perfekte Größe für Handys, Fernbedienungen und Sonnenbrillen.

FERTIG!

129 KARTEN NÄHEN

Nähen ist praktisch und es macht Spaß, es zu lernen. Genähte Karten sind auch großartige Grußkarten.

Sicherheit zuerst!
Achte darauf, dich nicht mit der Zirkelspitze oder der Nadel zu stechen.

1 Lege die Form auf den Karton und lege etwas darunter, um die Arbeitsfläche zu schützen. Stich mit der Zirkelspitze Löcher in gleichmäßigem Abstand entlang der Umrisslinie.

2 Fädle das Garn in die Nadel und mache einen Knoten am Ende. Führe die Nadel durch ein Loch, mit dem Knoten an der Rückseite des Kartons und nähe rund um die Form, wie abgebildet.

3 Du kannst auch über die Form nähen, um sie auszufüllen.

FERTIG!

130 SPIELZEUG WIEDERVERWERTEN

Verwandle Abfall in einen Schatz, indem du altes, zerbrochenes Spielzeug, das in den Schränken gammelt, zu einem Kunstwerk machst.

1 Verteile das Spielzeug auf dem Untergrund und sieh, ob dir das Arrangement gefällt.

2 Bitte einen Erwachsenen, das Spielzeug aufzukleben, lasse es über Nacht trocknen und hänge es dann an die Wand.

Top-Tipp
Es ist vermutlich eine gute Idee, das Spielzeug zu waschen, sodass der Kleber gut haftet. Lasse es über Nacht trocknen.

3 Versuche, eine 3-D-Form zu gestalten. Das ist schwieriger! Du musst das Spielzeug in Schichten aufkleben und dazwischen den Kleber immer trocknen lassen.

Sicherheit zuerst!
Bitte einen Erwachsenen, dir mit dem Kleber zu helfen.

FERTIG!

131 MARSHMALLOW-KATAPULT

Du brauchst für das Katapult nur fünf Marshmallows – es bleiben genug zum Essen übrig.

Top-Tipp
Zu Beginn ist es leicht, die Marshmallows zu ziehen, doch wenn du das Katapult über Nacht stehen lässt, werden sie hart.

Du brauchst
- 7 hölzerne Holzspieße
- Mindestens 5 große 1 Marshmallows
- Plastiklöffel
- Abdeckband
- Dünnes Gummiband

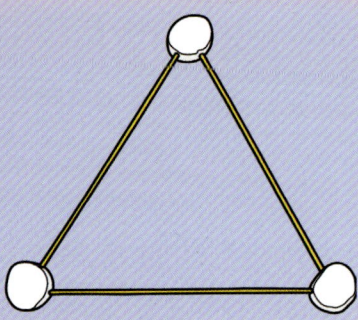
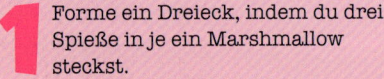

1 Forme ein Dreieck, indem du drei Spieße in je ein Marshmallow steckst.

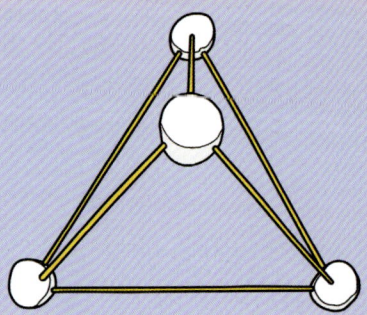
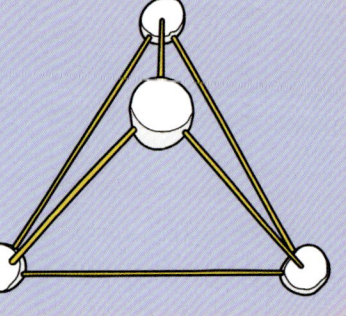

2 Erzeuge mit drei anderen Spießen und einem weiteren Marshmallow eine Pyramide.

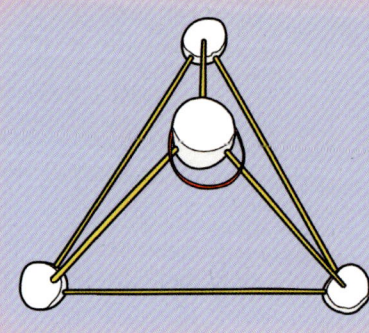

3 Befestige den Löffel mit Klebeband an einem weiteren Spieß.

4 Schlinge das Gummiband über den obersten Marshmallow.

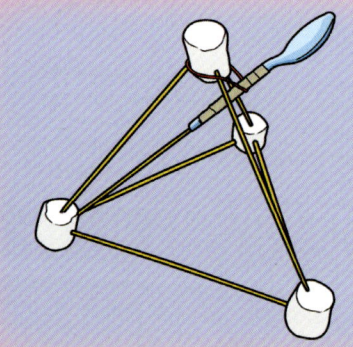

5 Schiebe den Spieß mit dem Löffel durch das Gummiband und stecke das Ende des Spießes in den gegenüberliegenden Marshmallow auf der unteren Seite.

6 Lege den letzten Marshmallow auf den Löffel und biege diesen vorsichtig nach hinten und lasse dann los. Wahrscheinlich musst du die Basis an der gegenüberliegenden Seite festhalten, bis die Marshmallows hart geworden sind. Vielleicht bastelt du ein Ziel?

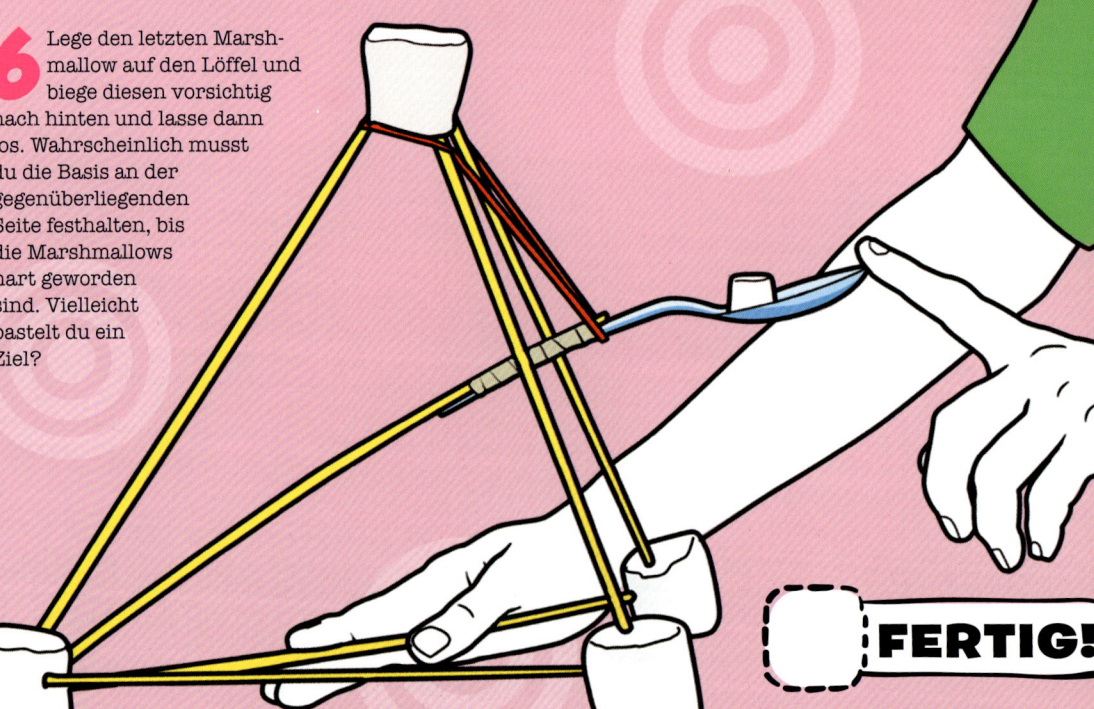

FERTIG!

132 ORIGAMI-LESEZEICHEN

Mit dem Mini-Monster-Lesezeichen musst du nie wieder eine Seite suchen.

Du brauchst
- 1 Blatt Papier, etwa 13 cm im Quadrat
- Farbstifte, Farben und/oder Marker
- Dekoration wie Wackelaugen, weißen Karton und Garn

Klebe Wackelaugen und ein wildes Haarbüschel auf, dann schneide wilde Fangzähne aus Karton und gestalte einen Mund für ein Monster. Male auf der Innenseite eine Zunge.

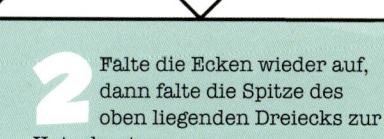

2 Falte die Ecken wieder auf, dann falte die Spitze des oben liegenden Dreiecks zur Unterkante.

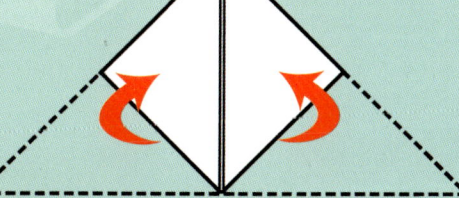

1 Falte das Papier diagonal in der Mitte, mit der Kante nach unten, dann falte die äußeren Ecken zur oberen Spitze des Dreiecks.

3 Stecke die zwei äußeren Ecken in die Bodenkante des oberen Papiers.

4 Überlege dir lustige Dinge, um das Lesezeichen zu dekorieren. Vielleicht versorgt dich das Buch, das du gerade liest, mit einer Idee.

Wenn das Buch am Meer spielt, verwandle das Lesezeichen in einen Oktopus, indem du Augen hinzufügst und auf der Seite des Quadrates Tentakel zeichnest und aufklebst.

Wenn du einen schrecklichen Schauerroman liest, drehe das Lesezeichen um und zeichne ein paar gruselige Finger.

FERTIG!

133 BASTELE EINE FOTOGALERIE

Häng dir die Fotogalerie an die Wand. Du kannst daran auch Grußkarten und wichtige Dokumente gut aufbewahren.

Top-Tipp
Washi-Klebeband gibt es in hunderten Farben und Mustern. Es verleiht deinen Werken ein professionelles Aussehen.

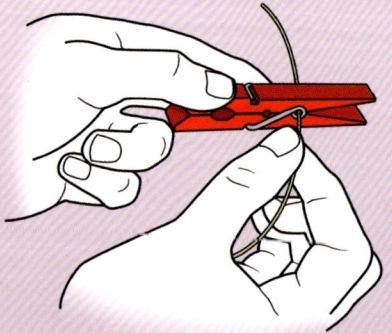

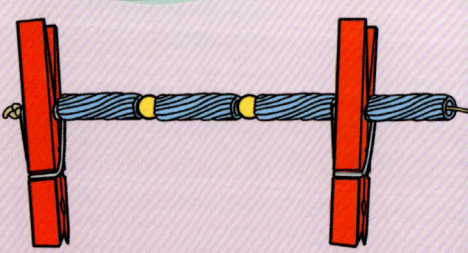

1 Um die Wäscheklammern zu färben, weiche sie über Nacht in einer Schüssel mit Wasser gemischt mit Lebensmittelfarbe ein. Trockne die Klammern auf einem Backblech, oder etwas, was nicht fleckig wird.

2 Miss etwa 30 cm von einem Ende der Schnur ab und mache einen Doppelknoten. Fädle das andere Ende durch das Stück der ersten Wäscheklammer.

3 Fädle Pasta und/oder Perlen als Abstandhalter auf, dann abwechselnd Wäscheklammern und Abstandhalter, bis zur letzten Klammer.

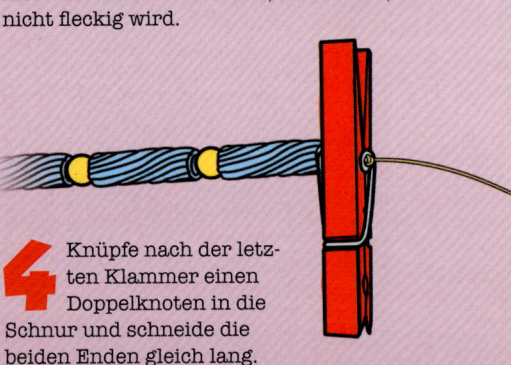

4 Knüpfe nach der letzten Klammer einen Doppelknoten in die Schnur und schneide die beiden Enden gleich lang.

Du brauchst
- 10 hölzerne Wäscheklammern
- Lebensmittelfarbe und/oder 10 mm breites Washi-Klebeband.
- Perlen und/oder Nudeln mit einem Loch in der Mitte wie Rigatoni, Makkaroni oder Penne
- 1 Stück Schnur, etwa 1 m lang

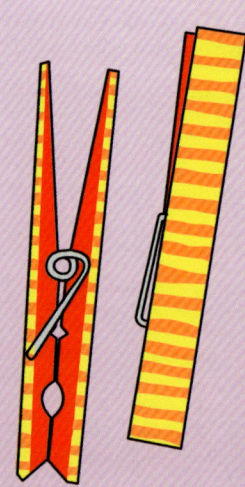

5 Du könntest die Klammern mit Washi-Klebeband verzieren.

6 Hänge den Fotohalter mithilfe der Schnüre an die Wand und klemme die Fotos in die Wäscheklammern.

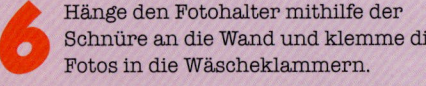

FERTIG!

134 BAUE EINEN HELIKOPTER

Lasse den Helikopter abheben, indem du das rechteckige Papier unter den Rotorblättern festhältst und ganz schnell loslässt.

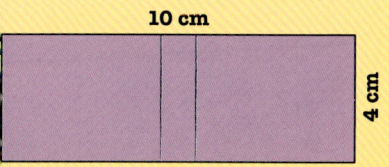

1 Zeichne zwei vertikale Linien, je 5 cm von der kurzen Seite entfernt, auf das Papier.

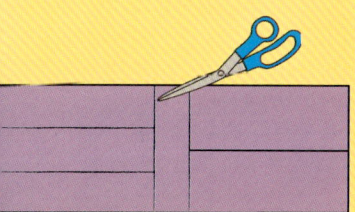

2 Ziehe eine Linie quer über die Mitte der rechten Seite und schneide daran entlang. Ziehe Linien quer, um die linke Hälfte in drei Abschnitte zu teilen.

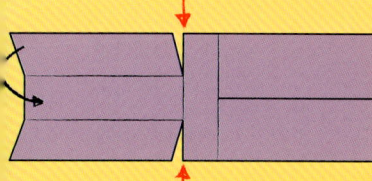

3 Folge den roten Pfeilen und schneide oben und unten ein Drittel von den Kanten weg ein. Falte die Seiten zur Mitte, sodass ein zentraler Streifen entsteht.

Du brauchst
- 1 Papierstreifen, etwa 4 cm breit und 10 cm lang
- Lineal
- Bleistift
- Schere
- Büroklammer

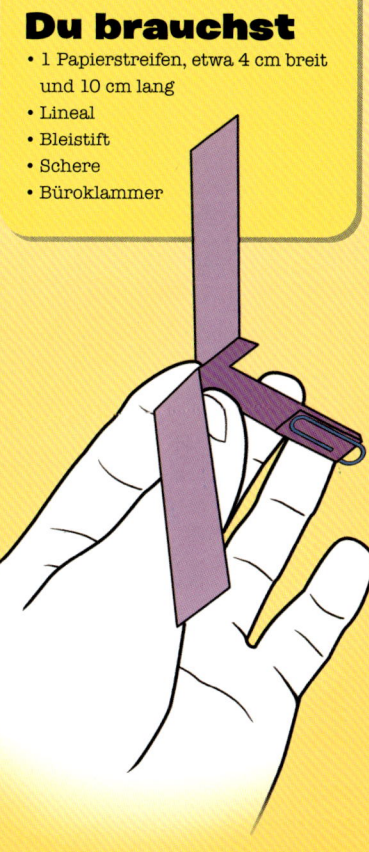

4 Falte das untere Viertel des Mittelstreifens und befestige ihn mit einer Büroklammer. Klappe einen der oberen Streifen nach vorne, den anderen nach hinten. Nun lasse den Helikopter aus und beobachte, wie er sich dreht.

FERTIG!

---

135 FANGE DIE SONNE

Hebe buntes Bonbonpapier aus Zellophan für den Sonnenfänger in Buntglasoptik auf (verwende das nicht als Ausrede, um mehr Bonbons zu essen!)

1 Schneide das Bonbonpapier zu dreieckigen Formen und arrangiere sie auf dem transparenten Zellophan. Trage Kleber auf die bunten Dreiecke auf und klebe sie fest. Lasse es über Nacht, beschwert mit einem Gewicht (z. B. einem schwerem Buch), trocknen.

Du brauchst
- Buntes Bonbonpapier aus Zellophan
- Transparentes Zellophan z.B. Fenster einer Schachtel
- Kleber
- Dünnen schwarzen Karton
- Zirkel oder 1 kleinen und 1 großen Teller
- Schere
- Band

2 Zeichne zwei kreisförmige Rahmen mithilfe des Zirkels oder der zwei Teller auf den schwarzen Karton und schneide sie aus. Klebe das Zellophan auf den unteren Rahmen. Schneide das Zellophan an den Kanten zurecht und klebe das Band an den Rand des unteren Rahmens.

3 Klebe den zweiten Rahmen auf die andere Seite des Zellophans. Hänge den Sonnenfänger gegen eine Fensterscheibe und verleihe deinem Zimmer ein buntes Leuchten.

Sicherheit zuerst!
Bitte einen Erwachsenen, dir beim Ausschneiden der Rahmen zu helfen.

FERTIG!

136 SEGLE EINE REGATTA

Wenn du diese Falttechnik einmal beherrschst, kannst du die Boote sehr schnell basteln – es dauert also nicht lange, um eine Flotte zu bauen. Vielleicht möchtest du die Boote mit kleinen Flaggen aus Zahnstochern dekorieren?

Du brauchst
• Mehrere Blätter Papier
• Wachsmalfarben (optional)
• Zahnstocher, Marker oder Farben (optional)
• Badewanne

Top-Tipp
Wenn du die Boote mit Wachsmalfarben bemalst, überdauern sie länger im Wasser.

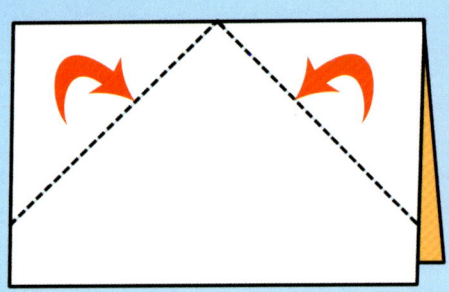

1 Falte das Papier in der Mitte (Falz nach oben) und falte die oberen Ecken so, dass sie sich in der Mitte treffen.

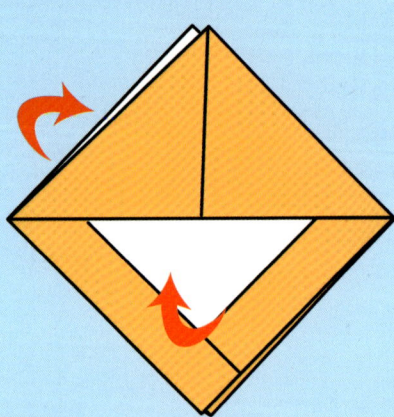

4 Falte die beiden unteren Ecken zu einem Dreieck, dann drücke die beiden Seiten wieder zu einem Quadrat zusammen.

5 Ziehe die seitlichen Klappen nach außen zu einer Bootsform. Stecke deine Finger in das mittlere Dreieck und ziehe das Boot vorsichtig auseinander, sodass es stehen bleibt.

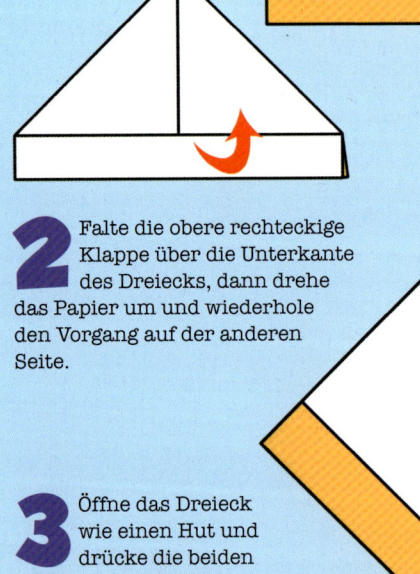

2 Falte die obere rechteckige Klappe über die Unterkante des Dreiecks, dann drehe das Papier um und wiederhole den Vorgang auf der anderen Seite.

3 Öffne das Dreieck wie einen Hut und drücke die beiden Seiten wie abgebildet zusammen, sodass ein Quadrat entsteht.

6 Verziere die Boote, dann fülle etwas Wasser in die Badewanne und beobachte, wie gut sie schwimmen. Versuche eine Brise zu erzeugen, indem du eine Zeitung an einem Ende der Badewanne auf- und abbewegst, sodass die Boote Fahrt aufnehmen.

FERTIG!

137 SPARSCHWEIN AUS PAPPMASCHEE

Das Projekt dauert ein paar Tage, denn jede Schicht Pappmaschee muss trocknen. Du musst das Sparschwein jedoch zerbrechen, um an das Geld zu kommen, deshalb solltest du es nicht dringend brauchen.

Warum nicht?

Stecke dem Schwein ein gedrehtes Schwänzchen aus Pfeifenreiniger an.

1 Blase den Luftballon auf etwa 15 cm Durchmesser auf.

2 Schneide die Kappen vom Eierkarton. Klebe vier davon als Beine auf den Luftballon.

3 Klebe eine der restlichen Kappe vorne als Schnauze auf, teile die andere und klebe sie als Ohren an die entsprechende Stelle.

4 Tauche die Papierstreifen in Tapetenkleber oder die Paste und wickle sie um Ballon, Beine, Schnauze und Ohren, bis sie vollständig damit bedeckt sind. Lasse es trocken. Wiederhole den Vorgang drei Mal.

5 Bitte einen Erwachsenen, dir beim Ausschneiden eines Schlitzes am Rücken des Schweinchens zu helfen, und lasse den Ballon im Inneren platzen.

6 Bemale das Schweinchen und fange an, zu sparen!

FERTIG!

138 DAUMEN-KINO

Das Daumenkino kannst du in deine Hosentasche stecken. Wenn du keine Klebezettel hast, verwende einen Notizblock oder ein altes Buch. Dünnes Papier eignet sich am besten.

Du brauchst
- 1 Block Klebezettel
- Bleistift
- Radiergummi
- Marker
- 1 Klammer (optional)

Warum nicht?
Zeichne sich bewegende Arme und Beine und einen Kopf an den Ball und verwandle ihn in ein hüpfendes Männchen.

1 Beginne mit einem einfachen Thema wie einem hüpfenden Ball. Zeichne zuerst mit Bleistift und beginne hinten auf dem Block, sodass die Zeichnung vom hinteren Blatt durchscheint.

3 Stecke eine Klammer auf den Block, sodass die Blätter nicht auseinanderfallen, oder halte die Blätter fest zusammen und beginne mit dem Kino!

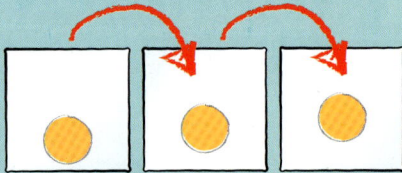

2 Zeichne den Ball auf jedem Blatt in einer leicht verschobenen Position. Wenn dir das Ergebnis gefällt, ziehe die Linien mit dem Marker nach.

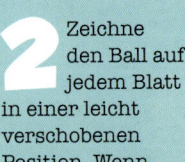

FERTIG!

139 LASSE DIE MURMELN ROLLEN

Mit diesem Recyclingprojekt kannst du großartig alte Kartonröhren und Plastikflaschen wiederverwerten.

Du brauchst
- Kartonröhren und Plastikflaschen
- 1 große Kartonschachtel, ohne Deckel und Vorderseite (optional)
- Abdeckband
- Murmeln
- Behälter, um die Murmeln aufzufangen (z. B. den Unterteil einer Plastikflasche)

1 Bitte einen Erwachsenen, die Kartonröhren längs und die Flaschen in der Mitte durchzuschneiden.

Top-Tipp
Wenn du keine Murmeln hast, lasse Bällchen aus Alufolie hinunterrollen.

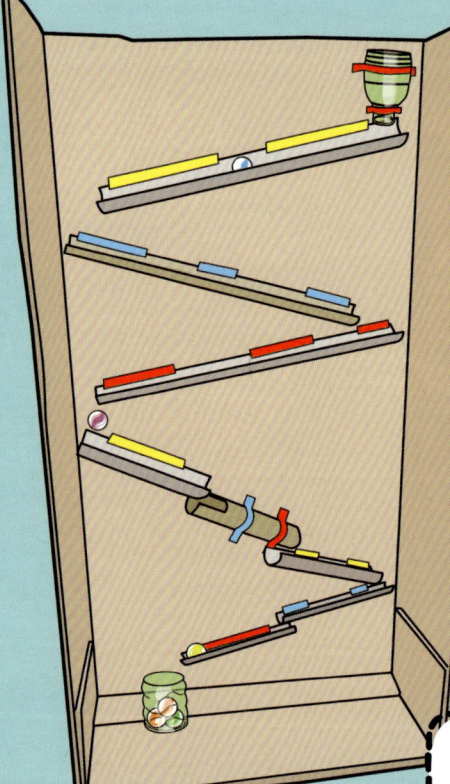

2 Klebe von oben beginnend die Röhren und Flaschen auf die hintere Innenwand (oder auf eine Tür, die vom Klebeband nicht beschädigt wird). Achte darauf, dass sie schräg nach unten gerichtet sind und dass am Ende ein Behälter steht, der die Murmeln auffängt.

3 Platziere einen Behälter am Ende der Rollbahn, um die Murmeln aufzufangen, und lasse sie rollen!

FERTIG!

140 MACHE MUSIK

Es macht immer Spaß, Musik zu machen, und es ist noch besser, seine eigenen Instrumente zu bauen.

TROMMEL

Schneide das Ende von einem Luftballon ab, spanne den Rest über eine Dose und befestige ihn mit einem Gummiband.

Du brauchst
- Große saubere Dosen mit abgerundeten Kanten
- Luftballons
- Gummibänder
- Trommelschlegel (z. B. Essstäbchen)

TAMBURIN

Du brauchst
- 2 Pappteller
- Locher
- 5 Glöckchen
- Bindedraht
- Farben, Stickers, Bänder etc. (optional)

1 Stanze fünf Löcher im gleichen Abstand in den Rand des einen Tellers. Lege den anderen Teller darüber und markiere die Lage der Löcher mit dem Bleistift. Stanze die Löcher in den zweiten Teller. Wenn du möchtest, verziere die Teller.

2 Fädle die Glöckchen auf ein Stück Bindedraht. Lege die Teller mit den Vorderseiten aufeinander und drehe den Draht, um sie zusammenzuhalten. Du kannst auch Bänder durch die Löcher ziehen.

WASSER-XYLOPHON

Gieße unterschiedliche Mengen Wasser in die Flaschen oder Behälter und schlage mit einem Löffel darauf. Stelle sie der Reihe nach auf, von der höchsten zur niedrigsten Note. Du kannst das Wasser auch mit Lebensmittelfarbe oder Malfarben einfärben.

Du brauchst
- 5-8 Glasflaschen oder Behälter mit Deckel und flachen Böden
- Wasser
- Löffel
- Lebensmittelfarbe oder Malfarbe (optional)

Du brauchst
- 2 kleine Trinkflaschen aus Plastik
- Getrocknete Bohnen
- Material zum Dekorieren der Flaschen (optional)

MARACAS

Gib in jede Flasche einige Bohnen und schraube die Deckel wieder zu. Halte die Flaschen am oberen Ende und schüttele sie im Takt mit dem Rhythmus.

FERTIG!

141 BASTELE HAND-SCHUH-MONSTER

Wirf deine alten (oder einen einzelnen) Wollhandschuhe nicht weg! Mache stattdessen diese liebenswürdigen Monster!

Füll die Kügelchen ein

Du brauchst
- Wollhandschuhe
- Styroporkügelchen
- Stoffkleber oder Nadel und Faden
- Schere
- Knöpfe
- Filzreste und Garn

1 Für das vierbeinige Monster drücke den Füllstoff bis in die Finger und den Daumen nach innen in den Handschuh.

2 Fülle den Rest und falte den Aufschlag nach innen. Klebe oder nähe die Öffnung zu.

Top-Tipp
Wenn in einem der Finger Löcher sind, drücke ihn nach innen und mache stattdessen ein Monster mit Hörnern.

3 Verziere die Monster mit Knöpfen, Filz oder Garn.

FERTIG!

---

142 KOPFHÖRER-HALTERUNG

Die Halterung für Kopfhörer löst das Problem von baumelnden Kabeln. Es ist auch ein nützliches Geschenk.

Top-Tipp
Achte darauf, die Kabel nicht durchzutrennen, wenn du sie in die Klammern klemmst.

Du brauchst
- Zeitungspapier
- Starker Kleber
- 2 hölzerne Wäscheklammern
- Acrylfarben und einen Pinsel und/oder 10 mm breites Washi-Klebeband

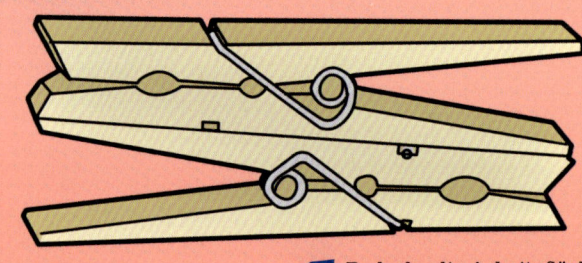

1 Bedecke die Arbeitsfläche mit Zeitungspapier. Trage Kleber auf einer Seite einer Wäscheklammer auf und lege die andere umgekehrt darauf. Lasse sie trocknen.

2 Bemale die Wäscheklammern und lasse sie trocknen (vielleicht ist mehr als eine Schicht nötig) und verziere sie mit Washi-Klebeband.

3 Klemme ein Ende der Kopfhörer in eine Klammer, wickle das Kabel herum und klemme das andere Ende in die andere Klammer.

FERTIG!

143 BASTELE EIN EIS-MOBILE

Mache das Beste aus einem Wintertag und gestalte dieses Eis-Mobile. Wenn es echt kalt ist, kannst du das Blech auch über Nacht im Freien lassen.

Du brauchst
- Bunte Beeren
- Glitter
- 1 Blech für Mini-Muffins (oder Cupcakes)
- 1 Band
- 1 Krug

1 Lege einige Beeren und etwas Glitter in Förmchen und lege ein Band so darüber, dass es in jedes Förmchen hängt. Es sollten mindestens 30 cm Band an jeder Seite überhängen.

2 Fülle den Krug mit Wasser und gieße etwas in jedes Förmchen, sodass das Band bedeckt ist. Bitte einen Erwachsenen, das Blech für einige Stunden oder über Nacht in den Tiefkühler zu geben.

3 Wenn das Wasser gefroren ist, tauche das Blech in warmes Wasser, um das Eis zu lockern. Hänge das Mobile draußen vor einem Fenster auf.

Sicherheit zuerst!
Manche Beeren, die du draußen findest, können giftig sein. Iss niemals welche, ohne einen Erwachsenen zu fragen.

FERTIG!

144 EIN RAHMEN FÜR DEINEN TAG

Beim nächsten Strandbesuch, nimm eine Kamera mit und schieße ein paar Selfies. Wenn möglich, sammele auch Muscheln und andere interessante Dinge und nimm sie nach Hause mit.

Du brauchst
- Am Strand gesammelte Muscheln und Kieselsteine
- 1 flachen Bilderrahmen
- Bastelkleber

1 Sobald du nach Hause kommst, lege deinen Schatz im Freien auf den Boden und schau, was du mitgebracht hast. Wasche alles gründlich, bevor du es verwendest. Suche dir die besten Stücke aus.

2 Arrangiere den Schatz rundherum auf dem Bilderrahmen. Spiele mit dem Design, bis es so aussieht, wie es dir gefällt, dann klebe alles mit Kleber auf den Rahmen.

3 Drucke das beste Selfie aus und lege es in den Rahmen. Was gibt es Schöneres, als sich auf diese Weise an einen lustigen Tag am Strand zu erinnern? Es ist auch ein schönes Geschenk.

FERTIG!

145 AUFBEWAHRUNGS-ROBOTER

Der Roboter räumt vielleicht nicht für dich auf, aber du kannst in ihm Bürokram und Bastelmaterial verstauen.

1 Wische das Innere des Behälters gründlich aus, um Fett- oder Salzreste zu entfernen. Bedecke die Außenseite des Kartons mit Papier.

Du brauchst

- 1 große Chipsdose mit Plastikdeckel
- Buntes oder Metallic-Papier
- Schere
- Starker Kleber
- Weißes Papier
- Marker
- Dünner Karton
- Metallic-Stickers und/oder kleine Metallobjekte wie Flaschenkapseln, Knöpfe, Schnallen, Beilagscheiben, Muttern, Federn, Teile von kaputtem Spielzeug etc.

Einige Ideen, um den Roboter zu dekorieren

Top-Tipp
Große Behälter eignen sich gut, um Bleistifte und Pinsel zu verstauen.

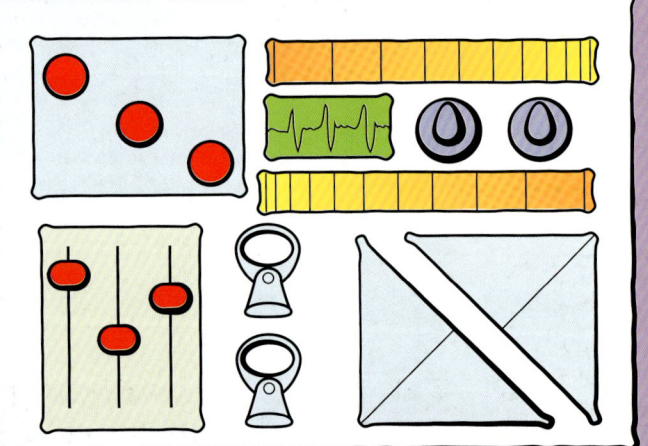

2 Schneide ein Quadrat aus dem weißen Papier, das auf den Behälter passt und zeichne ein Kontrollpaneel mit Schaltkreisen, Zahnrädern und Skalen. Du kannst auch Sticker und alte Metallteile verwenden. Klebe das Paneel auf den Behälter.

3 Verwende Recyclingmaterial für das Gesicht und die Arme des Roboters (oder fertige sie aus Karton). Wenn du Räder von einem alten Spielzeug hast, kannst du sie an den Boden des Behälters kleben.

FERTIG!

Sei nicht schüchtern! Tritt vor! Jeder macht gern dumme Fotos. Dieser einfache Fotostand bringt dir und deinen Freunden Stunden voller Spaß und viele denkwürdige Schnappschüsse.

Du brauchst
- 1 großen Bilderrahmen
- 1 dicken Ast am Baum
- Angelschnur
- Kleidung und Requisiten zum Verkleiden
- Handy oder Kamera

1 Suche einen großen Bilderrahmen. Er muss unbedingt so groß sein, dass zumindest dein Kopf reinpasst. Solltest du keinen zu Hause haben, suche einen im Gebrauchtwarenladen oder am Flohmarkt.

2 Entferne die Rückseite und alles andere auf dem Rahmen. Vielleicht brauchst du einen Erwachsenen, um dir dabei zu helfen. Wenn du möchtest, bemale oder verziere den Rahmen.

3 Suche ein nettes Setting mit einem Baum und einem dicken Ast. Bitte einen Erwachsenen, dir beim Aufhängen des Rahmens mit der Angelschnur auf dem Ast zu helfen. Du kannst ihn auch auf einen Stock oder Haken hängen.

4 Probiere verschiedene Höhen und Positionen. Einen ovalen Rahmen kann man auch seitwärts aufhängen, sodass zwei Leute hineinpassen. Achte darauf, dass der Rahmen nicht zu hoch hängt – er sollte auf Augenhöhe sein.

5 Stelle einige Requisiten oder eine volle Kleiderbox in der Nähe des Rahmens auf den Boden.

6 Lade deine Freunde ein. Bitte sie, sich hinter den Rahmen zu stellen und knipse ein Porträt! Seid erfinderisch mit den Requisiten!

FERTIG!

147 LASSE EINEN FALL-SCHIRM SEGELN

Träumst du davon, mit dem Fallschirm zu springen? Vielleicht solltest du es zuerst mit einer Spielfigur probieren ...

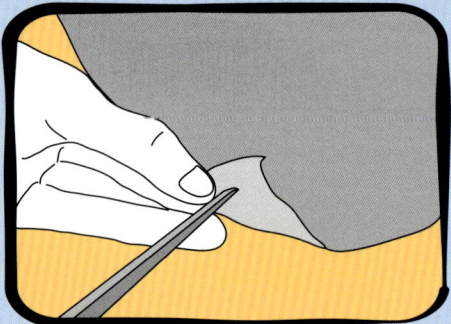

1 Falte die vier Ecken des Stoffes um und schneide mit der Schere je ein kleines Loch hinein.

2 Nimm das Ende eines Fadens und knote es an einer Stoffecke fest.

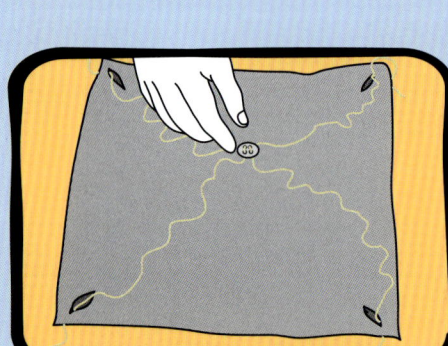

3 Fädle das andere Fadenende durch eines der Löcher im Knopf und dann durch das diagonal gegenüberliegende Loch im Knopf.

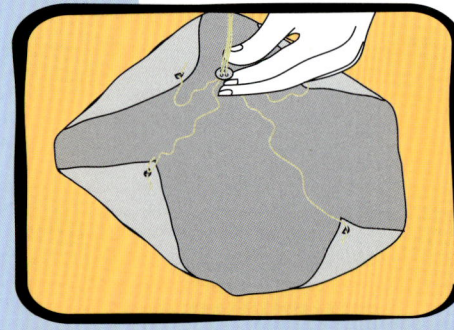

4 Ziehe den Faden bis der Knopf in der Mitte ist und knüpfe das lose Ende in der gegenüberliegenden Ecke des Stoffes fest. Wiederhole den Vorgang bei den anderen Ecken.

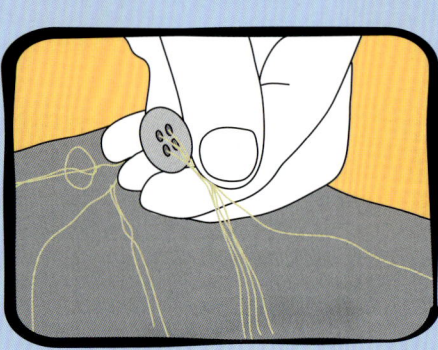

5 Halte die Fäden über dem Knopf und schiebe diesen etwa zwei Drittel des Fadens hinunter und mache einen Knoten.

6 Binde die Spielfigur an das Ende des Fallschirms. Nun ist alles für einen Testflug bereit. Wirf den Fallschirm in die Luft, oder lasse ihn mit der Hilfe eines Erwachsenen aus der Höhe fallen (von einer Mauer, einem Baum oder einem Stuhl).

Du brauchst
- Leichten Stoff, 26 cm im Quadrat
- Schere
- 1 Knopf mit vier Löchern
- 2 Fäden, 90 cm lang
- 1 kleine Spielfigur aus Plastik

FERTIG!

148 BASTELE EIN SCHNURTELEFON

Ein Schnurtelefon funktioniert nicht viel anders als ein altmodisches Telefon, außer dass man eine Schnur, statt elektrischen Strom verwendet. Probiere verschiedene Längen aus, um zu entdecken, bis zu welcher Entfernung es funktioniert.

Du brauchst
- 2 Pappbecher
- Nicht dehnbare Schnur (z. B. Drachenschnur oder Angelschnur)
- Maßband oder Lineal
- 1 Nähnadel
- 1 Freund

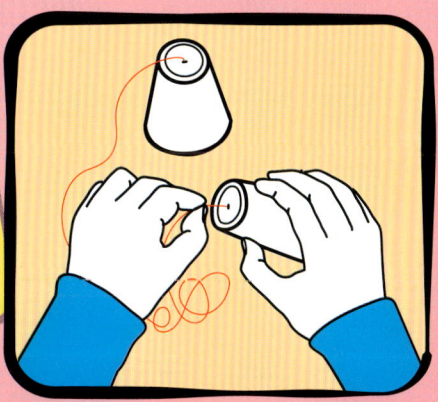

1 Schneide ein langes Stück Schnur (zwischen 10 und 30 m) ab. Bitte einen Erwachsenen, dir zu helfen, mit einer Nadel je ein Loch in den Becherboden zu stechen. Fädle die Schnur durch jeden Becher und mache jeweils im Inneren einen Knoten.

Wie es funktioniert

Wenn du in deinen Becher sprichst, vibriert der Boden und sendet Wellen aus. Die Vibrationen laufen über die Schnur und werden wieder in Schallwellen umgewandelt, sodass dein Freund hören kann, was du gesagt hast. Schallwellen pflanzen sich besser auf festem Körpern (wie Becher und Schnur) fort als in der Luft, sodass du Töne hören kannst, die ziemlich weit entfernt sind.

2 Jeder von euch nimmt einen Becher. Entfernt euch voneinander, bis die Schnur gespannt ist. Einer sollte in den Becher sprechen, während der andere zuhört. Kannst du hören, was der andere sagt?

FERTIG!

---

149 LASSE EINE LAVA-LAMPE LEUCHTEN

Die coolen Blasen der lava-Lampe sind leicht nachzumachen. Und du kannst sie zum Leuchten bringen.

Du brauchst
- 1 saubere Plastikflasche mit Deckel (1,5 l)
- Öl
- Wasser
- Lebensmittelfarbe
- 1 Tablette gegen Magenverstimmung (in kleine Stücke zerbrochen) oder grobes Salz
- 1 Taschenlampe

1 Fülle etwa ein Viertel der Flasche mit Wasser und die restlichen drei Viertel mit Öl. Füge etwa 10 Tropfen Lebensmittelfarbe hinzu.

2 Wirf die Tablette hinein und schraube den Deckel zu. Nun siehst du bunte Blasen aufsteigen, sobald sich die Tablette auflöst.

3 Schalte das Licht aus und leuchte mit der Taschenlampe von unten auf die Flasche. Du hast den coolen Spezialeffekt geschafft. Gut gemacht!

FERTIG!

150 SCHNÜRE EINE HÄNGEMATTE

Genieße einen faulen Tag im Freien und schaukle in der Hängematte! Hast du keine, mache dir selbst eine! Du brauchst nur ein Leintuch, ein Kletterseil und einen Erwachsenen, der sie aufhängt.

1 Nimm ein Ende des Seils und mache eine Schlinge. Sichere sie mit einem Doppelknoten. Lasse einen etwa 10 cm langen „Schwanz".

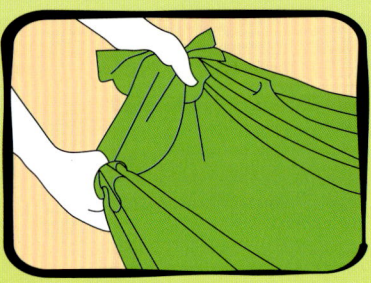

2 Falte das Leintuch lose der Länge nach im Zick-Zack. Dann falte eines Enden der Breite etwa bei 20 cm um.

3 Nimm den Stoff nacheinander an beiden Enden, etwa 10 cm von der Kante entfernt und halte ihn in der Faust.

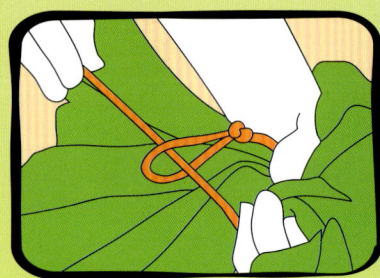

4 Wickle das Seil um das Tuch, dort wo deine Faust ist. Dann ziehe das Seil durch die Schlaufe.

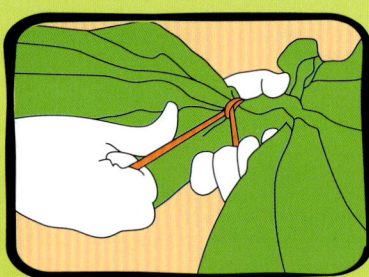

5 Zieh das Seil an, bis es am Stoff anliegt. Wickle das Seil 5 oder 6 Mal fest um das Tuch und binde die beiden Enden mit einem Doppelknoten zur Sicherung ab.

Du brauchst
- 2 Stück Kletterseil, je 60 cm lang (erhältlich in Klettershops oder Baumärkten)
- 1 großes Leintuch (nicht zu alt und verschlissen)
- 2 Gurtbänder (je 1 m) (erhältlich in Klettershops oder Baumärkten)
- Hilfe eines Erwachsenen

6 Ziehe ein Gurtband durch das Ende des Leintuchs. Mache einen sicheren Knoten ins Gurtband. Wiederhole den Schritt auf der anderen Seite.

7 Nun ist die Hängematte fertig, sodass sie ein Erwachsener für dich aufhängen kann. Bitte ihn, zuerst zu überprüfen, ob die Knoten sicher sind, und ziehe sie fest, wenn nötig.

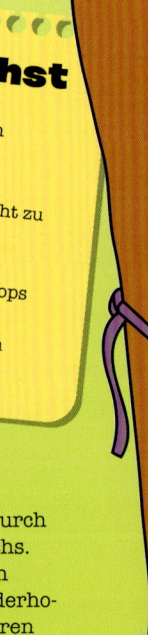

FERTIG!

151 BLUMEN PRESSEN

Halte den Sommer für immer fest! Gepresste Blumen eignen sich perfekt zum Einrahmen, Verzieren oder sogar für ein Medaillon. Es gibt viele Arten, sie zu pressen, aber hier findest du die einfachste.

1 Suche ein schweres Buch – Lexika oder Wörterbücher sind ideal. Die Feuchtigkeit der Blumen könnte die Seiten zerknittern, Achte also darauf, dass das Buch für niemanden von Wert ist!

2 Schlage das Buch irgendwo in der Mitte auf. Lege auf den Seiten je zwei Blatt Papier auf. Schneide das Papier zurecht, wenn nötig. Die äußeren zwei Blätter sind deine „Löschblätter".

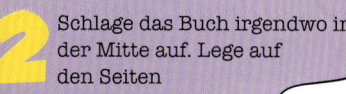

3 Um die besten Ergebnisse zu erzielen, pflücke die Blumen in voller Blüte, wenn die Farben am stärksten sind. Wähle Blumen mit frischen Blütenblättern, die nicht schlaff, verwelkt oder von Insekten beschädigt sind.

4 Am besten pflücke trockene Blumen. Sollten sie noch von Tau oder Regen feucht sein, lasse sie vor dem Pressen vollständig trocknen. Tupfe sie vorsichtig mit Küchenpapier ab, um den Trockenprozess zu beschleunigen.

5 Lege die Blumen auf die eine Seite des Buches – nicht zu eng beisammen und nicht zu nahe am Rand des Papiers. Lasse sie auch nicht überlappen, außer du möchtest, dass das Endprodukt der gepressten Blumen so aussieht.

6 Um Blumen mit konischer Form zu pressen (wie Tulpen oder Rosen), schneide sie längs in der Mitte durch, oder presse einzelne Blütenblätter.

7 Wenn du viele Blumen hast, lege andere Seiten des Buches mit vier Blättern aus und verwende auch diese. Aber achte darauf, mindestens 1,5 cm Abstand zwischen den zum Pressen verwendeten Seiten zu lassen.

8 Schließe das Buch sehr vorsichtig, ohne das Blumenarrangement oder das eingelegte Papier zu verschieben. Schichte noch mehrere schwere Bücher auf das Buch, in dem du presst. Lasse es an einem trockenen Platz in der Wohnung liegen.

9 Wechsle das Einlegepapier alle paar Tage aus – sei vorsichtig, um die zarten Blumen nicht zu zerstören. Nach einigen Wochen sind die Blumen vollständig getrocknet. Nehme sie vorsichtig mit den Fingern oder einer Pinzette heraus.

FERTIG!

152 BASTELE EIN WINDSPIEL

Das sanfte Geläute eines Windspiels in einer leichten Brise ist wunderschön. Du kannst allen möglichen Krimskrams dafür verwenden. Lasse deiner Fantasie freien Lauf!

Sicherheit zuerst!
Bitte einen Erwachsenen, dir beim Schneiden der Angelschnur zu helfen.

1 Miss sechs 75 cm lange Stücke von der Angelschnur ab. Sammele zusammen, was du an Krimskrams findest.

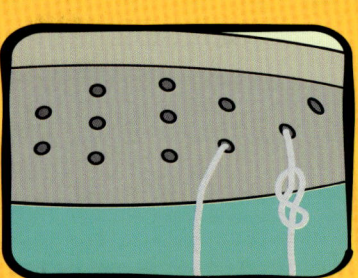

2 Fädle ein Stück Angelschnur durch zwei Löcher knapp oberhalb des Randes des Küchensiebes. Ziehe daran, sodass du zwei gleich lange Teile bekommst, die du zusammenknotest, um sie zu sichern. Die zwei Enden baumeln nach unten.

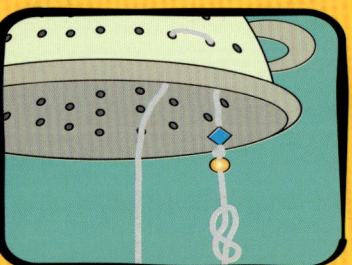

3 Fädle oder knüpfe deine Schätze nacheinander auf jeden Teil der Angelschnur. Zwischen den einzelnen Stücken, mache einen Knoten. Achte darauf, dass der Knoten groß genug ist, sodass die Stücke nicht hinunterrutschen.

Du brauchst

- Angelschnur (ideal) oder eine andere Schnur
- 1 Küchensieb (oder ein anderes Objekt aus Plastik oder Metall mit Löchern (z. B. eine Käsereibe)
- Krimskrams, den du auffädeln oder aufknüpfen kannst, wie Perlen, Schlüssel, Muscheln, Knöpfe, Tannenzapfen, Papierschnitzel – was immer dir gefällt

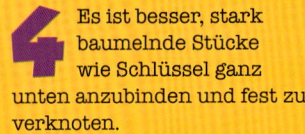

4 Es ist besser, stark baumelnde Stücke wie Schlüssel ganz unten anzubinden und fest zu verknoten.

5 Wenn du mit einer Schnur fertig bist, verziere die anderen, wie in den Schritten 2-4 beschrieben. Verteile sie dabei gleichmäßig rund um das Küchensieb.

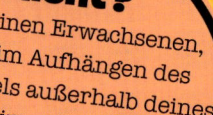

Warum nicht?
Bitte einen Erwachsenen, dir beim Aufhängen des Windspiels außerhalb deines Schlafzimmerfensters zu helfen.

6 Binde das letzte Stück Angelschnur an den Henkeln des Küchensiebes fest. Daran hängst du das Windspiel auf. Nun musst du nur mehr auf eine leichte Brise warten, bis der Zauber wirkt.

FERTIG!

153 HÄNGE EINEN KRANZ AUF

Heiße Besucher mit einem Kranz an der Tür willkommen! Verwende übers Jahr gesammelte Blätter und Zweige aus dem Garten oder Park. Beeren und Blumen bringen großartige Farbtupfer.

1 Sammele Blattwerk. Tannenzweige, Stechpalmen und Efeu mit Beeren eignen sich gut. Aber alles mit Stängel funktioniert. Kürze die Stängel mit einer Schere auf 10 cm Länge. Bitte um Erlaubnis, bevor du etwas abschneidest!

2 Entferne entweder mit den Fingern oder einer Schere 3 cm weit alle Blätter oder Nadeln des Zweiges, sodass du die Stängel in den Schwamm stecken kannst. Pass auf, sie könnten stachelig sein!

3 Lege den Steckschwamm mit der Plastikseite nach oben in eine Schüssel mit Wasser, sodass er sich vollsaugen kann. Drücke ihn nicht mit Gewalt unter Wasser. Nach etwa 1 Minute wird er sich dunkelgrün färben, dann nimm ihn heraus!

4 Stecke Zweige einer Pflanze in regelmäßigen Abständen in den Schwamm. Folge dabei der Form des Kranzes und stecke sie schräg ein.

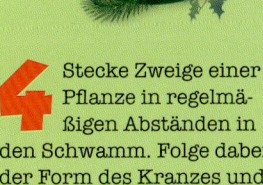

5 Stecke nun Blätter und Zweige von anderen Pflanzen in verschiedenen Winkeln ein, aber immer nach der Form des Kranzes. Achte darauf, alle Stellen des Schwammes gleichmäßig zu bedecken. Fahre damit fort, bis alle Lücken geschlossen sind.

6 Ziehe das Band durch die Mitte und verknote es am oberen Ende, sodass du den Kranz aufhängen kannst. Wenn du möchtest, kannst du auch eine Schleife statt eines Knoten binden. Hänge den Kranz an die Tür, um die Besucher willkommen zu heißen!

FERTIG!

154 BAUE ZWEI NATUR-INSTRUMENTE

Die beste Musik kommt von draußen – Vogelgezwitscher und Insektenbrummen. Mit diesen zwei Instrumenten kommst du der Natur ein Stück näher.

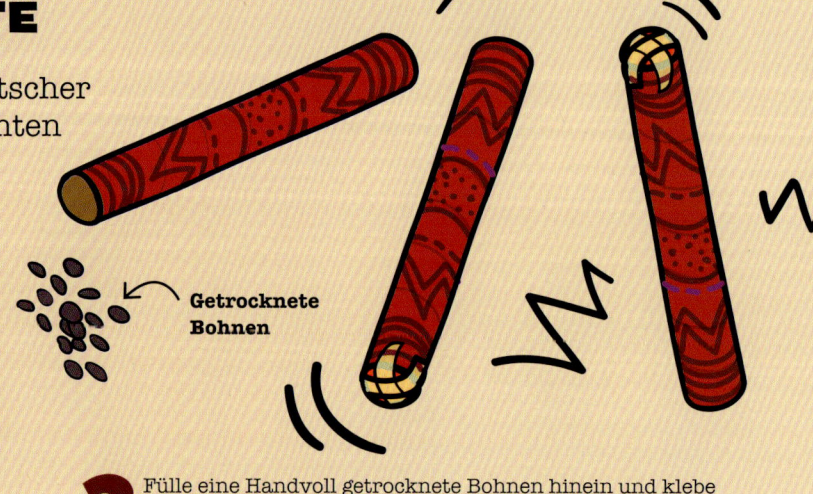

Getrocknete Bohnen

REGEN-MACHER

Das ist ein Instrument aus Südamerika, meist aus dem hölzernen Gerüst eines Kaktus hergestellt. Dein Regenmacher ist ein wenig anders, aber er sollte dieselbe Wirkung haben.

3 Fülle eine Handvoll getrocknete Bohnen hinein und klebe auch diese Öffnung ab. Dann drehe den Stab sachte rauf und runter, um den sanften Ton von Regen zu hören.

Kartonröhre

1 Nimm eine Kartonröhre (Küchenpapier oder Geschenkpapierrolle sind geeignet) und verziere die Außenseite mit Farbe, Markern etc. Verschließe eine der Öffnungen mit Klebeband.

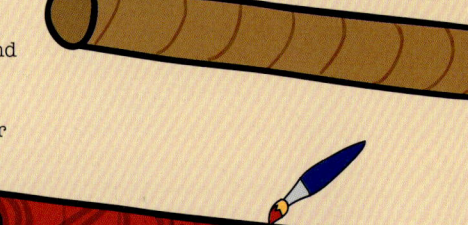

Zahnstocher

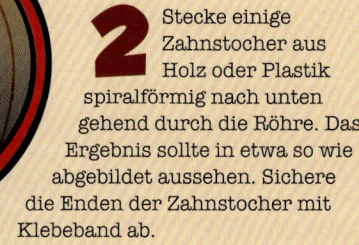

2 Stecke einige Zahnstocher aus Holz oder Plastik spiralförmig nach unten gehend durch die Röhre. Das Ergebnis sollte in etwa so wie abgebildet aussehen. Sichere die Enden der Zahnstocher mit Klebeband ab.

GRASTROMPETE

Erzeuge mit einem Grashalm und deinen Händen einen lustigen, schrillen Ton, um deine Freunde, ähem, zu ERFREUEN!

1 Suche einen breiten Grashalm. Balle deine linke Hand zu einer lockeren Faust, den Daumennagel dir zugewandt. Dann lege deine rechte Hand neben die linke und halte den Grashalm flach zwischen beiden Daumen.

2 Halte den Grashalm zwischen den Daumen fest. Bewege ihn so, dass er straff gespannt in dem Spalt zwischen Daumen und Handballen liegt – und führe ihn dann an die Lippen.

3 Ziehe die Lippen zusammen, als ob du eine Kerze auspusten wolltest, und blase stark in den Spalt. Wenn du es richtig machst, wirst du hören, wie das Gras ein lautes, quietschendes Geräusch macht.

FERTIG!

155 BAUE EINE SCHACHTELSTADT

Suche alle Schachteln zusammen, die du sonst in den Altpapiercontainer wirfst, um eine ganze Stadt zu bauen!

1 Suche ein paar Schachteln in unterschiedlichen Größen zusammen, am besten: Müslischachteln, Schuhkartons, Snack-Boxen, Kartonrollen und Spaghettischachteln (für Hochhäuser, natürlich!). Wickle jede Schachtel in Papier.

Warum nicht?
Lasse einzelne Teile deiner Stadt besonders gut aussehen – mit berühmten Gebäuden wie dem Empire State Building!

2 Zeichne und male auf die Gebäude mit Buntstiften, Markern oder Malfarben. Zeichne Fenster, Türen, Ziegel, Kacheln und was man sonst noch auf einem Gebäude sieht. Wie wäre es mit Pflanzen, Balkonen oder winzigen Fotos, die du in den Fenstern anbringst?

3 Stelle die Gebäude zu einer Stadt zusammen. Wenn einmal alle Gebäude an ihrem Platz stehen, kannst du noch mehr Details wie Straßen oder Parks anfügen. Diese Stadt kennt nur die Grenzen deiner Fantasie!

FERTIG!

156 BASTELE EINE SCHNEEKUGEL

Schneekugeln zeigen eine Miniatur-Szene, auf die „Schnee" herabfällt. Bastele doch deine eigene!

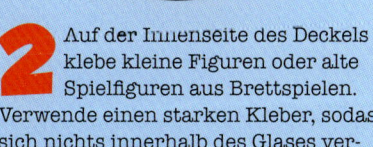

1 Säubere ein kleines Glas mit Deckel (ein Marmeladenglas ist ideal) und entferne alle Etiketten.

2 Auf der Innenseite des Deckels klebe kleine Figuren oder alte Spielfiguren aus Brettspielen. Verwende einen starken Kleber, sodass sich nichts innerhalb des Glases verschiebt.

3 Fülle das Glas mit Wasser fast bis zum Rand und füge einige Tropfen Glycerin (findest du in der Backwarenabteilung im Supermarkt). Danach gib einen Löffel voll Glitter hinein.

4 Drehe vorsichtig den Deckel wieder auf das gefüllte Glas – schließe es ganz fest zu. Dann kannst du es umdrehen und schütteln.

FERTIG!

157 SEI EIN WAHRER NÄH-CHAMPION

Fädle zuerst die Nadel ein – dann mache dich nützlich! Nähe Knöpfe und Flicken an. Wow, du bist großartig!

NÄHE EINEN KNOPF AN

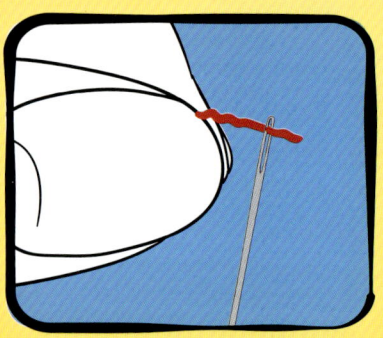

1 Schneide 30 cm Faden ab, in derselben Farbe wie der Stoff, auf den du den Knopf nähst. Dann fädle ihn durch das Nadelöhr. Vorsicht, Nadeln sind spitz!

2 Nimm den Knopf und setze ihn dorthin, wo du ihn annähen willst. Stich die Nadel durch die Rückseite des Stoffes und ein Loch des Knopfes, danach durch das diagonal gegenüberliegende Loch. Wiederhole den Schritt mit den anderen Löchern mindestens sechsmal, sodass ein X über den Löchern des Knopfes entsteht.

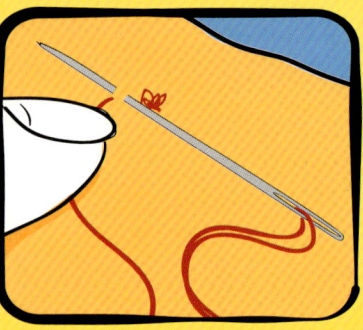

3 Wenn der Knopf fest sitzt, nähe als Abschluss ein paar kleine Stiche auf der Rückseite des Stoffes hinter dem Knopf. Pass auf, wohin du die Nadel stichst – du solltest dir nicht in den Finger stechen!

FLICKEN FÜR DIE JEANS

1 Schneide zuerst aus dem Stoff ein Quadrat aus, auf jeder Seite 4 cm größer als das Loch, das du abdecken willst.

2 Falte die Kanten des Flicken nach innen und befestige ihn mit Stecknadeln über dem Loch.

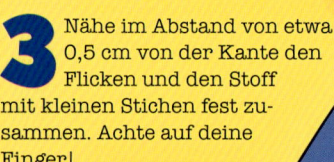

3 Nähe im Abstand von etwa 0,5 cm von der Kante den Flicken und den Stoff mit kleinen Stichen fest zusammen. Achte auf deine Finger!

Warum nicht?
Wähle verrückte Stoffe, damit deine Jeans aus der Masse herausstechen!

FERTIG!

158 LAUTSPRECHER AUS PAPPBECHERN

Bastele deine eigenen, praktischen Lautsprecher aus Pappbechern für das Smartphone!

1 Stich mit dem Zahnstocher vorsichtig ein kleines Kreuz in den Boden der Pappbecher, die als Lautsprecher dienen werden.

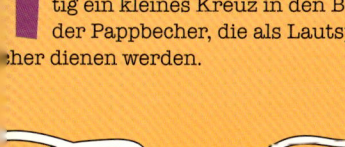

2 Stecke die Kopfhörer ganz durch die Löcher, sodass nur das Kabel außerhalb des Bechers ist.

3 Drehe die beiden restlichen Becher um und lege die „Lautsprecher" seitlich darauf. Sichere die Seiten mit Klebeband. Stecke die Kopfhörer in das Smartphone und hör dir Musik an!

FERTIG!

159 BESTIMME DIE ZEIT OHNE UHR

Die Sonnenuhr misst die Zeit mithilfe des Sonnenstandes und dem über die Zahlen geworfenen Schatten. Wie cool!

Trinkhalm

Plastikdeckel

Klebeband

Becher

1 Stich mit dem Bleistift ein Loch an der Seite des Bechers, etwa 5 cm unter dem Rand. Gib die Kiesel in den Becher, sodass er nicht umfällt und setze den Deckel darauf.

2 Stecke den Trinkhalm durch das Loch im Deckel und das Loch auf der Seite. Lasse ihn auf der Seite etwa 2 cm aus dem Becher herausstehen und sichere ihn mit Klebeband ab.

3 Suche einen sonnigen Platz und stelle den Becher auf eine ebene Fläche. Suche mit einem Kompass den Norden und richte den Trinkhalm in diese Richtung aus. Achte darauf, dass die Sonne direkt auf den Trinkhalm scheint!

4 Markiere um 10 Uhr morgens den Punkt, auf den der Schatten auf den Deckel fällt. Wiederhole das jede Stunde, bis 3 Uhr nachmittags. Am nächsten Tag wirst du die Zeit ohne Uhr ablesen können.

FERTIG!

160 TASCHE OHNE NÄHEN

Verleihe einem bunten, alten T-Shirt ein neues Leben als Tasche, um alles zu verstauen, was man für einen lustigen Ausflug braucht!

Du brauchst

- 1 altes sauberes T-Shirt – die beste Größe wäre ein T-Shirt für Damen
- Scharfe Stoffschere
- 1 Maßband
- Kugelschreiber oder Textil-Marker

Sicherheit zuerst!
Bitte einen Erwachsenen, beim Zuschneiden des T-Shirts zu helfen.

1 Lege das T-Shirt flach auf und bitte einen Erwachsenen, dir zu helfen, vorsichtig die Armlöcher auszuschneiden.

2 Drehe die Innenseite des T-Shirts nach außen und lege es wieder flach auf. Lege eine Schüssel über den Halsausschnitt und vergrößere ihn, indem du den Umriss mit Kugelschreiber oder Textil-Marker nachziehst und dann der Linie entlang ausschneidest.

3 Miss mit dem Maßband 8 cm von unteren Rand des T-Shirts und markiere den Punkt auf beiden Seiten. Nun ziehe eine Linie zwischen den beiden Punkten.

4 Schneide durch die doppelte Schicht des T-Shirts etwa daumenbreite Streifen von unten bis zur Linie, sodass Fransen entstehen.

5 Verbinde je eine Franse der Vorderseite mit der auf der Rückseite mit einem festen Knoten.

Warum nicht?
Verziere doch deine neue T-Shirt-Reisetasche mit Textilfarbstiften.

6 Drehe das T-Shirt wieder mit der Vorderseite nach außen. Jetzt hast du deinen Tasche! Wenn du möchtest, verknote auch die Henkel der Tasche.

FERTIG!

161 BUNTSTIFT-MAPPE

Bastele eine praktische Feder- oder Buntstiftmappe, die du aufrollen, zubinden und auf Reisen mitnehmen kannst.

1 Falte den Stoff der Breite nach in der Mitte. Schneide 1,5 cm breite Schlitze vom Falz her. Lasse dabei etwa 5 cm auf jeder Seite frei.

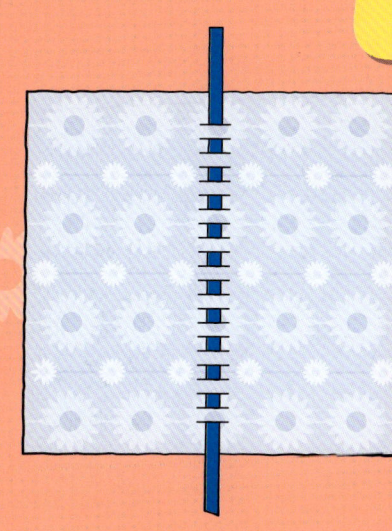

5 cm auf jeder Seite

Schlitze je 1,5 cm tief

2 Öffne den Stoff wieder und ziehe wie abgebildet den Stoffstreifen durch die Schlitze.

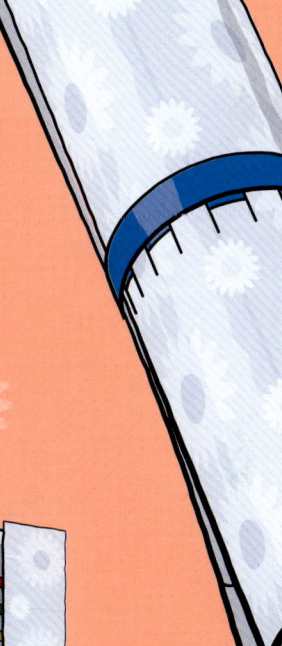

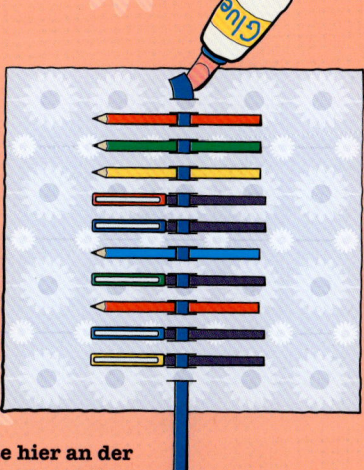

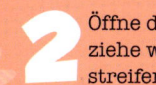

Der Streifen sollte hier an der Außenseite der Rolle aufhören.

3 Passe einige Stifte in die entstehenden Taschen ein und achte dabei, dass der Streifen nicht zu locker sitzt.

4 Klebe nun ein Ende des Streifens an der Innenseite des Stoffes wie abgebildet fest.

5 Falte nun eine lange Seite des Stoffes nach innen und klebe die Kanten fest, sodass eine Tasche entsteht.

6 Falte die Oberseite ein, rolle alles auf und verknüpfe zur Absicherung den hinteren Streifen mit sich selbst.

FERTIG!

162 FINGER-HÄSCHEN

Aus einer Papierserviette machst du mithilfe einer Büroklammer oder mit Kleber eine lustige Fingerpuppe.

Du brauchst
- Quadratische Papierserviette
- Büroklammer oder Klebeband

Mit Klebeband befestigen.

1 Falte die Serviette von oben in der Mitte, dann noch einmal in der Mitte, zu einem schmalen Streifen.

2 Falte zuerst die obere rechte Ecke wie abgebildet zur Mitte, danach die linke. Nun hast du eine Form wie ein Haus.

3 Falte die unteren Ecken wie abgebildet nach oben zu einem Quadrat.

4 Falte die linke und die rechte Ecke wie abgebildet zur Mitte. Nun sieht es aus wie ein Flugdrache.

5 Falte die Spitze wie abgebildet nach hinten. Nun hast du ein Dreieck.

6 Rolle beide oberen Ecken, sodass sie sich in der Mitte treffen. Sichere sie mit einem Stück Klebeband oder der Büroklammer.

7 Drehe die Serviette um und öffne das Gesicht auf der anderen Seite. Danach öffn auch die Ohren.

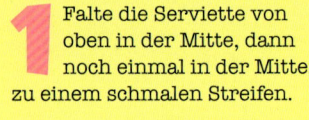
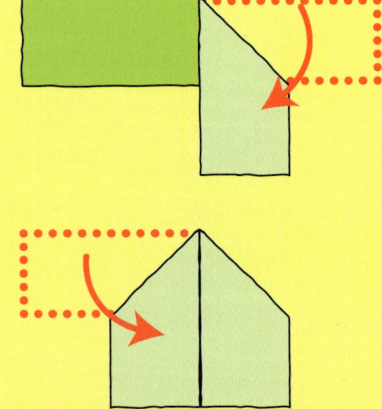
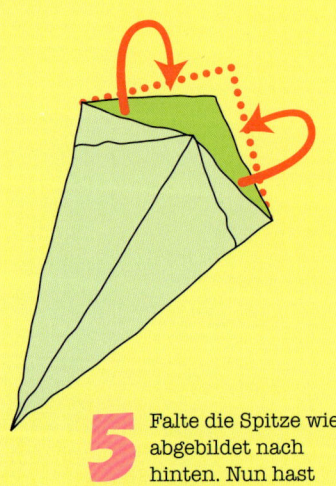

Warum nicht? Zeichne ein Gesicht auf die Häschen-Fingerpuppe!

FERTIG!

163 SCHATTENTHEATER IM FREIEN

Dämmerung und Dunkelheit können im Freien magisch sein. Es gibt keine bessere Tageszeit, um ein Schattentheater aufzuführen. Es kann ganz einfach sein ... oder einfach episch!

1 Überlege dir zuerst die Geschichte, die du vorführen willst. Vielleicht ein bekanntes Märchen? Oder etwas selbst Erfundenes? Skizziere die Figuren und die Requisiten, die du brauchst.

2 Bastele die Schattenpuppen. Zeichne mit einem hellen Stift für jede Figur einen Kopf und einen Körper auf schwarzen Karton, inklusive Augen, Haare und Mund.

3 Zeichne auch Arme und Beine, schneide sie aus und befestige sie am Körper mit Rundkopfklammern. So kannst du sie während der Show bewegen.

4 Befestige die Spieße am Körper und an den Gliedern und sichere sie mit Klebeband. Du hältst die Spieße dann in der Hand und machst so die Bewegungen der Figuren.

Du brauchst

- 1 altes Leintuch
- 1 große Taschen- oder Außenlampe
- Skizzenbuch und Bleistift
- Schwarzen Karton
- Schere
- Rundkopfklammern
- Holzspieße oder dünne Pflanzenstützen
- Abdeckband
- Hellen Füller oder Buntstift
- Fantasie!

5 Hänge das Leintuch im Freien auf – du kannst es an Ästen oder zwischen zwei Stangen aufhängen. Du brauchst davor Platz für das Publikum und dahinter für dich und die Puppen. Wenn du nichts findest, wo du das Tuch aufhängen kannst, bitte zwei Freunde, es für dich zu halten.

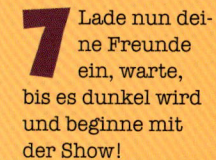

6 Befestige die Lichtquelle. Du kannst eine große Taschenlampe oder Außenlampe auf einem Baum oder einer Stange montieren, oder ein Freund hält sie für dich.

7 Lade nun deine Freunde ein, warte, bis es dunkel wird und beginne mit der Show!

FERTIG!

5
MIT HIRN

Willst du dein Gehirn trainieren? Aktivitäten durchführen, die dich klüger machen? Jeden von deinem wahren Genie überzeugen? Dann benutze deine Rübe für diese brillanten Projekte, die die Langeweile vertreiben und das Gehirnschmalz fördern. Warum nicht einmal um die Ecke denken?

164 MEMO

Für dieses klassische Spiel brauchst du Konzentration. Spiele mit Freunden oder teste dein Erinnerungsvermögen allein.

Du brauchst
- 1 Paket Spielkarten und 1 Joker, wenn du mit Freunden spielst
- Genug Platz um alle Karten auszulegen

1 Mische die Karten und lege sie verdeckt aus, ohne dass sie sich berühren.

2 Der erste Spieler dreht zwei Karten um. Wenn sie zusammenpassen, nimmt er sie an sich und darf noch einmal spielen. Wenn nicht, werden sie wieder umgedreht, und es kommt der nächste dran.

3 Wenn ein Spieler den Joker erwischt, muss er eine Runde aussetzen. Das Spiel geht so lange, bis alle Karten (außer dem Joker) ihre Entsprechung gefunden haben. Der Spieler mit den meisten Paaren gewinnt.

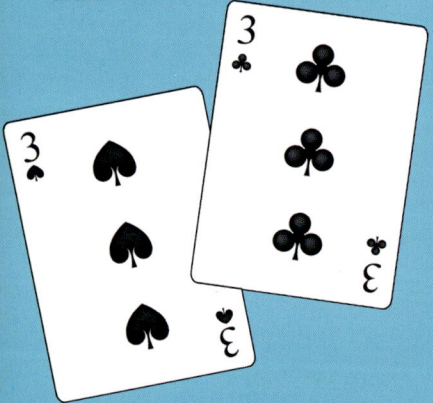

4 Um das Spiel schwieriger zu machen, spiele nach der Regel, dass die Karten auch farblich passen müssen.

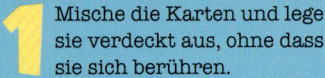

FERTIG!

165 KLEINE SCHAUER-GESCHICHTE

Jeder liebt gute Schauergeschichten. Warum schreibst du nicht auch eine, um Freunde und Familie zu unterhalten?

1 Es ist am besten, mit einem Hauptcharakter und einem Setting zu starten, das du gut kennst. Gleiche den Helden an dich oder deinen besten Freund an und lasse die Geschichte in der Schule spielen.

2 Skizziere die Handlung. Vielleicht benimmt sich ein Lehrer plötzlich seltsam, oder man findet etwas Eigenartiges auf dem Spielplatz? Oder es ist etwas oder jemand ohne Erklärung verschwunden?

3 Versuche, mit einem Cliffhanger am Ende der Kapitel Spannung aufzubauen. Die Hauptfigur könnte irgendwo in der Falle sitzen oder plötzlich einem Schurken gegenüberstehen. Du solltest auch dessen Flucht aus jeder brenzligen Situation planen.

4 Deine Story braucht ein befriedigendes und überzeugendes Ende. Vielleicht eine logische Erklärung für alle seltsamen Dinge, die geschahen. Oder wurde der Lehrer wirklich von Aliens entführt? Die Figuren sind in deiner Hand und du entscheidest über ihr Schicksal.

FERTIG!

166 BASTELE EIN SPEKTROMETER

Spektrometer zerlegen Licht in getrennte Farben – Sonnenlicht besteht z. B. aus allen Farben des Regenbogens. Versuche, die Farben des Lichts von verschiedenen Glühbirnen zu vergleichen.

1 Bitte einen Erwachsenen, ein 4 cm großes Loch in den Boden einer Schachtel zu schneiden.

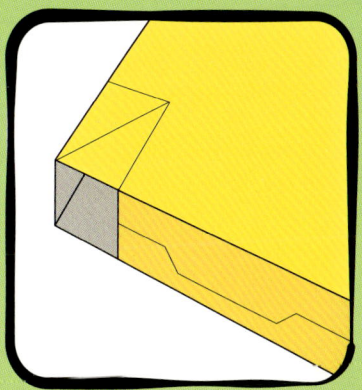

2 Zeichne nahe des Loches ein Rechteck (6 cm x 4 cm) auf die Vorderseite der Schachtel. Ziehe eine Diagonale von der Ecke der Schachtel bis zur Ecke des Rechteckes. Drehe die Schachtel um und wiederhole den Schritt auf der Rückseite.

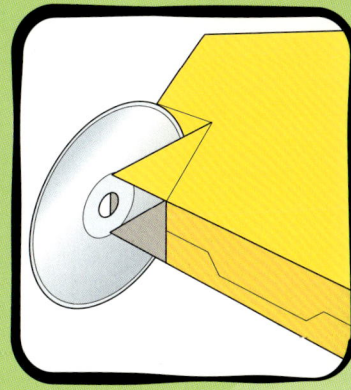

3 Bitte einen Erwachsenen, entlang der diagonalen Linien einen Einschnitt zu machen, in den du die CD schiebst.

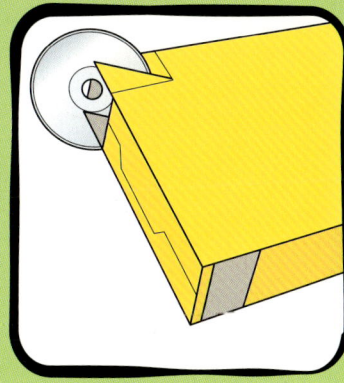

4 Dreh die Schachtel um und ziehe auf der, der CD gegenüberliegenden Seite Linien in 1 und 4 cm Abstand von der Eckkante. Bitte einen Erwachsenen, entlang der Linien und der Seitenkanten zu schneiden, sodass ein 3 cm langes Loch entsteht.

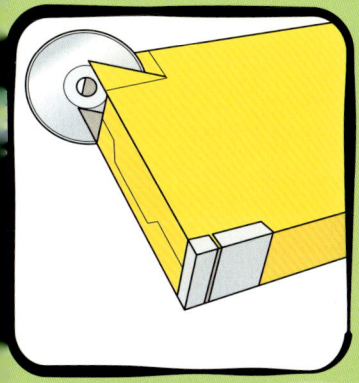

5 Schneide zwei Stück Alufolie (10 cm x 10 cm) aus und falte sie in der Mitte. Positioniere sie mit den Falzen zur Mitte, sodass ein 1,5 mm breiter Spalt offen bleibt, und befestige sie mit Klebeband.

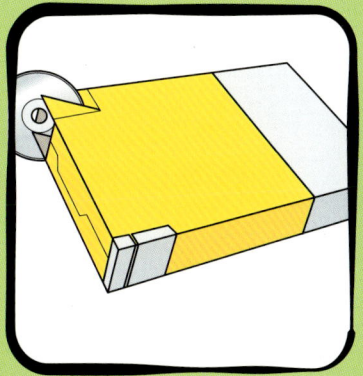

6 Bedecke das obere Drittel der Schachtel mit einem großen Stück Alufolie, sodass kein zusätzliches Licht hinein scheint und fixiere es mit Klebeband.

7 Halte den dünnen Spalt zwischen den beiden Stücken Alufolie zu einer Lampe. Schaue auf die Oberfläche der CD innerhalb der Schachtel durch das Loch am Boden. Welche Farben siehst du?

Du brauchst
- Müslischachtel
- Lineal
- Füller
- Cutter
- 1 alte oder beschädigte CD (oder DVD)
- Alufolie
- Klebeband

FERTIG!

167 BASTELE EIN DINORAMA

Wenn dein Dinorama korrekt sein soll, achte darauf, ob deine Dinosaurier während derselben Periode lebten. Jura-Dinos sind unter anderem Stegosaurus und Diplodocus, während T-Rex und Triceratops in der Kreidezeit lebten.

Du brauchst
- 1 Schachtel mit Deckel, z. B. Schuhkarton
- Weißer Karton
- Marker, Stifte und Farben
- Pinsel
- Kleber
- Schere
- Spielzeugpflanzen und -bäume, kleine Steine (optional)

1 Bemale eine Längsseite und die zwei Breitseiten der Schachtel innen blau, dann male auf einem Stück Karton in der Größe des Bodens eine Hintergrundszene mit Himmel, Bäumen und einem Vulkan.

2 Wenn die Farbe trocken ist, klebe die Hintergrundszene auf den Boden der Schachtel und stelle diese wie abgebildet in den umgedrehten Deckel.

3 Bemale die Innenseite des Deckels und Die untere Seitenwand der Schachtel grün und füge einen kleinen Bach hinzu, der durchfließt.

4 Zeichne, pause oder fotokopiere die gewünschten Dinosaurier auf Karton und male sie aus.

5 Schneide Kartenständer aus und falte sie zu einer L-Form. Klebe die eine Seite an die Rückseite der Dinosaurier, die andere an den Boden, sodass die Dinos stehen können. Tupfe etwas Farbe auf die Ständer, damit sie nicht auffallen.

6 Wenn du möchtest, vervollständige das Dinorama mit Pflanzen, Bäumen und einigen echten Kieselsteinen.

FERTIG!

168 FAMILIENSTAMM-BAUM

Familien gibt es in allen Formen und Größen (und es kann kompliziert werden), deshalb ist es gut, zuerst einen Entwurf zu machen, um herauszufinden, wer wohin gehört.

Du brauchst
- 1 großes Blatt Papier oder mehrere kleine, zusammengeklebt
- Klebezettel
- Farbstifte

James
(Vater)
Geboren 03.09.1979

Rosi
(Halbschwester)
Geboren 21.07.2012

1 Schreibe die Namen der Familienmitglieder auf Klebezettel, sodass du sie leicht versetzen kannst. Lasse unten etwas Platz, um Verwandtschaftsgrad, Geburts- und Todesdaten (wenn nötig) aufzuschreiben.

Lisa
(Mutter)
Geboren 05.05.1980

ICH
Geboren 15.04.2007

Lukas
(Bruder)
Geboren 30.01.2005

2 Setze deinen Namen unten in die Mitte des Papiers und eventuelle Geschwister daneben.

Oliver
(Halbbruder)
Geboren 12.10.2013

Top-Tipp
Bitte die älteste Person der Familie, dir von ihren Verwandten zu erzählen. So bekommt dein Familienstammbaum noch mehr Äste.

3 Wenn du Halb- oder Stiefgeschwister hast, setze sie in die Reihe darüber. Farbcodes helfen dir, den Verwandtschaftsgrad besser zu verstehen. Die nächste Reihe ist für die Eltern und die Reihe darüber für die Großeltern.

Großvater (väterliche Seite)	Großmutter (mütterliche Seite)	Großvater (väterliche Seite)	Großmutter (mütterliche Seite)
Stiefmutter	Vater	Mutter	Stiefvater
Stiefbruder	Halbschwester	Hablbbruder	Stiefschwester

Bruder   Ich   Schwester

4 Hier ist ein Beispiel eines Familienstammbaumes. Deiner könnte jedoch ganz anders aussehen.

5 Nun hast du den Kern des Stammbaumes. Du kannst ihn ausbauen, indem du Tanten, Onkel, Cousins oder Ur-Großeltern einfügst. Wenn du nicht genug Platz dafür hast, klebe einfach zusätzliches Papier an die Seiten und die Oberkante.

Marie
(Großtante)
Geboren 10.12.1918
Gestorben 13.02.1999

Paul
(Ur-Großvater)
Geboren 03.09.1916
Gestorben 20.08.1991

6 Wenn du mit deinem Entwurf zufrieden bist, mache eine schöne Ausgabe davon auf einem großen Blatt Papier.

FERTIG!

169 MÖBLE DEIN ZIMMER AUF

Lasse den Innenarchitekten in dir von der Leine und erstelle ein Moodboard für dein Traumschlafzimmer.

Du brauchst

- Pinnwand oder 1 Stück steifen Karton – je größer, desto besser
- Doppeltes oder normales Klebeband oder Reißnägel
- Zeitschriften, Kataloge, Stoffreste, Farbpalette oder Farben

1 Überlege dir zuerst ein Thema. Es kann deine Lieblingsband, ein Tropenwald, eine Unterwasserszene oder sogar der Weltraum sein.

2 Wähle Farben, die zum Thema passen. Schneide sie aus der Farbpalette aus oder male sie auf weißes Papier und klebe sie auf die Pinnwand. Nimm Stoffreste dazu, wenn du welche hast.

3 Schneide Bilder aus Zeitschriften oder Katalogen aus, die du gern in deinem Traumzimmer hättest. Wenn du etwas nicht findest, entwirf und zeichne es selbst.

Top-Tipp
Wenn du später auf andere Bilder triffst, die dir gefallen, füge sie dem Moodboard hinzu.

FERTIG!

170 SCHREIBE EINE FORTSETZUNG

Warst du enttäuscht, als dein Lieblingsbuch, -film oder deine Lieblings-TV-Serie zu Ende war? Wird Harry Potter Schulleiter von Hogwarts? Was passiert mit Elsa am Ende von *Die Eiskönigin*? Warum schreibst du nicht selbst eine Fortsetzung?

1 Schreibe einen Entwurf, wobei du dort beginnst, wo die Geschichte aufhört. Löse alle Cliffhanger und achte darauf, dass deine Geschichte auch eine Handlung hat, um die Leser zu unterhalten.

2 Es gibt zwar schon eine Hauptfigur, aber du solltest neue Charaktere einführen, damit die Geschichte weitergeht. Achte auf die Beziehung zu den bereits existierenden Figuren.

Warum nicht?
Triff dich mit Freunden, schreibt alle eine Fortsetzung und lest sie laut vor!

3 Bleibe beim Thema der Originalstory. Bei einer romantischen Geschichte werden die Fans über eine Zombie-Attacke nicht unbedingt erfreut sein.

FERTIG!

171 ENTWIRF EIN BRETTSPIEL

Ein eigenes Brettspiel zu gestalten ist leichter, als du denkst – und du darfst alle Regeln bestimmen.

1 Normalerweise ist das Ziel eines Brettspiels, von einem Ende zum anderen zu kommen. Beginne also in einer Ecke auf dem Papier und zeichne einen Pfad mit einer geraden Anzahl an Quadraten (z. B. 50 oder 80).

Start

Ziel!

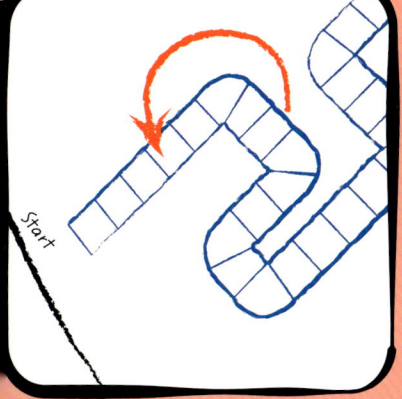

Start

2 Du brauchst auf dem Pfad Felder zum Vorwärts- und Zurückspringen, zeichne daher Pfeile ein, wo die Spieler vorrücken können oder zurückgehen müssen.

Start · Ziel!

3 Überlege dir ein Thema – z. B. Forscher haben sich im Dschungel verirrt und müssen einen Weg zurück finden. Das hilft dir, das Spielfeld zu gestalten und passende Belohnungen und Strafen zu erfinden.

4 Gestalte auch Karten für die Spieler. Füge einige Felder „Karte aufnehmen" hinzu und beschrifte die Karten z. B. mit: „Tiger in Sicht! Verstecke dich und setze eine Runde aus."

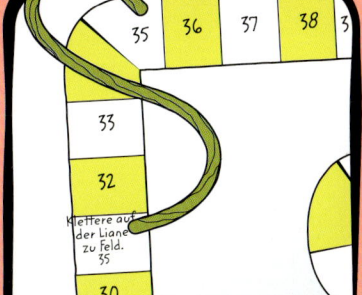

Klettere auf der Liane zu Feld 35.

35 36 37 38 3
33
32
30
29 28 27 26 25

5 Schreibe Aufträge in die Quadrate, wo Spieler vorrücken können oder zurückgehen müssen, z. B.: „Klettere auf der Liane zu Feld 35."

Du brauchst
- 1 großes Blatt Papier (oder 2 zusammengeklebte Blätter)
- Farbstifte, Füller und Farben
- 1 Zähler und 1 Würfel
- 1 Stück Plakatkarton für das fertige Spiel

Start · Ziel!

6 Teste das Spiel mit Freunden. Wenn es gut funktioniert, kopiere es auf ein Stück Karton und zeichne einen coolen Hintergrund. Anderenfalls mache kleine Änderungen und probiere es nochmal.

FERTIG!

172 ZÜCHTE VERRÜCKTE KRESSE-KÖPFE

Samen können ohne Erde keimen, aber sie brauchen Licht und Wasser, also ziehe sie an einem sonnigen Platz und lasse sie nicht austrocknen. Wenn du keine Eierschalen hast, verwende stattdessen Joghurtbecher, um deine haarige Familie zu erschaffen.

Warum nicht?

Mache aus einer Plastikflasche ein Mini-Glashaus, indem du die Spitze abschneidest und sie über eine Eierschale stülpst, sodass die Kresse schneller wächst.

Du brauchst
- Kressesamen
- 2 gekochte oder rohe Eier
- Eierbecher oder Eierkartons
- Küchenpapier
- Wattebausch
- Filzstifte oder Malfarben
- Wackelaugen (optional)

1 Iss die gekochten Eier auf – mit Toast schmecken sie köstlich. Andernfalls bitte einen Erwachsenen, das Ei aufzuschlagen und den Inhalt in eine Schüssel zu geben.

2 Säubere vorsichtig das Innere und zeichne Gesichter auf die Eierschale, dann setze sie in einen Eierbecher oder Eierkarton.

3 Befeuchte ein Blatt Küchenpapier und stecke es in das Innere der Eierschale. Befeuchte einen Wattebausch und lege es darauf.

4 Streue eine Schicht Kressamen auf den Wattebausch und stelle die Eier auf eine sonnige Fensterbank. Halte den Wattebausch leicht feucht, er soll aber nicht ganz nass sein!

5 Nach etwa einer Woche sollte die Kresse 4 cm gewachsen sein. Du kannst sie nun abschneiden und über Salat oder ein Sandwich streuen.

6 Bewahre die Eierschalen auf und beginne von vorne oder koche ein paar Eier für dein Kresse-Sandwich und verwende die Schalen, um erneut Kresse zu pflanzen.

FERTIG!

173 ÜBERWINDE DIE SCHWERKRAFT

Mit dem Anti-Schwerkraft-Trick wirst du alle verblüffen. Verwende nicht das gute Silberbesteck, denn die Zinken der Gabel könnten sich verbiegen.

Du brauchst
- 1 alte Gabel mit vier Zinken
- 1 alten Löffel, etwa in der Größe der Gabel
- 1 großes Glas, halb voll mit Wasser
- 1 Zahnstocher

1 Stecke wie abgebildet die Gabel und den Löffel zu einer Bumerang-Form zusammen.

2 Schiebe den Zahnstocher zwischen die mittleren Zinken der Gabel und achte darauf, dass er den Löffel berührt.

Top-Tipp
Wenn du den Trick beherrschst, verwende immer die gleiche Gabel und den gleichen Löffel, sodass du weißt, wo Gleichgewicht herrscht.

Ta-dah!

3 Lege den Zahnstocher auf den Glasrand und schiebe ihn vor und zurück, bis du den Punkt des perfekten Gleichgewichts findest.

FERTIG!

174 VERSUCHE DEN BLEISTIFT-TRICK

Der Trick sollte schnell ausgeführt werden, sodass Zuschauer keine Zeit haben, herauszufinden, wie er funktioniert. Probiere ihn zuerst vor dem Spiegel!

Du brauchst
- 1 Bleistift
- Publikum

1 Halte einen Bleistift in der Faust, dann öffne die Hand, sodass das Publikum sieht, wie er hinunterfällt. Teile nun mit, dass du von der anderen Hand magische Energie auf den Bleistift übertragen wirst.

2 Packe dein Handgelenk mit der anderen Hand, den Daumen nach oben und die vier Finger unten. Gleichzeitig lasse den Zeigefinger über den Bleistift gleiten und mache eine große Show, um die magische Energie zu übertragen.

Top-Tipp
Achte darauf, dass das ganze Publikum dir gegenüber sitzt, sodass niemand hinter die Hand und das Handgelenk sehen kann.

3 Wenn du diesmal die Hand öffnest, wird sich der Bleistift nicht bewegen, selbst wenn du die Hand schüttelst. Solange du weitersprichst und die Hände bewegst, wird das Publikum nicht bemerken, dass du nur drei Finger um das Handgelenk gelegt hast.

FERTIG!

175 BASTELE EIN CODE-RAD

Wenn du codierte Botschaften mit einem Freund austauschen möchtest, brauchst du zwei Exemplare des Code-Rades. Wollt ihr sie nicht gemeinsam basteln?

Du brauchst

- 2 große Pappteller (oder Kartonscheiben)
- 2 kleine Pappteller (oder Kartonscheiben)
- 1 schwarzen Stift
- 1 Winkelmesser
- 1 Lineal
- 2 Rundkopfklammern (oder 4 Knöpfe und Faden: Nähe je einen Knopf auf die Vorder- und Rückseite des Code-Rades, lasse dabei den Faden locker genug, damit du das Rad drehen kannst.)

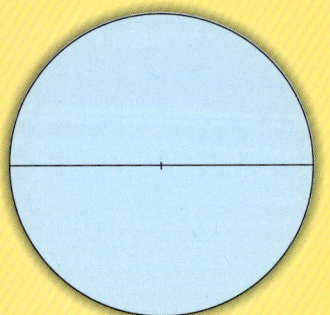

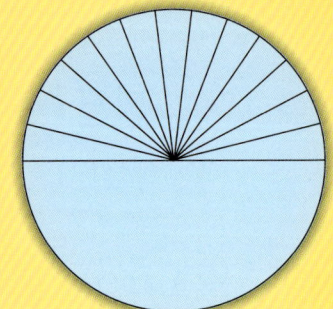

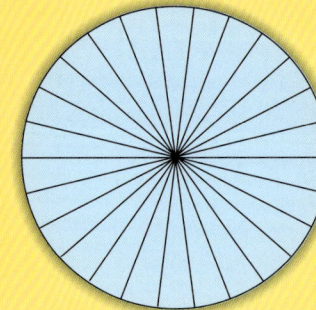

1 Ziehe an der breitesten Stelle des kleinen Tellers mit dem Lineal eine gerade Linie von einer Seite zur anderen. Suche den Mittelpunkt und markiere die Stelle.

2 Es gibt 26 Buchstaben im Alphabet, du musst also mit dem Winkelmesser jede Tellerhälfte in 13 gleiche Abschnitte teilen. Jeder Winkel sollte etwas weniger als 14° betragen.

3 Verlängere nun mithilfe des Lineals die Linien über den Teller, sodass du 26 Abschnitte hast. Verwende den Teller als Vorlage und markiere so die 26 Abschnitte auf dem anderen kleinen Teller.

Top-Tipp
Wenn du glaubst, jemand hat deinen Code geknackt, tausche einfach die beiden zusammengehörigen Buchstaben aus.

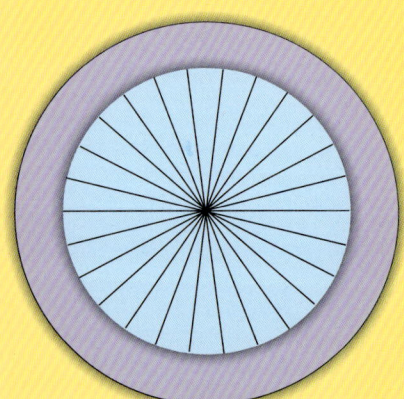

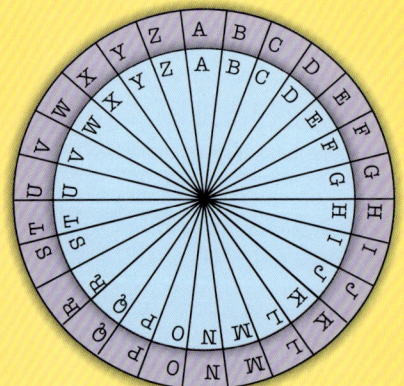

4 Bitte einen Erwachsenen, ein Loch in die Mitte aller vier Teller zu stanzen. Stecke eine Rundkopfklammer durch einen kleinen, dann durch einen großen Teller und befestige sie aneinander. Wiederhole den Schritt mit den beiden anderen Tellern.

5 Verwende den kleinen Teller als Vorlage, um die Abschnitte auf dem großen Teller zu markieren. Schreibe je einen Buchstaben in jeden Abschnitt der vier Teller.

6 Um das Code-Rad zu verwenden, überlege dir, welche zwei Buchstaben du austauschen willst. Du könntest die Initialen deines Namens und eines Freundes nehmen, z. B. „H" und „M". Für die Nachricht tausche den Buchstaben des äußeren mit dem des inneren Rades aus.

Findest du die Bedeutung dieser Botschaft heraus?

OMDAA HDXC IHXC YZM NXCPGZ

Antwort: TRIFF MICH NACH DER SCHULE

176 ERZEUGE TREIBSAND

Treibsand enthält so viel Wasser, dass die Reibung zwischen den Körnern reduziert wird. Die weiche Masse kann dich hinunterziehen und je mehr du kämpfst, desto schneller sinkst du. Das Experiment zeigt dir, wie es funktioniert.

Du brauchst
- 450 g Speisestärke
- 475 ml Wasser
- 1 große Schüssel
- 1 Löffel

1 Vermische in der Schüssel Stärke mit Wasser. Rühre langsam und lasse die Mischung vom Löffel tropfen, damit du siehst, ob sie flüssig ist.

2 Schlage auf die Mischung und ziehe dabei die Faust schnell zurück. Man würde erwarten, dass es spritzt, doch tatsächlich ist es hart, denn die Faust verdrängt das Wasser und zurück bleibt ein fester Klumpen Stärke.

3 Gib ein bisschen Masse mit dem Löffel in die Hand und rolle sie zu einer Kugel. Solange du auf die Kugel drückst, wird sie fest bleiben, doch sobald du aufhörst, wird sie als Flüssigkeit zurück in die Schüssel tropfen.

FERTIG!

177 BAUE EIN MINI-MUSEUM

Wenn du eine Sammlung kleiner Kostbarkeiten hast, könntest du doch Museumskurator werden, damit sich auch andere daran erfreuen.

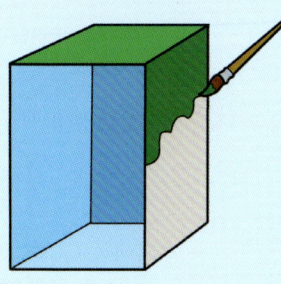

1 Bemale die Innen- und Außenseiten der Box oder beklebe die Außenseite mit Papier, eventuell thematisch passend zu deinen Ausstellungsstücken.

2 Drehe die Schachtel auf die Seite und klebe Kartons oder Deckel als Ausstellungsflächen innen an die Rückseite. Stelle die Stücke auf befestige sie mit Pataflx.

Du brauchst
- 1 Schachtel, z. B. Schuhkarton
- Farben oder Papier, um die Schachtel zu dekorieren
- Klebeband oder Kleber
- Kleine Deckel oder Kartons
- Klebepads (wie Pataflx)
- Ausstellungsstücke
- Papier oder Karton

1. Ammonit, mindestens 65 Millionen Jahre alt, gefunden am Meerblick-Strand.

2. Münze, 1966, ausgegraben im Garten.

3. Antiker Glasflaschenstoppel, ausgegraben im Garten.

4. Militärknopf, gefunden im Wald.

3 Gib jedem Objekt eine Nummer und erstelle eine Liste, die du über der Schachtel anbringst. Liefere so viele Information wie möglich über die Ausstellung.

FERTIG!

178 ERRICHTE EIN BAROMETER

Ein Barometer misst den Luftdruck und hilft, das Wetter vorherzusagen. Bei hohem Luftdruck ist das Wetter gewöhnlich gut, wenn der Luftdruck sinkt, könnte schlechtes Wetter auf dem Weg sein.

1 Blase den Luftballon auf, um ihn auszudehnen, dann schneide ihn in der Mitte durch und spanne die obere Hälfte fest über das Glas und sichere es mit einem Gummiband.

2 Klebe den Strohhalm so auf das Glas, dass zwei Drittel über den Rand hinausragen. Stelle das Glas in die Nähe einer Wand in den Schatten, ohne Wärmequelle in der Nähe.

3 Zeichne drei Linien mit etwa 0,5 cm Abstand auf den Karton und beschrifte den obersten mit „hoch", den untersten mit „nieder". Klebe den Karton so an die Wand hinter das Glas, dass der Strohhalm auf den mittleren Strich zeigt.

4 Steigt der Luftdruck, drückt er den Ballon in das Glas und der Strohhalm wird steigen. Wenn du vom Wetterbericht weißt, dass der Luftdruck hoch ist und der Strohhalm nicht auf den obersten Strich zeigt, dann verschiebe den Karton so, dass er das tut.

Du brauchst
- 1 Luftballon
- 1 Schere
- 1 großes Glas
- 1 Gummiband
- Klebeband
- 1 Strohhalm
- 1 Stück dünnen Karton
- 1 Marker

5 Fällt der Luftdruck, wird sich die Luft im Glas ausdehnen und den Ballon nach oben drücken, somit sinkt der Strohhalm.

WETTERKARTE

	Luftdruck	°C	Wetter	Wind
Mo	nieder	8 °C		stark
Die	mittel	14 °C		leicht
Mi	hoch	20 °C		kein
Do	mittel	15 °C		leicht
Fr	nieder	10 °C		leicht
Sa	nieder	9 °C		stark
So	mittel	13 °C		leicht

Top-Tipp
Achte darauf, dass der Ballon während des Experiments luftdicht abschließt und keine Löcher aufweist.

6 Überprüfe das Barometer möglichst jeden Tag um dieselbe Zeit und mache Aufzeichnungen über das Wetter. Kannst du ein Muster erkennen?

FERTIG!

179 WIE WEIT IST DAS GEWITTER ENTFERNT?

Wenn du Gewitter magst, wird dir das gefallen! Aber begib dich immer in Sicherheit! Wenn sich das Gewitter gerade über dir entlädt, bleibe an einem sicheren Ort im Inneren.

1 An einem stürmischen Tag schaue nach Blitzen am Himmel!

2 Sobald du einen Blitz siehst, beginne die Sekunden zu zählen, bis du den Donner hörst. Um ganz genau zu sein, verwende eine Stoppuhr. Oder um halbwegs genau zu sein, zähle ganz langsam: eeein-uund-zwanzig, zweei-uund-zwanzig, dreei-uund-zwanzig und so weiter ...

3 Donnert es nach 3 Sekunden, ist das Gewitter ca. 1 km entfernt, donnert es nach 5 Sekunden, ist es 1,5 km weit weg. Dividiere die Sekunden, die du gezählt hast, um die Entfernung herauszufinden.

Wie es funktioniert:

Donner und Blitz passieren gleichzeitig, aber das Licht breitet sich schneller aus als der Schall. Du siehst also das Licht des Blitzes früher, als du das Donnergrollen hörst.

FERTIG!

180 SPRECHEN MIT LICHTSIGNALEN

Bevor es Satelliten gab, wurde der Morsecode von fast allen verwendet, die Nachrichten über weite Entfernungen senden mussten. Er half sogar, Leben zu retten und Kriege zu gewinnen. Probiere es mit Freunden mit Taschenlampen. Es dauert vermutlich länger als eine SMS, macht aber mehr Spaß.

1 Bevor es dunkel wird, solltet ihr ohne Taschenlampen üben. Schreibt Nachrichten mit Punkten und Strichen, tauscht sie aus und entziffert sie mithilfe der nebenstehenden Liste. Haltet die Nachrichten kurz und bündig!

Zum Beispiel:

.... .- .-.. .-.. ---
H A L L O

INTERNATIONALES MORSE-ALPHABET

a ·—	j ·———	s ···	1 ·————
b —···	k —·—	t —	2 ··———
c —·—·	l ·—··	u ··—	3 ···——
d —··	m ——	v ···—	4 ····—
e ·	n —·	w ·——	5 ·····
f ··—·	o ———	x —··—	6 —····
g ——·	p ·——·	y —·——	7 ——···
h ····	q ——·—	z ——··	8 ———··
i ··	r ·—·		9 ————·
			0 —————

2 Wenn es dunkel wird, sendet euch Nachrichten mit der Taschenlampe. Jeder stellt sich auf eine Seite des Gartens oder Weges. Lasst das Licht für Striche lang aufleuchten, für Punkte kurz. Wenn du die Nachricht empfängst, schreibe Punkte und Striche auf Papier, sodass du sie mit dem internationalen Morse-Alphabet dechiffrieren kannst.

FERTIG!

181 SENDE FLAGGENSIGNALE

Das Semaphor-Flaggensystem wurde vor 150 Jahren erfunden und wird heute noch verwendet. Bastele dir eine eigene Semaphor-Flagge und versuche, deinem Freund am anderen Ende des Fußballplatzes (oder des Hofes) eine Nachricht zu senden.

1 Zeichne auf die gelben Blätter eine diagonale Linie von der rechten oberen zur linken unteren Ecke und schneide sie entlang der Linie durch. Klebe je ein gelbes Dreieck auf die Vorder- und Rückseiten der roten Blätter. Achte darauf, dass die roten Dreiecke jeweils oben sind.

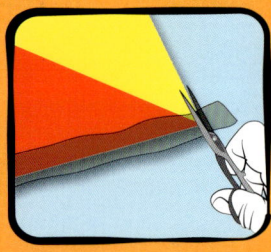

2 Klebe das Klebeband entlang der linken Kante jeder Flagge, halb auf dem Papier, halb darüber hinausstehend.

Du brauchst

- 2 Blätter dickes gelbes Papier
- 2 Blätter dickes rotes Papier
- Weißen Kleber
- Lineal
- Bleistift
- 2 Rundholzstäbe oder Pflanzenstützen
- Klebeband
- Notizblock und Füller (für den Empfänger der Signale

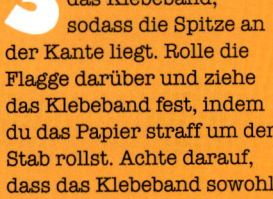

3 Setze den Stab auf das Klebeband, sodass die Spitze an der Kante liegt. Rolle die Flagge darüber und ziehe das Klebeband fest, indem du das Papier straff um den Stab rollst. Achte darauf, dass das Klebeband sowohl auf dem Stab als auch auf dem Papier klebt.

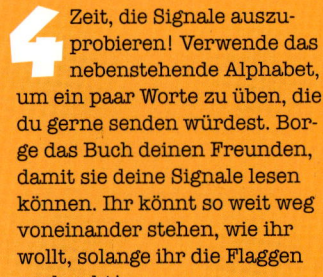

4 Zeit, die Signale auszuprobieren! Verwende das nebenstehende Alphabet, um ein paar Worte zu üben, die du gerne senden würdest. Borge das Buch deinen Freunden, damit sie deine Signale lesen können. Ihr könnt so weit weg voneinander stehen, wie ihr wollt, solange ihr die Flaggen noch seht!

 A und 1
 B und 2
 C und 3
 D und 4
 E und 5

 F und 6
 G und 7
 H und 8
 I und 9
 J

 K und 0
 L
 M
 N
 O

 P
 Q
 R
 S
 T

 U
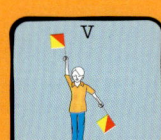 V
 W
 X
 Y

 Z
 Fehler

DAS SEMAPHOR-ALPHABET

 **FERTIG!**

182 SAGE DAS WETTER VORHER

Tannenzapfen schließen sich von Natur aus, wenn es feucht ist, und öffnen sich bei Trockenheit, deshalb sind sie großartige Wetterboten. Verwende sie als hauseigenen Feuchtigkeitsanzeiger!

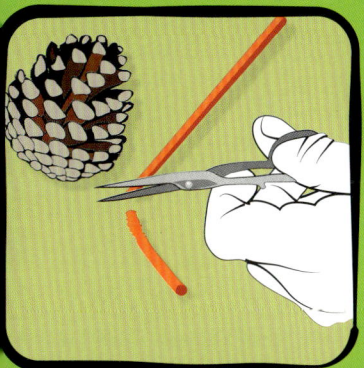 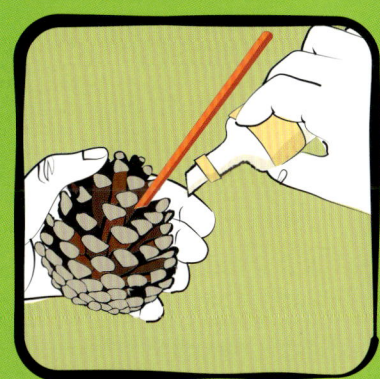

1 Schneide die Spitze eines biegsamen Trinkhalms dort ab, wo man ihn biegt.

2 Stecke die Spitze des Trinkhalms auf eine offenen Schuppe des Zapfens und befestige ihn mit Kleber.

FEUCHT

TROCKEN

3 Stelle den Zapfen auf ein Fensterbrett. Wenn die Luft feucht ist, schließen sich die Schuppen des Zapfens und der Trinkhalm steigt. Das bedeutet, dass es vermutlich regnen wird. Wenn es sonnig ist, öffnen sich die Schuppen und der Trinkhalm sinkt.

FERTIG!

183 BASTELE EINE BALLON-RAKETE

Echte Raketen brauchen Treibstoff, um in den Weltraum zu fliegen, aber du kannst deine durch den Garten sausen lassen, nur indem du Luft auslässt.

Du brauchst
- 1 Schnur
- 1 Trinkhalm
- 1 Luftballon
- Abdeck-Klebeband
- 2 Pfosten, Bäume oder Haken, mindestens 2,5 m voneinander entfernt

1 Binde ein Ende der Schnur an einen Pfosten oder Baum. Ziehe das lose Ende der Schnur durch den Trinkhalm. Ziehe die Schnur straff, bevor du sie am anderen Pfosten befestigst.

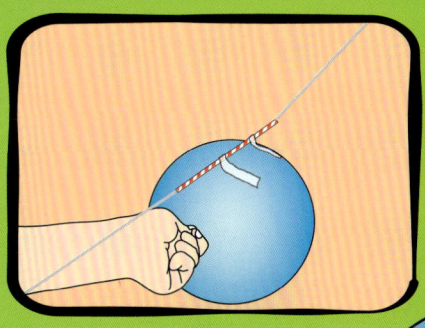

2 Blase den Ballon auf, aber binde ihn nicht zu. Zwicke das Ende zusammen und lasse es nicht los! Befestige den Ballon mit Klebeband am Trinkhalm.

3 Ziehe den Trinkhalm mit dem Ballon an ein Ende der Schnur. Lasse den Ballon aus! Wie schnell fliegt er von einem Ende der Schnur zur anderen?

FERTIG!

184 ERSCHAFFE EINEN GEYSIR

Wenn du dramatische Experimente liebst, ist das etwas für dich. Mit einer Flasche Diät-Cola und einer Packung Mentos kannst du einen mächtigen Geysir erschaffen. Manche sagen, ihrer sei fast 9 m hoch gewesen. Wie hoch spritzt deiner?

1 Suche einen Platz im Freien, der schmutzig werden darf. Entferne dich so weit wie möglich von geputzten Fenstern oder etwas anderem, das nicht klebrig werden sollte!

2 Stelle die Cola-Flasche aufrecht hin und schraube den Deckel auf. Wenn du einen Trichter hast, setze ihn auf den Flaschenhals.

3 Lasse ca. die Hälfte einer Packung Mentos durch den Trichter in die Flasche gleiten und sieh zu, dass du wegkommst! Beobachte aus einiger Entfernung, wie der mächtig blubbernde Geysir aus der Flasche spritzt.

FERTIG!

185 BESTIMME DAS ALTER EINES BAUMES

Wenn ein Baum umgeschnitten wird, kannst du das Alter zum Zeitpunkt seines Todes bestimmen, indem du die Ringe zählst. Doch wenn ein Baum noch lebt, bestimmt man sein Alter mit einer anderen Method

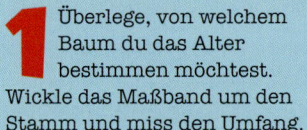

1 Überlege, von welchem Baum du das Alter bestimmen möchtest. Wickle das Maßband um den Stamm und miss den Umfang.

2 Das durchschnittliche Wachstum des Umfangs eines Baumes beträgt 2,5 cm pro Jahr. Dividiere den Umfang durch 2,5. Ein Baum mit einem Umfang von 40 cm ist etwa 16 Jahre alt.

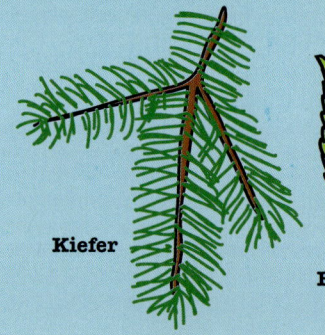

Kiefer

Buche

Eiche

Bergahorn

3 Wenn du die Baumart kennst, kannst du das Alter noch genauer bestimmen. Der Umfang von Eichen und Buchen wächst ca. 1,75 cm pro Jahr, von Kiefern ca. 3 cm und von Bergahorn ca. 2,75 cm. Dividiere den Umfang jeweils durch diese Zahlen statt durch 2,5.

FERTIG!

186 LASSE EINE ESSIG-RAKETE STARTEN

Natron und Essig sind bester Raketentreibstoff! Mische sie in einer leeren Plastikflasche und lasse deine Rakete abheben!

1 Für die „Flügel" klebe die Bleistifte an den Seiten der Flasche in gleichem Abstand fest. Das untere Ende der Bleistifte sollte dabei nach oben zeigen und in gleicher Höhe mit dem Flaschenhals sein.

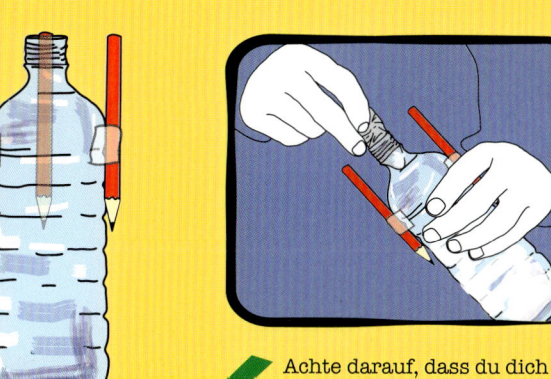

2 Gib zwei gehäufte Esslöffel Natron in die Mitte des Stoffstücks. Fasse dessen Ecken und drehe sie zusammen, damit das Pulver drinnen bleibt.

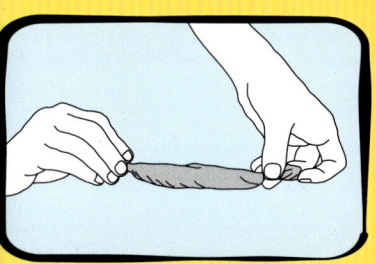

3 Fülle die Flasche ca. zu einem Drittel mit Essig. Es funktioniert mit jeder Sorte, doch weißer Essig macht weniger Flecken.

4 Achte darauf, dass du dich im Freien befindest, bevor du diesen Schritt durchführst. Schiebe das Natronpäckchen vorsichtig in den Flaschenhals. Bitte einen Erwachsenen, dir zu helfen, die Flasche mit einem Korken fest zu verschließen.

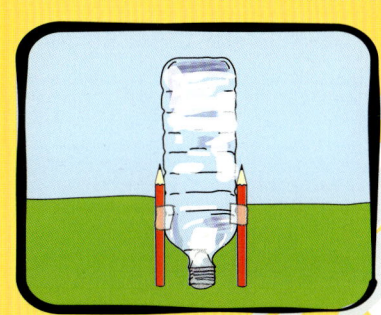

5 Schüttele die Flasche vorsichtig und achte dabei darauf, sie von deinem Gesicht entfernt zu halten. Stelle die Rakete schnell auf den Flügeln auf und laufe weg!

6 Stelle dich in einiger Entfernung auf und warte auf den **START!**

Wie es funktioniert

Wenn das Natron mit dem Essig reagiert, wird Kohlendioxid frei und erzeugt Druck in der Flasche. Ist der Druck stark genug, treibt er den Korken aus und presst die Flüssigkeit und das Gas mit Gewalt sehr schnell aus der Flasche, die dabei in die Höhe schießt.

Sicherheit zuerst!
Mache das immer mit einem Erwachsenen. Bleibe in großem Abstand von der Flasche. Du MUSST dich draußen auf einer großen Fläche aufhalten.

FERTIG!

187 BASTELE EINE ZEITKAPSEL

Eine Zeitkapsel ist wie eine coole Schatzkiste. Du versiegelst sie, sodass die darin enthaltenen Dinge erst in der Zukunft wieder entdeckt werden.

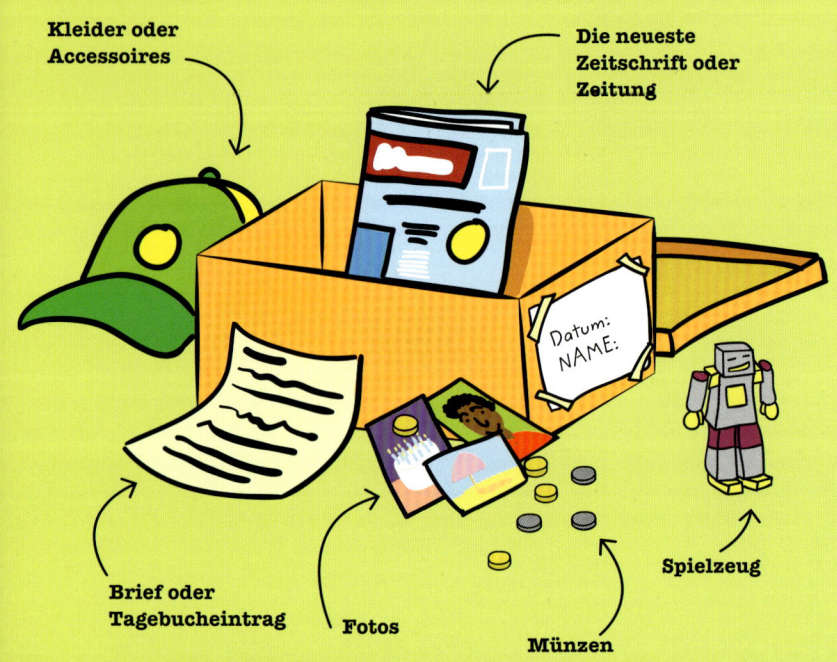

Kleider oder Accessoires

Die neueste Zeitschrift oder Zeitung

Datum:
NAME:

Spielzeug

Brief oder Tagebucheintrag

Fotos

Münzen

DEINE KAPSEL

Du kannst die Kapsel mit jeder Schachtel machen. Beschrifte sie ordentlich mit Datum und deinem Namen und fülle sie mit Dingen deiner Zeit. Dann versiegle die Schachtel und verstecke sie an einem sicheren Ort – auf dem Dachboden, im Keller oder der Garage. Du könntest auch einen Erwachsenen bitten, dir zu helfen, sie im Freien einzugraben, doch denke daran, sie vorher in Plastik einzuwickeln!

Top-Tipp
Gib niemals verderbliche Dinge in die Schachtel (wie Essen), die schimmlig werden oder Tiere anlocken könnten.

FERTIG!

188 BASTELE EINEN EIGENEN KOMPASS

Ein Kompass ist ein Werkzeug zum Navigieren. Er hat eine Magnetnadel, die auf den Erdmagnetismus reagiert und nach Norden zeigt.

1 Magnetisiere die Büroklammer, indem du sie etwa 20 Mal in derselben Richtung über einen Magneten reibst.

Du brauchst
• 1 aufgebogene Büroklammer für die Nadel
• 1 Stabmagnet (rechteckiger Magnet mit einem magnetischen Nord- und Südpol)
• 1 Kneifzange
• 1 runden Korken
• 1 kleine Schüssel, zur Hälfte mit Wasser gefüllt

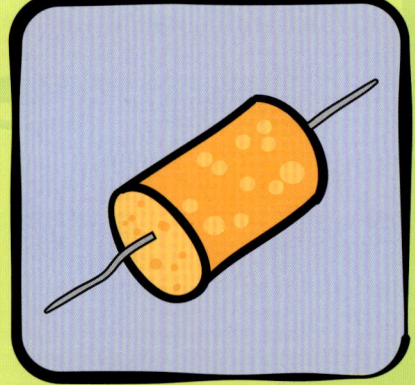

2 Drücke mithilfe der Kneifzange die Nadel durch den Korken. Sie sollte auf jeder Seite gleich weit hervorstehen. Bitte einen Erwachsenen, dir zu helfen.

3 Lege den Korken mit der Nadel in das Wasser. Wenn du in der nördlichen Hemisphäre lebst und das Ende der Nadel zeigt zu Mittag zur Sonne, dann ist dort Süden. In der südlichen Hemisphäre ist dort Norden.

FERTIG!

SCHREIBE GRUSEL-GESCHICHTEN

Du weißt, wie man einen Aufsatz für die Schule schreibt; Tagebucheinträge sind leicht, aber was weißt du über Gruselgeschichten? Hier ein paar Tipps, damit die nächste Geschichte so richtig schauderhaft wird.

Beginne damit, dich selbst zu Tode zu erschrecken. Gesteh dir deine Ängste ein. Welche Art Geschichte macht dir Gänsehaut? Was siehst du in deinen schrecklichsten Träumen? Schreibe DARÜBER!

Was?
Suche dir ein „Was, wenn" und starte hier. Was, wenn du im Dunkeln ausgesperrt wirst? Was, wenn du im Wald einem wilden Tier begegnest? Was, wenn dein bester Freund ein Vampir ist?

Wer?
Bestimme die Hauptfigur. Wer ist sie? Warum befindet sie sich in Gefahr? Erfinde einen Schurken. Wie sieht er aus? Was tut er? Identifiziere drei Gefahrenmomente zwischen dem Schurken und deinem Helden.

Wo?
Wähle ein Setting und füge viele furchterregende Details hinzu: Nebel, seltsame Geräusche, Dunkelheit und mehr. Vielleicht lässt du es so kalt sein, dass man den Atem sieht? Brrr!

Wie?
Verwende die richtigen Worte, um die Leser zu erschrecken: „makaber", „schrecklich" oder „gespenstisch". Nimm dir Zeit, die Details vorzustellen. Denke daran, die Hälfte der Arbeit ist, Spannung zu erzeugen! Erzähl dem Leser, dass schreckliche Dinge passieren werden – und beschreibe diese … irgendwann.

FERTIG!

ZÄHLE IN FÜNF SPRACHEN BIS ZEHN

Auf der Erde werden Tausende Sprachen gesprochen. Beeindrucke deine Freunde, indem du in fünf davon bis zehn zählst!

Laut Linguisten (Leuten, die Sprachen untersuchen), werden auf der Welt 6.909 Sprachen gesprochen. Huch! Lerne die Zahlen von 1 bis 10 auf der unten stehenden Liste (die Aussprache steht in Klammern). Beeindrucke Familie und Lehrer mit deinen linguistischen Fähigkeiten!

	1	2	3	4	5	6	7	8	9	10
Englisch	One (wan)	Two (tu)	Three θri	Four (foa)	Five (faiv)	Six (siks)	Seven (sewen)	Eight (eit)	Nine (nain)	Ten (ten)
Französisch	Un (äh)	Deux (dö)	Trois (twah)	Quatre (katr)	Cinq (sönk)	Six (sis)	Sept (set)	Huit (wuit)	Neuf (nöf)	Dix (dis)
Mandarin Chinesisch	Yi (iii)	Er (arr)	San (sahn)	Si (ssuh)	Wu (wu)	Liu (liu)	Qi (tschi)	Ba (bah)	Jiu (schiu)	Shi (schia)
Spanisch	Uno (uno)	Dos (dos)	Tres (tress)	Cuatro (kwah-tro)	Cinco (sinko)	Seis (seiss)	Siete (sieteh)	Ocho (otscho)	Nueve (nuehv-e)	Diez (diess)
Russisch	Adin (ah-din)	Dva (dwah)	Tri (trei)	Chetyre (Tscheterr-eh)	Pyat' (pyah-ts)	Shyest' (schey-st)	Cyem (siem)	Voysyem (vo-siem)	Dyevyet (di-eviet)	Dyeset (de-ii-siet)

FERTIG!

191 BEOBACHTE DIE STERNE

Sternbilder sind Sternengruppen am Nachthimmel. Es gibt mindestens 88 verschiedene Sternbilder, die alle nach Tieren oder mythologischen Figuren benannt sind.

WO BIST DU?

Das größte Sternbild heißt Orion, auch bekannt als Himmelsjäger. Wie findest du ihn? Schaue am Abend im Freien auf den südwestlichen Himmel, wenn du in der nördlichen Hemisphäre lebst, und in den nordwestlichen Himmel, wenn du auf der Südhalbkugel lebst. Am Äquator siehst du Orion im Westen.

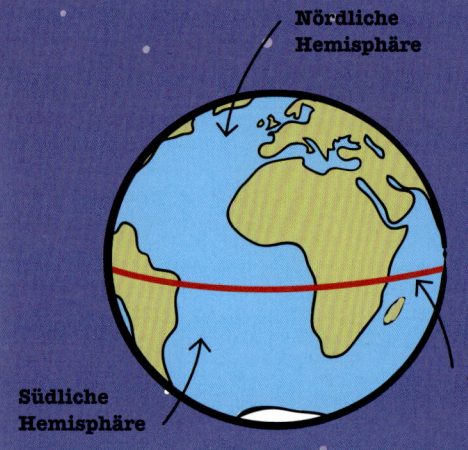

Nördliche Hemisphäre

Südliche Hemisphäre

Äquator

ORION

Suche nach dem hier abgebildeten Sternenmuster (drehe die Seite um, wenn du in der südlichen Hemispäre lebst). Drei große, helle Sterne in einer Linie sind am leichtesten als Erstes zu finden. Die drei Sterne sind der Oriongürtel. Die zwei hellen Sterne darüber sind die Schultern des Orion, die zwei darunter seine Knie.

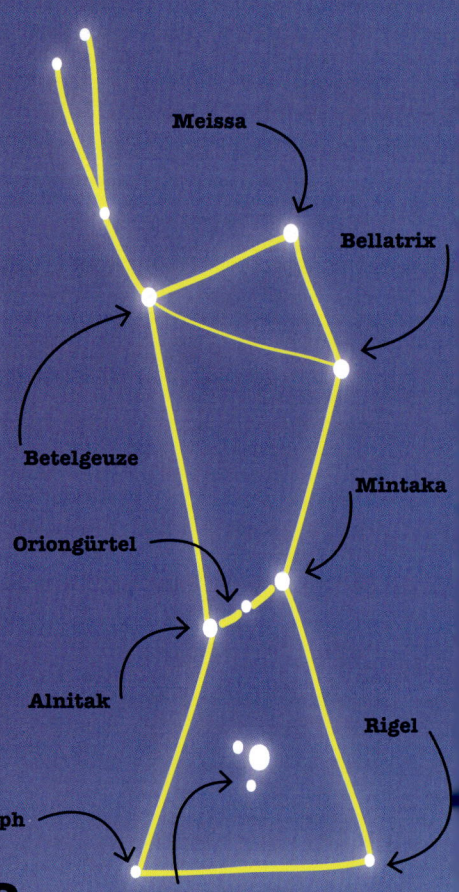

Meissa

Bellatrix

Betelgeuze

Mintaka

Oriongürtel

Alnitak

Rigel

Saiph

Orionnebel
Eine Staub- und Gaswolke, aus der Sterne geboren werden.

KLEINER HUND

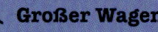

URSA MAJOR

Eine berühmte Konstellation ist Ursa Major oder Großer Bär. Innerhalb des Großen Bären befindet sich der Große Wagen. Aber weißt du das? Der Große Wagen ist KEIN Sternbild, sondern eine Sterngruppe, also eine Gruppierung von Sternen innerhalb eines größeren Sternbildes.

Großer Wagen

Warum nicht?
Finde heraus, von wo aus du einen Meteorenschauer in deiner Nähe findest, und entdecke eine Sternschnuppe!

GROSSER HUND

In der Nähe des Orion siehst du vielleicht den großen und kleinen Hund, die Jagdhundbegleiter des Orion.

FERTIG!

192 ERFINDE EINEN SUPERHELDEN

Rumms! Zack! Bumm! Schaffe einen Superhelden für ein Comic oder das nächste Kostümfest. Hier sind fünf Dinge, die ein Superheld braucht.

1 Motivation! Es gibt keinen Superhelden ohne Konflikte. Was motiviert deinen, sich ins Kostüm zu werfen und das Böse zu bekämpfen?

2 Eine Identität – oder zwei! Gib ihm einen Namen, der Fähigkeiten und Kräfte widerspiegelt. Dann erfinde eine Alltagserscheinung.

3 Ein Kostüm, passend zur Identität! Ein Helm, Hörner oder eine übergroße Maske? Ein Cape? Ein supercooles Symbol?

4 Der Schurke! Der gegen ihn kämpft – und einen Überraschungsangriff plant, um die Weltherrschaft zu übernehmen.

5 Eine tragische Schwachstelle und eine Trademark! Die Schwachstelle könnte den Helden besiegen. Die Trademark kann auch ein Wort sein, das der Held sagt.

Planet... gerettet!

Hilfe!

Warum nicht?
Zeichne einen Comicstrip mit deiner neuen Heldenfigur!

FERTIG!

193 LERNE NOTEN LESEN

Notenlesen kann wie Fremdsprachenlernen sein. Hier sind ein paar grundlegende Tipps, wie du Noten lesen kannst, und wie du das Tempo, mit dem sie gespielt werden, erkennst.

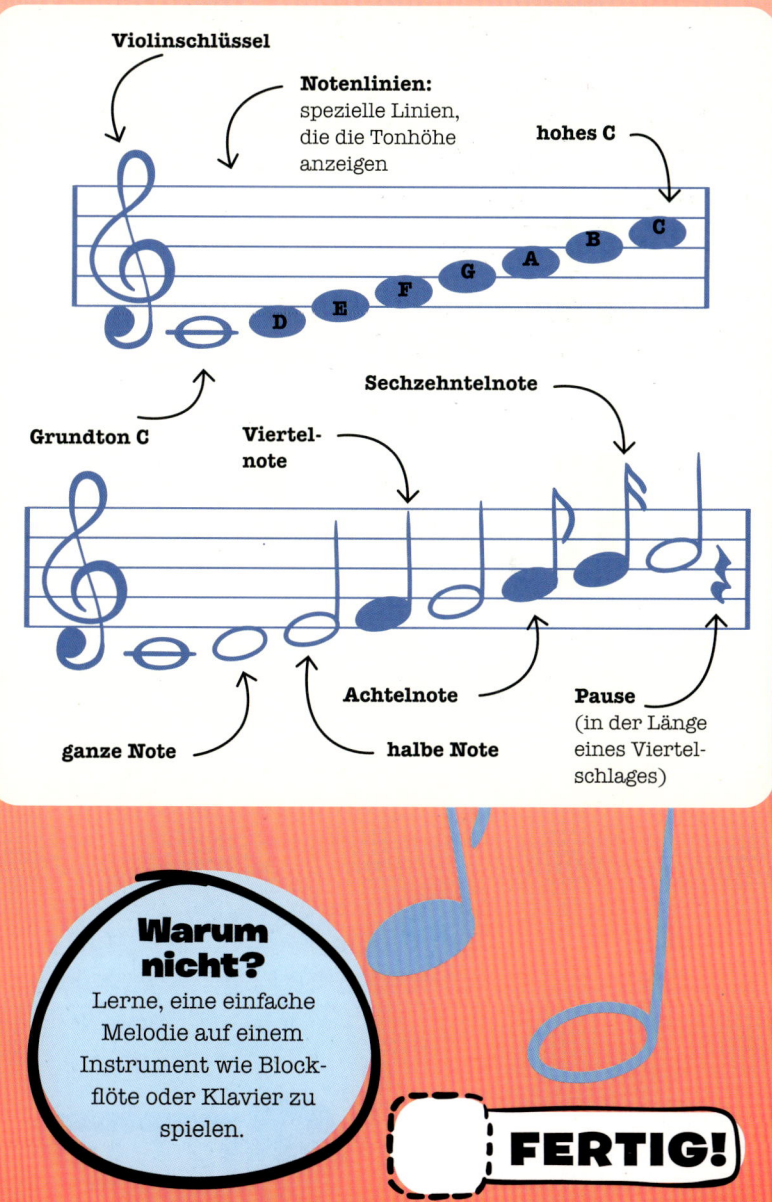

Warum nicht?
Lerne, eine einfache Melodie auf einem Instrument wie Blockflöte oder Klavier zu spielen.

FERTIG!

194 BESSERES ERINNE-RUNGSVERMÖGEN

Sich zu erinnern, kann schwierig sein, besonders wenn du für einen wichtigen Test lernst. Hier gibt es ein paar großartige Tipps, die dir helfen können.

1 Nimm dir Zeit und konzentriere dich, wenn du etwas Neues lernst. Schaffe dir in Gedanken ein Bild! Mache bildliche Assoziationen, um dir Namen und Wörter zu merken. Verfasse ein Lied oder einen Reim für die Details, an die du dich erinnern sollst.

I vor E, außer nach C!

2 Erfinde den Verlauf einer Geschichte, um dir den Ablauf von Ereignissen oder Dingen zu merken. Wenn du Sonnenbrillen und Flip-Flops für eine Reise brauchst, könntest du z. B. Folgendes sagen: „Es war ein schöner sonniger Morgen, als Mark sich den Zehen verstauchte ..."

3 Verwende „Eselsbrücken"! Dieser Trick funktioniert wie ein kluges Wort-Puzzle. Es handelt sich um einen Satz, bei dem die Anfangsbuchstaben jedes Wortes einem anderen Wort zugeordnet sind: **N**ie **O**hne **S**ocken **W**andern erinnert uns an die Himmelsrichtungen, wie sie auf einem Kompass sind, von oben beginnend: Norden, Osten, Süden und Westen.

FERTIG!

195 DREI COOLE CODES

Du wurdest als Spion für eine geheime Mission auserwählt. Wie wird deine Kommunikation aussehen? Codes, natürlich!

MACHE EINEN CODE-STICK

1 Wickle einen langen, dünnen Papierstreifen um einen Bleistift, dann schreibe deine Nachricht darauf. Wenn du damit fertig bist, entferne das Papier vom Bleistift. Dein Code wird für untrainierte Augen schwer zu knacken sein!

NACHRICHT IN SPIEGELSCHRIFT

2 Schreibe deine Nachricht auf ein Stück Papier, während du in den Spiegel schaust. Die Buchstaben sollten alle verkehrt sein. Ohne Spiegel sieht die Nachricht wie Kauderwelsch aus. Mit einem Spiegel ist die Nachricht sofort zu lesen.

So sieht Spiegelschrift aus, wenn du es versuchst.

CODE-WORT: KOHLRABI

3 Viele Codes tauschen bestimmte Buchstaben durch andere aus. Hier wird das Wort KOHLRABI für die ersten acht Buchstaben des Alphabets verwendet, danach stehen die restlichen Buchstaben in umgekehrter Reihenfolge. Tausche für deinen Code die Buchstaben aus Reihe A mit denen in Reihe B!

| K | O | H | L | R | A | B | I | Z | Y | X | W | V | U | T | S | Q | P | N | M | J | G | F | E | D | C | Reihe A |
| A | B | C | D | E | F | G | H | I | J | K | L | M | N | O | P | Q | R | S | T | U | V | W | X | Y | Z | Reihe B |

Kannst du diese Nachricht lesen?

ZHI WRNR BRPU!

(Antwort: Ich lese gern!)

FERTIG!

196 FÜR DEN NOTFALL BEREIT SEIN

Gute Erste Hilfe heißt, gut vorbereitet sein. Zu wissen, wo man Hilfe findet, und im Bedarfsfall ruhig zu bleiben.

Sicherheit zuerst!

Wenn du Zweifel hast, rufe eine Notfallnummer an. Sie werden dir raten, was zu tun ist.

ERSTE-HILFE-KOFFER

Packe einen Erste-Hilfe-Koffer und halte ihn immer bereit. Du kannst auch einen kaufen, doch überzeuge dich zuerst, ob er all diese Dinge enthält:

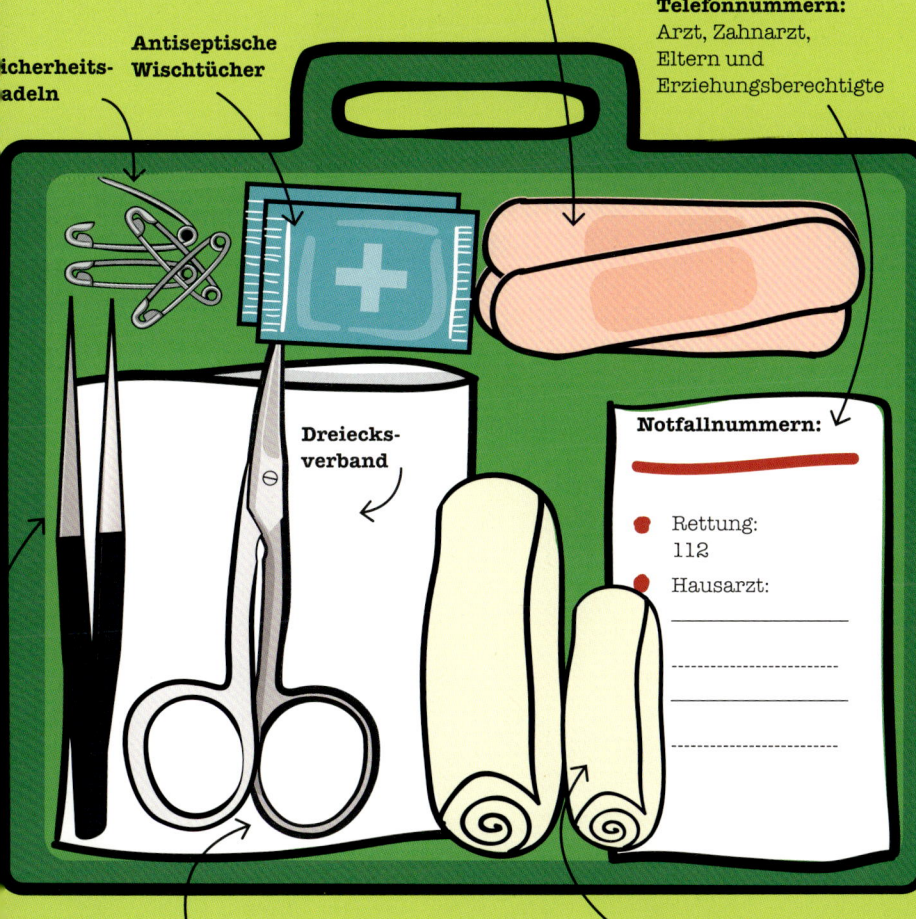

Sicherheitsnadeln

Antiseptische Wischtücher

Pflaster

Eine Liste mit wichtigen Telefonnummern: Arzt, Zahnarzt, Eltern und Erziehungsberechtigte

Dreiecksverband

Notfallnummern:

● Rettung: 112
● Hausarzt:

Pinzette

Schere

Kleine, mittlere und große sterile Verbände

ARMSCHLINGE ANBRINGEN

Arm- oder Handgelenksverletzungen können sehr schmerzhaft sein. Erleichtere deinen Patienten, indem du eine Armschlinge auf dem verletzten Arm anbringst. Handelt es sich um eine ernste Verletzung, rufe Arzt und Rettung.

1 Bitte die Person, sich zu setzen, und unterstütze den verletzten Arm, indem du Hand und Handgelenk etwas höher als den Ellbogen hältst.

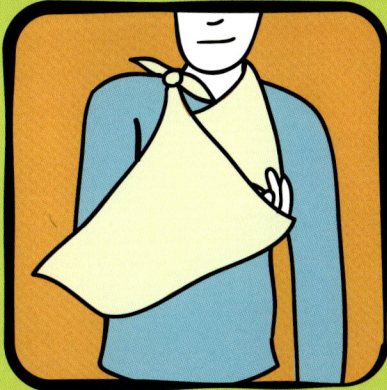

2 Ziehe vorsichtig einen Dreiecksverband zwischen dem Arm und der Brust durch, sodass das lange Ende über die Schulter geht. Hebe den unteren Teil des Verbandes über den Arm und verknote die Enden neben dem Hals.

3 Schlinge die Spitze des Verbandes beim Ellbogen um den Arm und befestige ihn an der Rückseite mit einer Sicherheitsnadel.

FERTIG!

197 KATASTROPHEN-SCHUTZ

Wirbelsturm! Erdbeben! Flut! Was würdest du tun, wenn du dich mitten in einer Katastrophe befindest? Hier sind ein paar Überlebenstipps.

ÜBERLEBENSAUSRÜSTUNG

Sei vorbereitet, bevor die Katastrophe eintritt! Halte einen Erste-Hilfe-Koffer und eine Kiste mit unverderblicher Nahrung (wie Dosenbohnen) und Wasserflaschen bereit, sodass du sie auch findest, wenn das Licht ausfällt. Vergiss nicht, eine Taschenlampe, Ersatzbatterien und eine Decke mit einzupacken.

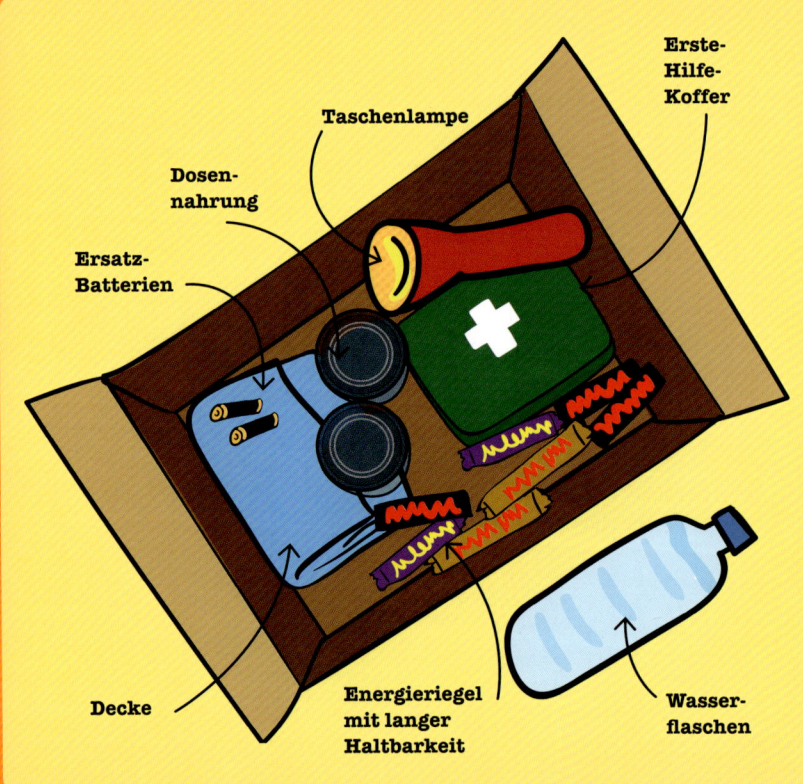

Erste-Hilfe-Koffer

Taschenlampe

Dosen-nahrung

Ersatz-Batterien

Decke

Energieriegel mit langer Haltbarkeit

Wasser-flaschen

BEREITE DICH VOR

Viele Dinge können bei einer Naturkatastrophe passieren, die nicht deiner Kontrolle unterliegen. Das Beste, was du tun kannst, ist, zu wissen, wie man reagiert, wenn es dazu kommt. Hier sind einige Top-Tipps für bestimmte Katastrophen.

Wirbelsturm

Stürme können Äste von den Bäumen reißen. Sichere Fenster und Türen und geh in einen Raum im Inneren des Hauses, möglichst weit weg von den Fenstern.

Flut

Schwere Regenfälle können nahe eines Gewässers zu Überflutungen führen. Klettere zu Hause so hoch wie möglich hinauf und höre wegen eventueller Evakuierungen Radio.

Erdbeben

Ein Erdbeben kann innerhalb der Wohnung Dinge lockern. Bleibe auf dem Boden, bedecke den Kopf mit den Händen und krieche unter einen robusten Tisch.

Tornado

Schnell drehende Winde richten auf kleinen Flächen große Schäden an. Bleibe im Inneren auf der untersten Etage oder im Keller. Im Freien, lege dich in einen Graben.

FERTIG!

198 DEIN STERNZEICHEN

Die Astrologie sagt, dass wir unter einem der zwölf Sternzeichen geboren sind. Passt dein Sternzeichen zu dir?

Warum nicht?
Schaue dein tägliches Horoskop in einer Zeitschrift oder Zeitung nach!

STEINBOCK

Die Ziege
(22. Dezember – 19. Januar)
Realistisch, großzügig und nachdenklich.

WIDDER

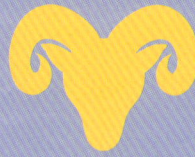

Der Rammbock
(21. März – 19. April)
Loyal, liebt Herausforderungen und arbeitet hart.

KREBS

Die Krabbe
(21. Juni – 22. Juli)
Geduldig, beschützend und etwas schüchtern.

WAAGE

Die Waagschale
(23. September – 22. Oktober)
Großartiger Freund, künstlerisch, aber nicht entscheidungsfreudig.

WASSERMANN

Der Wasserträger
(20. Januar – 18. Februar)
Friedlich, erfinderisch und oft ruhig.

STIER

Der Bulle
(20. April – 20. Mai)
Glamourös, zuverlässig, aber leicht verlegen.

LÖWE

Der Löwe
(23. Juli – 22. August)
Verspielt, ehrgeizig und steht gern im Mittelpunkt.

SKORPION

Der Skorpion
(23. Oktober – 21. November)
Intensiv, vertrauensvoll und großartig im Bewahren von Geheimnissen.

FISCHE

Die Fische
(19. Februar – 20. März)
Mitfühlend, lustig und emotional.

ZWILLING

Die zwei Gesichter
(21. Mai – 20. Juni)
Gesprächig, charmant und hilfsbereit.

JUNGFRAU

Das Mägdelein
(23. August – 22. September)
Engagiert, organisiert und perfektionistisch.

SCHÜTZE

Der Bogenschütze
(22. November – 21. Dezember)
Sanft, lieb, aber ungeduldig.

199 BASTELE EINE WUNDERSCHEIBE

Versuche diesen coolen Trick, der auf einer Erfindung namens Thaumatrop oder Wunderscheibe beruht. Sie spielt den Augen einen Streich!

1 Lege die beiden Kartonscheiben auf den Tisch. Zeichne auf eine das leere Fischglas und einen Fisch in die Mitte der anderen. Male beides aus.

2 Klebe die beiden Scheiben Rückseite an Rückseite, mit einem Bleistift in der Mitte, der unten so weit herausschauen muss, dass Platz für die Handflächen ist.

Wie es funktioniert

Die Illusion funktioniert am besten, wenn man die Bilder laufend sieht. Wenn du sehr schnell drehst, denkt das Gehirn, dass es sich um ein Bild handelt. Drehst du langsam, springt es nur von einem Bild zum anderen.

3 Lege den Bleistift zwischen die Handflächen und drehe ganz schnell. Die Bilder auf den Scheiben sollten ineinander übergehen, sodass du den Fisch im Fischglas siehst.

FERTIG!

---

200 VERRÜCKTER WISSENSCHAFTLER

Indem du gewöhnliche Dinge aus der Küche vermischst, kannst du die Farbe von Flüssigkeiten im Nu verändern.

Du brauchst
- 1 Schüssel, am besten aus Glas
- 7 transparente Plastikbecher
- Rotkohl
- 1 Küchenmesser
- Etwa 120 ml folgender Flüssigkeiten:
- Zitronensaft
- Essig
- Natronlauge
- Klares oder gefärbtes Geschirrspülmittel
- Ketchup
- Limonade oder Cola
- Leitungswasser

1 Schneide vorsichtig den Rotkohl in kleine Stücke und gib sie in eine Schüssel mit 250 ml Wasser. Zerdrücke den Rotkohl mit einer Gabel, bis das Wasser violett ist. Gib 1–2 Esslöffel der Flüssigkeit in jeden Becher.

2 Nun gib jeweils 1–2 Esslöffel der sieben Flüssigkeiten in die Becher. Schreibe auf, was du in welchen Becher gießt. Die Flüssigkeiten in den Bechern sollten die Farben ändern.

Die Resultate

Wenn das Kohlwasser rot wird, heißt das, dass die andere Flüssigkeit **säurehaltig** ist wie Zitrone. Wird sie blau, ist sie **alkalisch** wie Natron. Verändert sich die Farbe nicht, ist die Mischflüssigkeit **neutral**.

FERTIG!

201 DIE SIEBEN WELTWUNDER DER ANTIKEN WELT

Die berühmteste Liste der Weltwunder stammt aus der Antike. Heute existiert nur mehr eines davon, die anderen sind mit der Zeit verschwunden.

1. Pyramiden von Gizeh

- **Wann?** 2.500 v. Chr.
- **Was?** Steingräber, die mit mehr als 2 Millionen Blöcken 250 m breit und 125 m hoch gebaut wurden.
- **Cooles Faktum:** Jeder Steinblock wiegt mehr als ein Auto!

4. Koloss von Rhodos

- **Wann?** 292 v. Chr.
- **Was?** Enorme, 30 m hohe Statue von Helios, dem Schutzgott von Rhodos.
- **Cooles Faktum:** Nach einem Krieg schmolz man die Waffen ein, um seine Statue zu bauen.

6. Statue des Zeus in Olympia

- **Wann?** 5. Jahrhundert v. Chr.
- **Was?** Riesige thronende Figur des Zeus aus Elfenbein, Gold, Holz und anderen Materialien.
- **Cooles Faktum:** Die Statue hielt eine kleine Skulptur der Siegesgöttin Nike in der rechten Hand.

2. Hängende Gärten von Babylon

- **Wann?** Unbekannt
- **Was?** Luxuriöse Gärten, mit Bäumen, deren Wurzeln in Türen und Straßen hineinwuchsen.
- **Cooles Faktum:** Es gibt keine formellen Aufzeichnungen über die Gärten, was viele glauben lässt, sie seien erfunden.

5. Leuchtturm von Alexandria

- **Wann?** 3. Jahrhundert v. Chr.
- **Was?** Der erste Leuchtturm der Welt, um die Seeleute auf dem Meer zu leiten.
- **Cooles Faktum:** Man verwendete Spiegel, um während des Tages das Sonnenlicht zu reflektieren. In der Nacht entzündete man Feuer als richtungweisendes Licht.

7. Mausoleum von Halikarnassos, Türkei

- **Wann?** 4. Jahrhundert v. Chr.
- **Was?** Dekoriert mit Säulen und skulptierten Schnitzereien.
- **Cooles Faktum:** gebaut für König Mausolos. Das Wort „Mausoleum" stammt von seinem Namen und bedeutet heute ein Grab, das über der Erde liegt.

3. Tempel der Artemis in Ephesos

- **Wann?** 6. Jahrhundert v. Chr.
- **Was?** Gewalt aufragender Tempel zu Ehren von Artemis, der griechischen Göttin der Jagd.
- **Cooles Faktum:** Der Tempel wurde durch Überflutungen, Erdbeben und Überfälle zerstört.

FERTIG!

202 VERSTEHE DIE WOLKEN

Die Wolken über deinem Kopf sehen nicht nur schön aus, sie können dir auch eine Menge über das Wetter erzählen!

CIRRUS

Cirrus-Wolken sind dünne, schleierartige Wolken am sonst klaren Himmel, die aus Eiskristallen bestehen. Es sollte fürs Erste schön und trocken bleiben!

ALTOCUMULUS

Viele dieser Schäfchenwolken werden zu Gewitterwolken.

CUMULUS

Das sind die großen flauschigen Wolken, die wie Watte aussehen und verschwinden, bevor die Sonne untergeht. Gibt es viele davon, bedeutet es, dass es später Schauer geben kann.

CUMULONIMBUS

Wenn es draußen grau ist, bedeckt wahrscheinlich eine Cumulonimbus-Wolke den Himmel. Das bedeutet, dass es bei dir oder in der Nähe regnet.

203 ERKENNE DIE MONDPHASEN

Wenn der Mond um die Erde kreist, scheint er seine Form zu verändern. Diese Formen nennt man Phasen. In welcher Phase befindet sich der Mond heute Nacht?

erstes Viertel

zunehmende Mondsichel

zunehmender Dreiviertelmond

FORMENWANDEL

Vollmond

Neumond

abnehmender Dreiviertelmond

abnehmende Mondsichel

letztes Viertel

Es sieht so aus, als würde der Mond seine Form verändern, weil ihn das Licht von der Sonne auf seiner Umlaufbahn aus verschiedenen Winkeln trifft. Der Mond braucht 29,5 Tage, um einmal um die Erde zu kreisen.

204 SAGE DANKE IN ZEHN SPRACHEN

Sei der perfekte Gast, wo immer du bist, indem du lernst, „danke" zu sagen!

„gracias"
Spanisch

„merci"
Französisch

„tak"
Dänisch

„spacibo"
Russisch

„grazie"
Italienisch

„kiitos"
Finnisch

„efharisto"
Griechisch

„dank je"
Niederländisch

„arigatô"
Japanisch

„xiè xiè"
Chinesisch
„syeh-syeh"

FERTIG!

205 TRICKSE DEIN GEHIRN AUS

Diese optischen Täuschungen sehen ganz unkompliziert aus, aber manche Dinge sind nicht so, wie es auf dem ersten Blick scheint.

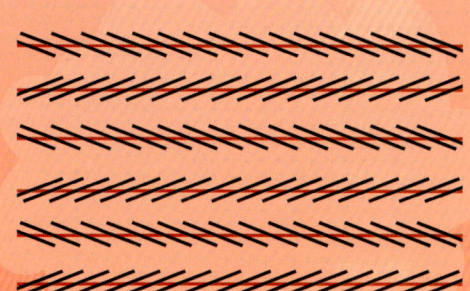

1 Die roten Linien sehen aus, als ob sie schräg seien, aber sind sie es wirklich?

Tatsächlich sind sie ganz gerade! Die Täuschung wurde vom deutschen Astrophysiker Johann Karl Friedrich Zöllner entdeckt.

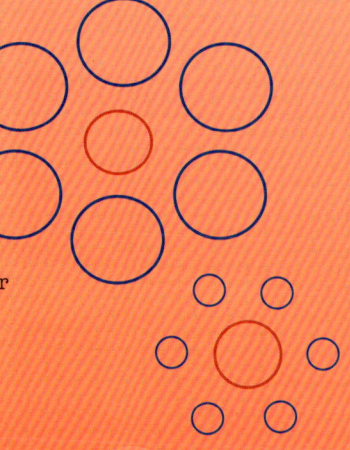

2 Welcher der beiden roten Kreise ist der größere? ?

Glaubst du, du weißt es? Nun, tatsächlich sind beide gleich groß, nur dass die kleinen blauen Kreise, die den unteren umgeben, diesen größer aussehen lassen.

3 Das Raster besteht aus Quadraten, aber kannst du auch Punkte sehen?

Diese Täuschung nennt man ein Szintillationsgitter.

FERTIG!

206 MIT UNSICHTBARER TINTE SCHREIBEN

Möchtest du deinem Freund eine geheime Nachricht senden? Hier ist ein todsicherer Weg, die Nachricht zu verbreiten, ohne dass jemand etwas sieht!

1 Tauche den Pinsel oder das Wattestäbchen in Zitronensaft und schreibe die Nachricht auf weißes Papier. Verwende nicht zu viel Saft; er sollte schnell trocknen.

2 Während das Papier trocknet, wird die Nachricht langsam verschwinden. Falte das Papier und übergib es deinem Freund.

Du brauchst
- 1 Pinsel oder Wattestäbchen
- Zitronensaft
- Weißes Papier
- 1 Lampe
- 1 kleine Schüssel

3 Um die Nachricht zu lesen, muss man das Papier nahe an eine Lampe halten. Sobald sich das Papier erwärmt, wird deine Nachricht aus Zitronensaft magisch wieder sichtbar.

FERTIG!

207 AUS DER HAND LESEN

Seit Jahrhunderten lesen Menschen die Zukunft aus der Hand. Sieh dir deine eigene Hand an, um zu entdecken, was die Zukunft für *dich* bereit hält.

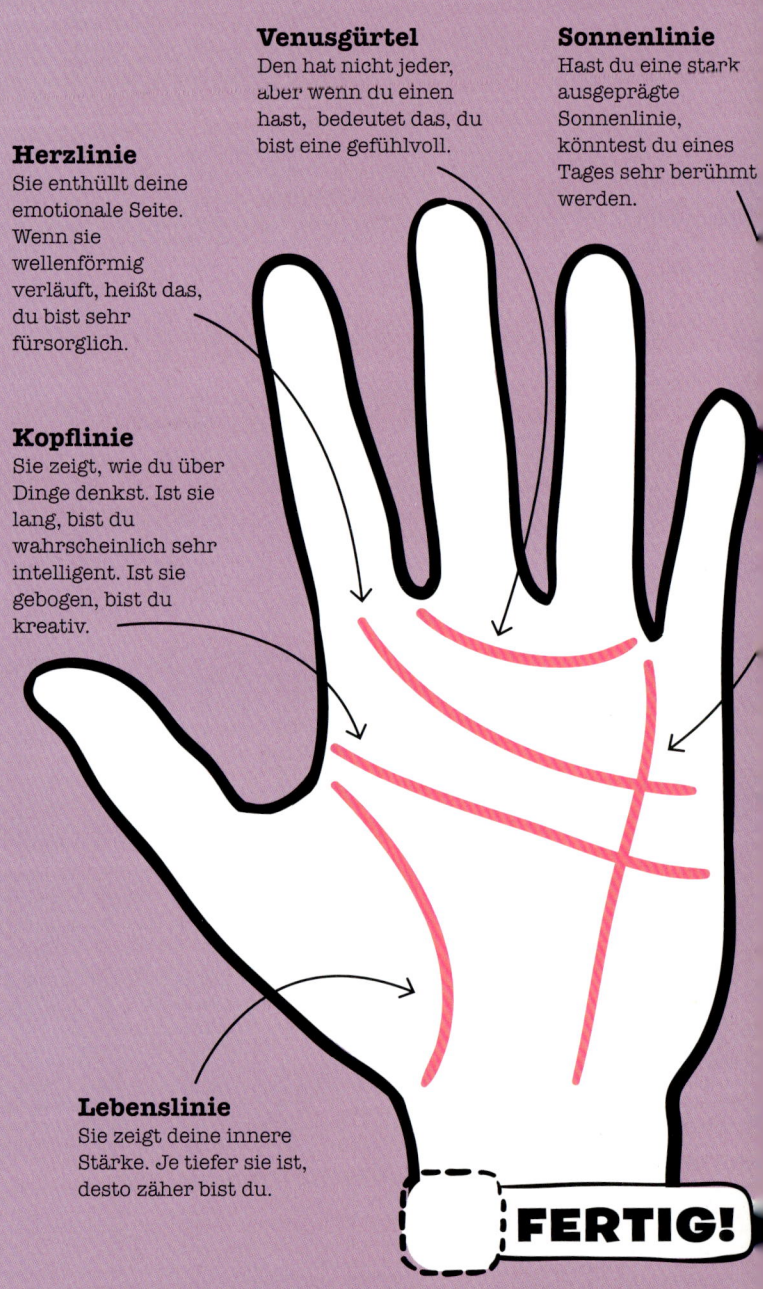

Venusgürtel
Den hat nicht jeder, aber wenn du einen hast, bedeutet das, du bist eine gefühlvoll.

Sonnenlinie
Hast du eine stark ausgeprägte Sonnenlinie, könntest du eines Tages sehr berühmt werden.

Herzlinie
Sie enthüllt deine emotionale Seite. Wenn sie wellenförmig verläuft, heißt das, du bist sehr fürsorglich.

Kopflinie
Sie zeigt, wie du über Dinge denkst. Ist sie lang, bist du wahrscheinlich sehr intelligent. Ist sie gebogen, bist du kreativ.

Lebenslinie
Sie zeigt deine innere Stärke. Je tiefer sie ist, desto zäher bist du.

FERTIG!

208 BAUE EINEN KÜCHEN-VULKAN

Baue mit nur wenigen Dingen aus dem Küchen-schrank einen eigenen Vulkan. Aber bitte frage zuerst deine Eltern!

Warum nicht?

Bedecke das Backblech mit Sand und stelle für eine prähistorische Vulkan-landschaft ein paar Dinosaurier auf!

1 Forme auf einem Backblech die Modelliermasse rund um die Plastikflasche zu einem Berg. Lasse die Flasche offen und achte darauf, dass nichts hineinfällt.

2 Mische einige Tropfen Lebens-mittelfarbe mit Wasser, bis es schön dunkelrot ist.

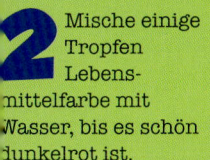

Du brauchst
- 1 Backblech
- Modelliermasse
- 1 Plastikflasche (1 l) mit Deckel
- Rote Lebensmittelfarbe
- Warmes Wasser
- 1 Plastiktrichter
- Spülmittel
- 2 Esslöffel Backpulver
- Weißen Essig

3 Gieße das rote Was-ser durch einen Trichter in den „Berg".

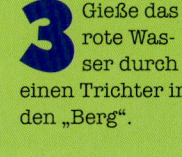

4 Füge vorsichtig sechs Tropfen Spül-mittel und Backpulver hinzu.

5 Nun ist es Zeit, dass der Vulkan ausbricht! Gieße den weißen Essig vorsichtig durch den Trichter – es wird nicht lange dauern, bis die Eruption beginnt.

FERTIG!

209 MACHE DEINE EIGENE ZEITUNG

Eine eigene Zeitung zu machen, ist eine lustige Art, deine Fertigkeit des Schreibens zu verbessern und deine Fantasie zu befeuern.

DIE TITELSEITE

Jede **Titelseite** hat eine oder zwei **Schlagzeilen**. Die Worte in der Schlagzeile müssen groß geschrieben werden und sollen die Aufmerksamkeit der Leser erwecken.

Impressum

Schlagzeile

Foto

Gib der Zeitung einen Namen und ein **Impressum**. Das ist der auffallendste Teil der Titelseite. Füge alle Details hinzu, die auch in einer echten Zeitung stehen: Datum, Wettervorhersage und Preis.

DAS INNERE DER ZEITUNG

Wenn du mit der **Titelseite** fertig bist, kannst du den Rest der Zeitung angehen. Fülle die Seiten mit kleineren Schlagzeilen, mehreren Artikeln und Geschichten. Ist alles fertig, hefte die Seiten der Zeitung zusammen – sie ist bereit für den Kiosk!

Schreibe einen **Artikel**. Die Geschichte kann von allem Möglichen handeln. Sie kann erfunden sein oder ein wirklich stattgefundenes Ereignis in deiner Familie beschreiben.

Artikel

Karikatur

Bildunterschrift

Warum nicht? Mache eine Zeitung nur über deine Familie! Du kannst sie dann an Verwandte schicken, die du nicht so oft siehst.

Stelle auch Fotos oder Zeichnungen mit **Bildunterschriften** hinein! Überlege dir lustige Kommentare für deine Bilder und achte darauf, dass jedes Bild zur Geschichte passt.

 **FERTIG!**

210 IM DUNKELN LEUCH-TENDER SCHLEIM

Erzeuge eine Portion verrückten, im Dunkeln leuchtenden Schleim.

1 Mische die Stärke löffelweise mit Wasser und rühre so lange, bis eine Art Teig entsteht.

2 Füge die phosphoreszierende Farbe hinzu und verrühre sie gründlich.

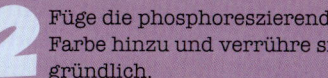

Top-Tipp

Vergiss nicht, die Hände zu waschen, wenn du fertig bist, und bewahre den restlichen Schleim in einem luftdicht verschließbaren Plastikbeutel auf.

3 Sobald dein Schleim fertig ist, lege ihn unter eine leuchtende Lampe, um die Magie zu aktivieren!

FERTIG!

211 REGENMENGE MESSEN

Du brauchst keine teure Ausrüstung, um mehr über das Wetter zu erfahren. Bastele ein einfaches Regenmessgerät und zeichne die Regenmenge in deiner Region auf.

1 Schneide den oberen Teil einer 2-1-Flasche ab und beschwere den Boden mit Kieselsteinen. Stecke den oberen Teil der Flasche wie einen Trichter verkehrt herum in die Flasche.

2 Zeichne mit einem wasserfesten Stift und einem Lineal eine Zentimeterskala auf dein Messgerät.

3 Notiere die Regenmengen auf einer Grafik oder einem einfachen Diagramm. Schreibe an der unteren Achse die Tage und auf der Seitenachse die Regenmengen auf.

Warum nicht?

Bitte einen Freund oder Verwandten, die Regenmenge dort, wo er lebt, zu notieren, und vergleicht eure Aufzeichnungen!

FERTIG!

CHINESISCHE TIERKREISZEICHEN

Die chinesischen Tierkreiszeichen sind sehr alt, aber heute immer noch bedeutsam. Sieh nach, in welchem Jahr du geboren bist – welches Tier bist du?

RATTE

2020, 2008, 1996, 1984, 1972

Deine Intelligenz macht dich zu einem guten Redner und du hast ein ausgedehntes soziales Leben.

BÜFFEL

2021, 2009, 1997, 1985, 1973

Du bist stark, beständig und zuverlässig. Doch das Wichtigste ist, dass du sehr geduldig bist.

TIGER

2010, 1998, 1986, 1974

Ehrgeiz und Selbstvertrauen machen dich zu einem großartigen Führer. Du bist auch mutig und großzügig.

HASE

2011, 1999, 1987, 1975

Du hast einen starken Willen, bist elegant und gütig – und du hasst Meinungsverschiedenheiten!

DRACHE

2012, 2000, 1988, 1976

Du hast eine überbordende Fantasie und erreichst gern alle deine Ziele.

SCHLANGE

2013, 2001, 1989, 1977

Du bist sehr organisie und ein guter Gesprächspartner, de gern ernsten Gedanke nachhängt.

PFERD

2014, 1990, 1978, 1966

Du arbeitest sehr hart, aber du bist jederzeit bereit für ein warmherziges Abenteuer.

ZIEGE

2015, 2003, 1991, 1979

Du bleibst immer ruhig – sogar in Krisenzeiten. Du bist auch immer großzügig.

AFFE

2016, 2004, 1992, 1980

Du hast einen brillanten Geist und weißt deinen Charme einzusetzen. Du bist immer auf Achse.

HAHN

2017, 2005, 1993, 1981

Du bist würdevoll und für gewöhnlich stehst du gern im Mittelpunkt. Du bist großzügig und wohlmeinend.

HUND

2018, 2006, 1994, 1982

Du scheinst sehr viel Glück zu haben. Du bist auch ehrlich und über dein Alter hinaus weise.

SCHWEIN

2019, 2007, 1995, 1983

Deine Entschlossenhe hilft anderen. Du behältst immer deine positive Einstellung.

FERTIG!

TESTE DEIN PIZZA-HIRN

Wie gut ist dein Gedächtnis? Zwei Spieler können diesen vertrackten Pizza-Test machen!

Pizza oben:

Mehl
Salz
Hefe
Olivenöl
Knoblauch
Käse
Tomaten
Oregano
Salami
Ananas
Paprika
Ei

Pizza rechts:

Tomaten
Basilikum
Käse
Mehl
Salz
Spinat
Garnelen
Sardellen
Hefe
Olivenöl
Chili
Sellerie

1 Der erste Spieler darf sich 1 Minute die Zutatenliste der Pizza oben ansehen. Dann muss er alle Zutaten aufschreiben, an die er sich erinnern kann.

Warum nicht?
Erstelle eigene verrückte Zutaten, an die man sich erinnern muss. Jede Pizza sollte 12 Zutaten haben.

2 Wenn der zweite Spieler an der Reihe ist, soll er sich die Pizza auf der rechten Seite ansehen.

3 Spielt das Spiel nochmal, nachdem ihr die Pizza ausgetauscht habt.

FERTIG!

214 QUIZ ÜBER DEN VERKEHR

Probiere dieses Quiz mit 10 Fragen über den Verkehr, unterwegs oder auf der Couch! Die Fragen sind etwas kompliziert, vielleicht musst du manchmal raten, wenn du etwas nicht weißt, und jeder kann einmal Glück haben. Die Antworten stehen unten.

1. Wer erfand das erste Rad?
a) Die alten Römer
b) Die alten Griechen
c) Das weiß man nicht.

2. Wie hieß das Gefährt, das von der US-Apollo-Mission auf den Mond gebracht wurde?
a) Lunar Rover
b) Lunar Tracker
c) Lunar EVA

3. Was ist ein Coracle?
a) Eine Art Fahrrad
b) Eine Art Flugzeug
c) Eine Art Boot

4. Was ist ein Zeppelin?
a) Eine Jacht mit elektronischen Segeln
b) Ein Flugzeug, das auf einem See landen kann
c) Ein riesiger Ballon mit einem Piloten-Cockpit

5. Wann fand der erste Flug eines Flugzeugs statt?
a) 1603
b) 1903
c) 2003

6. Was ist eine Tram?
a) Eine elektrische Kutsche, die auf Schienen und Kabel läuft
b) Ein elektrischer Zug, der auf Magneten läuft
c) Ein elektrischer Wagen, der auf Schienen läuft

7. Was ist ein F16?
a) Auto-Type
b) Flugzeug-Type
c) Name einer berühmten Straße

8. Woraus kann man Treibstoff für ein Auto machen?
a) Recyceltes Wasser
b) Pflanzenöl
c) Sand

9. Wer war Henry Ford?
a) Ein berühmter Rennfahrer
b) Ein berühmter Pilot
c) Ein berühmter Autohersteller

10. Was ist ein Trimaran?
a) Ein Motorrad
b) Ein Auto
c) Ein Segelschiff

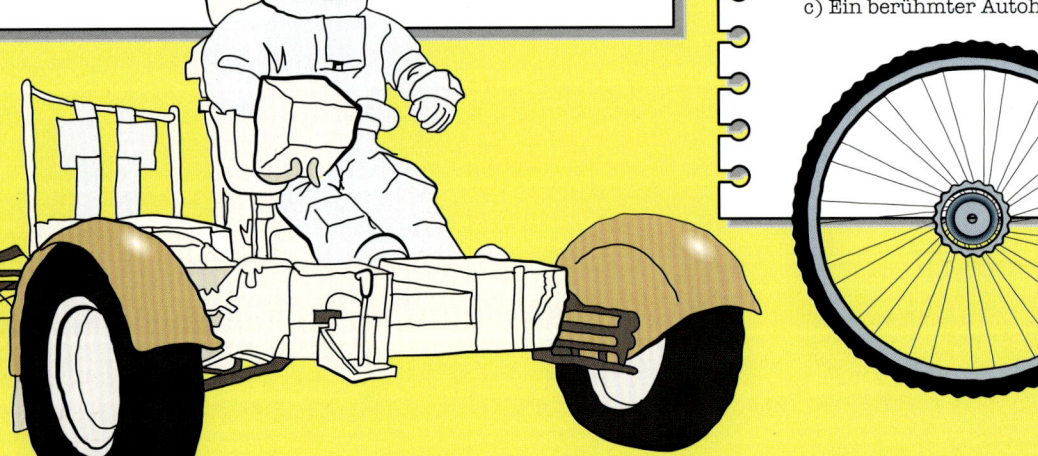

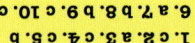

1. c, 2. a, 3. c, 4. c, 5. b · 6. a, 7. b, 8. b, 9. c, 10. c

FERTIG!

215 BASTELE EIN TANGRAM

Ein Tangram ist ein Musterbild aus 7 Teilen. Unterschiedliche Tangrams auf einer ebenen Fläche zu legen sind ein guter Zeitvertreib. Hier die Anleitung für die Teile für deine nächste Reise.

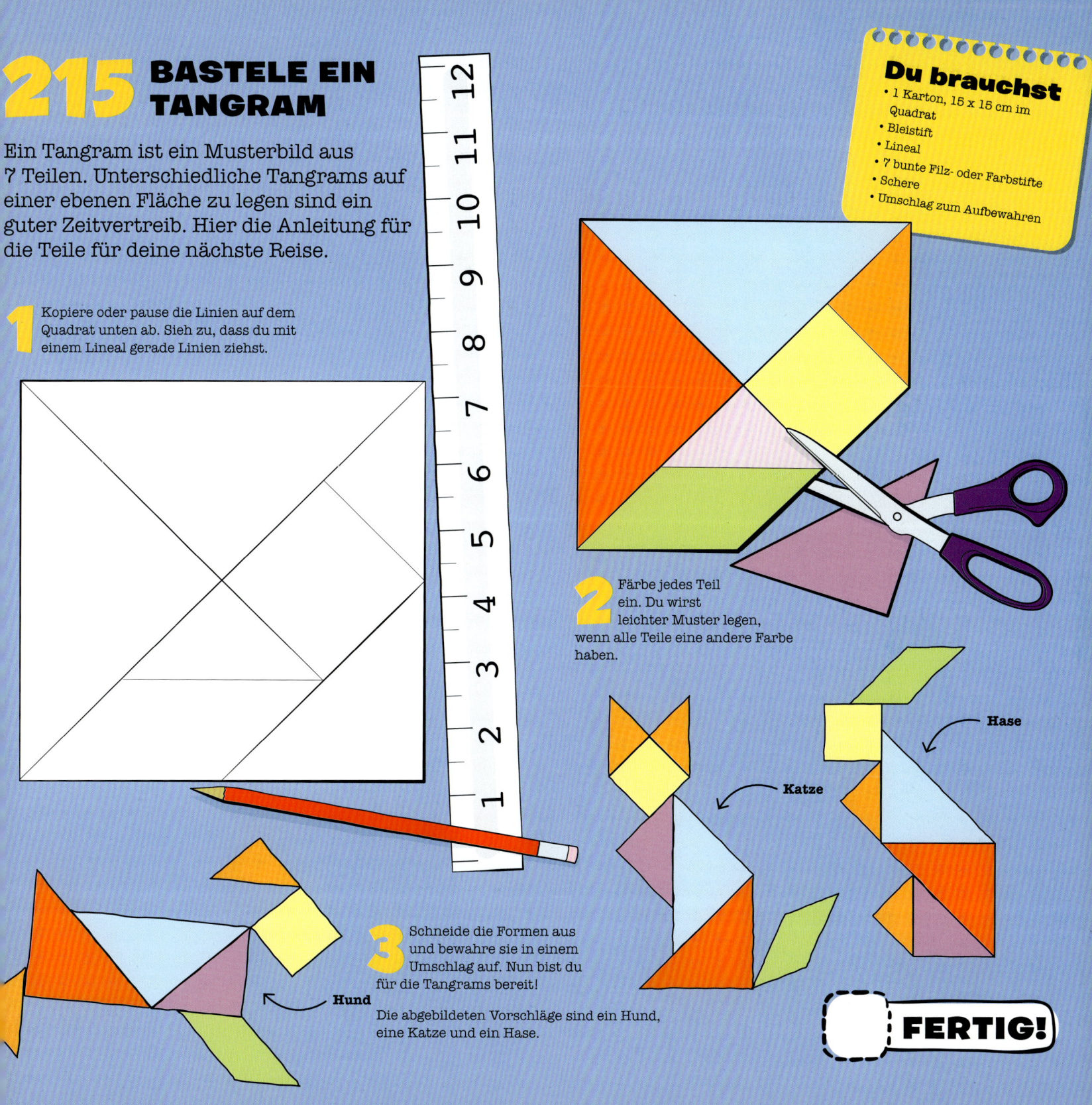

1 Kopiere oder pause die Linien auf dem Quadrat unten ab. Sieh zu, dass du mit einem Lineal gerade Linien ziehst.

Du brauchst
- 1 Karton, 15 x 15 cm im Quadrat
- Bleistift
- Lineal
- 7 bunte Filz- oder Farbstifte
- Schere
- Umschlag zum Aufbewahren

2 Färbe jedes Teil ein. Du wirst leichter Muster legen, wenn alle Teile eine andere Farbe haben.

3 Schneide die Formen aus und bewahre sie in einem Umschlag auf. Nun bist du für die Tangrams bereit!

Die abgebildeten Vorschläge sind ein Hund, eine Katze und ein Hase.

Hund

Katze

Hase

FERTIG!

216 BUCHSTABIER-WETTBEWERB

Veranstalte den Wettbewerb mit Worten aus einer Zeitschrift oder aus diesem Buch.

1 Wenn du an der Reihe bist, wähle ein Wort. Bitte alle Mitspieler, es aufzuschreiben. Dann buchstabiere die korrekte Schreibweise. Wer hat es richtig geschrieben?

2 Jeder Spieler, der das Wort falsch geschrieben hat, verliert einen Punkt (jeder beginnt mit 5 Punkten).

Warum nicht?

Wenn die Mitspieler unterschiedlichen Alters sind, bitte einen Erwachsenen, für jeden ein Wort auszusuchen, das zu seinem Alter passt.

3 Jeder Spieler ist einmal an der Reihe, ein Wort auszusuchen und die anderen zu testen. Ihr könnt aber auch einen Erwachsenen, der nicht mitspielt, darum bitten.

FERTIG!

217 MENSCHLICHER LÜGENDETEKTOR

Folge diesen Top-Tipps, um Unwahrheiten aufzudecken!

CHECKLISTE FÜR KÖRPERSPRACHE

Lies die Körpersprache! Diese klassischen Zeichen verraten einen Lügner.

- ✓ **Gesicht berühren**
- ✓ **Nacken reiben**
- ✓ **Mit den Haaren spielen**
- ✓ **Öfter zwinkern als üblich**
- ✓ **Hände ringen**
- ✓ **Nicht direkt in die Augen sehen**

Andere bedeutsame Zeichen

Achte auf den Ton der Stimme! Sehen sie fröhlich aus, wenn sie über etwas Trauriges sprechen? Nicken sie, wenn sie nein sagen?

Sind sie zu ruhig? Wenn ein Lügner schlau ist, wird er versuchen, ruhig zu bleiben, um nicht zappelig auszusehen. Wenn du bemerkst, dass sich jemand gar nicht bewegt oder mit eintöniger Stimme spricht, kann das nichts Gutes heißen!

FERTIG!

218 ERFINDE EINEN SPIONAGE-CODE

Um die Langeweile an einem Regentag oder auf der Reise zu vertreiben, erfinde einen eigenen Geheimcode und sende Nachrichten an Spion-Kollegen.

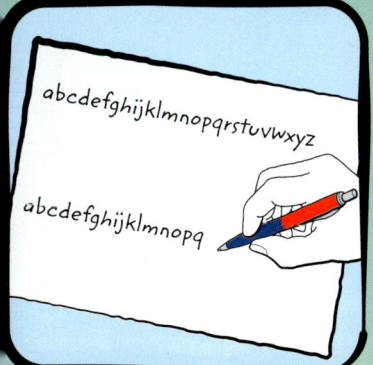

1 Schreibe die Buchstaben des Alphabets zwei Mal auf ein Papier.

2 Schreibe ein Symbol oder einen anderen Buchstaben darunter.

3 Mache das zwei Mal mit denselben Symbolen und Buchstaben unter beiden Alphabeten. Das ist euer Code.

4 Falte nun das Papier und reiße es vorsichtig zwischen den beiden Alphabeten durch, so hat jeder von euch eine Kopie des Codes. Haltet ihn geheim!

5 Schreibe eine Nachricht mit dem Geheimcode, indem du die normalen Buchstaben durch die Symbole und Buchstaben des Codes ersetzt.

6 Dein Freund muss die Nachricht decodieren, indem er die passenden Buchstaben im ursprünglichen Alphabet sucht.

Vorschläge für den Code

Hier sind einige Symbole, die du für euren Code verwenden könntet.

^	•	Ω
@	¦	≈
#	¢	≤
*	∞	≥
<	Ø	«
>	∏	»
+	∂	≠
/	◇	—
‡	△	%

FERTIG!

219 SEI ALLWISSEND

Beeindrucke deine Freunde durch dein erstaunliches Wissen! Hier ein paar coole Fakten.

Nur 20% der Wüsten auf der Erde sind mit Sand bedeckt, alle anderen mit **Schnee**.

Wie bei Fingerabdrücken ist auch der Abdruck der **Zunge** bei jedem anders.

Die **Spannweite der Arme** entspricht genau deiner Größe. Echt!

Frösche schließen die Augen auch beim **Schlafen** nicht.

Es müssten 1,2 Millionen Stechmücken alle auf einmal einen Menschen stechen, um ihm das **gesamte Blut** aus dem Körper zu **saugen**.

Der meiste Staub in der Wohnung besteht eigentlich aus **toten Hautzellen**.

Katzen schlafen etwa **16 bis 18 Stunden** pro Tag.

Warum nicht?
Schreibe alle neu erlernten Fakten in ein Tagebuch! Lasse dich von Projekt Nr. 77 inspirieren!

FERTIG!

220 DEUTE DEINE TRÄUME

Wissenschaftler verstehen immer noch nicht genau warum wir träumen, doch unsere Träume können ganz besondere Bedeutungen haben.

Freier Fall
Du bist besorgt. Vielleicht wegen des großen Tests, der dir bevorsteht?

Verfolgt werden
Jemand macht dir Angst.

Unsichtbarkeit
Du brauchst Liebe und Aufmerksamkeit.

Fliegen
Du bist glücklich und fühlst dich frei. Das Leben ist schön!

Zähne
Du glücklicher! Du wirst vielleicht eines Tages einmal reich.

Monster
Etwas macht dir Angst.

Warum nicht?
Halte ein Traumtagebuch neben deinem Bett bereit! Notiere alle Details deines Traumes und analysiere sie am Morgen.

FERTIG!

221 LEGE DIR EIN PSEUDONYM ZU

Manchmal schreiben berühmte Autoren unter anderem Namen, das nennt man „Pseudonym". Einen Namen zu erfinden macht Spaß. Probier's aus!

1 Wenn du dein Pseudonym auswählst, kannst du verschiedene Namen aus Lieblingsbüchern oder Filmen kombinieren.

MIKE FOSTER
MKIEFSOTER
TOM FERSKIE

2 Oder du könntest einen Namen nehmen, der ein Anagramm deines eigenen ist. So wie hier.

3 Vielleicht fügst du noch einen gut klingenden Titel an wie Sir oder Königin? Theodor Seuss Geisel nahm ein Pseudonym an, um seine Mutter glücklich zu machen. Sie hoffte, dass er Arzt werden würde, deshalb nannte er sich selbst Dr. Seuss.

Warum nicht?
Wähle unterschiedliche Namen für das Schreiben von Schauergeschichten, Witzen oder Dramen!

4 Versuche auch in einem anderen Stil mit dem Pseudonym zu unterschreiben. Vielleicht mit Wirbeln und Zick-Zacks?

FERTIG!

222 LASSE MYTHEN PLATZEN

Nimm Gerüchte aus dem Umlauf! Vergiss den Aberglauben! Es ist Zeit, einige populäre Mythen platzen zu lassen.

Berühre eine Kröte und du wirst WARZEN bekommen.

Lasse die arme Kröte in Ruhe. Nur weil ihre Haut mit Warzen bedeckt ist, heißt das nicht, dass du auch welche bekommst, wenn du sie berührst. Ihre Warzen dienen eigentlich zur Tarnung.

Blitze schlagen NIEMALS zwei Mal ein.

Obwohl es unwahrscheinlich scheint, kann der Blitz mehr als einmal an derselben Stelle einschlagen. Ins Empire State Building in New York City schlägt der Blitz jedes Jahr mehr als 100 Mal ein!

Wenn du einen Kaugummi schluckst, brauchst du SIEBEN JAHRE, um ihn zu verdauen.

Nahrung, die wir kauen und schlucken, wird im Verdauungssystem durch Enzyme zerlegt. Doch mit Kaugummi gibt es ein Problem: die Grundzutaten sollen sich beim Kauen nicht auflösen. Wenn man ihn schluckt, braucht er etwas länger, um verdaut zu werden ... aber keine sieben Jahre!

Stiere werden verrückt, wenn sie die Farbe ROT sehen.

Stierkämpfer wedeln mit einem roten Tuch, um die Aufmerksamkeit des Stiers zu erregen. Ob du es glaubst oder nicht, es kommt dem Stier nicht auf die Farbe an. Tatsächlich sind sie farbenblind, sie sehen also die Farbe Rot nicht so wie du und ich.

FERTIG!

6
SCHMUTZIG

Die Projekte in dem Kapitel könnten Schmutz verursachen. Ekelig, klebrig, aber nicht allzu kompliziert. Ob du Wachskreiden schmilzt oder einen Blumengarten gestaltest, du machst aus etwas Ekeligem etwas Wunderbares. Hab keine Angst, dir die Hände schmutzig zu machen!

223 ZÜCHTE EIGENE PIZZASAUCE

Okay, du musst den Pizzateig und den Käse extra besorgen, doch die übrigen Zutaten für eine köstliche Pizza kannst du in fünf bis sechs Wochen wachsen lassen.

1 Stelle den Topf an einen sonnigen Platz und fülle ihn bis 3 cm unter dem Rand mit Komposterde. Achte darauf, dass die Pflanzen gut gewässert sind, bevor du sie in die Erde setzt.

2 Pflanze zuerst die Tomate. Grabe ein Loch in der Mitte des Topfes, etwas tiefer als das Gefäß, in dem die Tomate war. Pflanze sie vorsichtig ein und drücke die Erde rund um die Wurzeln fest.

3 Teile den Topf mit den Stöckchen oder Kiesel in sechs „Abteile". Grabe in jedem „Abteil" ein Loch für eine andere Pflanze. Die Löcher sollten dabei, im Gegensatz zur Tomate, gleich tief wie das Gefäß sein.

4 Wenn die Pflanze für lange Zeit in einem kleinen Gefäß war, sind die Wurzeln wahrscheinlich dicht gepackt. Du kannst sie vorsichtig mit den Fingerspitzen lockern. Aber ganz sanft!

5 Pflanze das Gemüse und die Kräuter. Achte darauf, die Erde um die Wurzeln festzudrücken. Das Ende der Stängel sollte auf demselben Niveau sein wie die Erde. Setze Etiketten neben die Pflanzen, damit du dich erinnerst, wo du welche Pflanze eingesetzt hast.

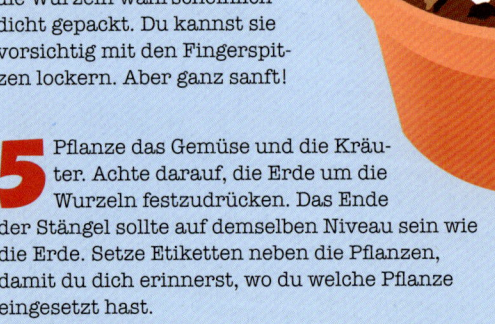

Du brauchst
- 1 großen Topf (am besten 30 cm tief mit Drainage-Löchern)
- Komposterde
- Pflanzen: Tomaten, Zwiebel, Zwergpaprika, Basilikum, Schnittlauch, Thymian, Oregano
- 1 Gießkanne
- 1 kleine Schaufel
- Kiesel oder Stöckchen
- 3 Stützen oder Bambusstangen
- Gartendraht

6 Drücke die Pflanzenstützen in regelmäßigen Abständen nahe des Randes in den Topf. Binde sie an der Spitze mit Gartendraht wie zu einem Tipi zusammen. Achte darauf, die Pflanzen nicht zu stören. Binde die Tomatenpflanze vorsichtig an die Stäbe, aber nicht zu fest! Du solltest sie so anbinden, dass sie nach oben wachsen kann und nicht durch das Gewicht der Früchte nach vorne kippt.

7 Bewässere deinen Pizza-Garten gut und beobachte, wie die Pflanzen wachsen. Du kannst ernten, wenn alles reif und bereit für eine köstliche Pizza-Sauce ist.

FERTIG!

224 BAUE EINEN WEIDENTUNNEL

Baue einen Weidentunnel als schattiges Plätzchen! Wenn du den Dreh heraus hast, kannst du dich auch an eine Kuppel wagen. Oder baue einen ganzen Weidenkomplex aus Tunneln und Kuppeln.

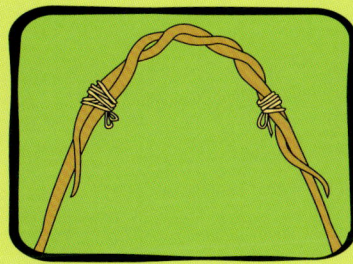

1 Überlege dir, wo du bauen willst. Vergewissere dich, dass du die Erlaubnis hast, das Land zu nutzen. Nun mache dich an die Vorbereitungen! Grabe mit einem Spaten zwei 30 cm breite Gräben, die 1 m voneinander parallel verlaufen.

2 Setze die aufrecht stehenden Zweige im Abstand von etwa 30 cm voneinander ein. Du brauchst 13 Weidenzweige für jeden Graben. Drücke sie etwa 30 cm tief in die Erde. Sollte der Boden hart sein, bitte einen Erwachsenen, dir dabei zu helfen.

3 Biege die jeweils gegenüberliegenden Weidenzweige zur Mitte zu einem Bogen, verdrehe sie ineinander und binde sie mit einer Schnur fest. Das sind die Hauptbögen.

4 Füge nun die horizontalen Zweige ein. Beginne an einem Ende, etwa 15 cm vom Boden und webe sorgfältig einen Zweig durch, immer einmal hinter, einmal vor den aufrechten Zweigen. Verfahre mit den restlichen Zweigen gleich und webe sie an beiden Seiten des Tunnels im gleichen Abstand ein. Sichere alle Zweige mit Gartendraht.

Du brauchst

Für einen 3,5 m langen Tunnel
- 26 starke Weidenzweige für die vertikalen und 12 weitere für die horizontalen Einsätze (erhältlich im Garten-Center)
- 1 Spaten
- 1 Maßband
- Gartendraht

6 Du kannst den Tunnel entweder struppig und wild lassen oder einen Erwachsenen bitten, dir beim Stutzen und im Winter beim Zurückschneiden mit der Gartenschere zu helfen. Benutze auf keinen Fall eine Gartenschere allein.

5 Wässere den Tunnel ordentlich ein und halte ihn feucht. Im Frühling sollten die ersten Knospen erscheinen.

FERTIG!

225 SCHMELZE DEINE WACHSKREIDEN

Diese Art von Kunst ist ein hervorragender Weg, alte Wachskreiden aufzubrauchen. Es kann schmutzig werden, decke deshalb alles ab. In einer Schachtel zu arbeiten hilft, die Dinge sauber zu halten.

Du brauchst
- Viel Zeitungspapier und alte Kleider oder eine Schürze
- Kleber
- Saubere Leinwand oder dicken weißen Karton
- Alte Farbstifte
- 1 große Schachtel aus Karton (optional)
- 1 Föhn
- Farben
- Papierblumen (optional)
- Dünnen Karton (für den Blumentopf)

Sicherheit zuerst!
Das Wachs wird ziemlich heiß, deshalb bitte einen Erwachsenen, dir beim Schmelzen der Wachskreiden zu helfen.

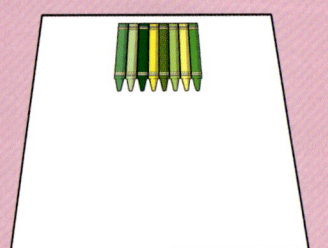

1 Lege Zeitungspapier auf und binde die Schürze um. Ziehe mit Kleber entlang der oberen Kante der Leinwand (oder des Kartons) in der Mitte eine Linie und lege die Wachskreiden darauf. Verwende für das Blumenbild Grün und Gelb.

2 Lehne die Leinwand gegen die Innenwand der Schachtel und erhitze die Wachskreiden mit dem Föhn. Beginne auf der niederen Stufe und stelle, wenn nötig, höher.

3 Arbeite jeweils an einer Stelle und konzentriere die Hitze auf den unteren Teil der Wachskreiden. Bewege den Föhn weiter, wenn sie zu schmelzen beginnen.

Top-Tipp
Entferne das Schutzpapier von den Kreiden, dann schmelzen sie schneller.

4 Wenn dir das Resultat gefällt, lege die Leinwand flach und lasse das Wachs fest werden. Berühre es nicht, es ist immer noch heiß!

5 Drehe das Bild um und male Blumen oder klebe Papierblumen an die Spitze der Stängel.

6 Schneide den Karton in der Form eines Blumentopfs zu – mit Klappen an jeder Seite. Male ihn an und klebe die Klappen an das Bild, sodass der Topf die Wachskreiden verdeckt.

FERTIG!

226 LOCKE SCHMETTERLINGE AN

Locke Schmetterlinge mit einer Futterstelle in den Garten oder auf den Balkon! Sie ist leicht zu machen und funktioniert traumhaft.

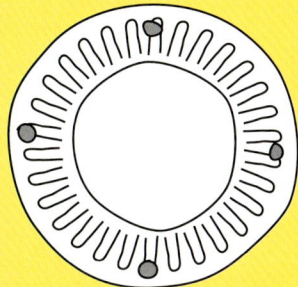

1 Stanze vier Löcher in den Rand des Papptellers. Sie sollten in gleichem Abstand sein, wie die Position von 3, 6, 9 und 12 auf einem Ziffernblatt.

2 Schneide vier gleich lange Stücke von der Schnur, verknote die Enden doppelt und fädle sie jeweils durch ein Loch, mit den Knoten unter dem Teller. Binde die Schnüre oben zusammen.

Top-Tipp
Pflanze auch Blumen, um Schmetterlinge anzuziehen! Sonnenblumen eignen sich gut, denn Schmetterlinge lieben sie.

Du brauchst
- Pappteller
- Schere
- Schnur
- Überreifes (matschiges) Obst

3 Hacke etwas überreifes Obst klein und lege es auf den Teller. Schmetterlinge haben matschige Bananen besonders gern. (Wenn du Bananen in den Kühlschrank legst, werden sie schwarz und schneller weich.) Hänge nun die Futterstelle auf und warte auf die Besucher!

FERTIG!

227 BAUE EINEN DINO-PARK

Farne gab es schon, als Dinosaurier auf der Erde herumstreiften. Es ergibt also durchaus Sinn, sie für den eigenen Jurassic Park zu verwenden. Lasse deiner Fantasie und den Dinos freien Lauf …

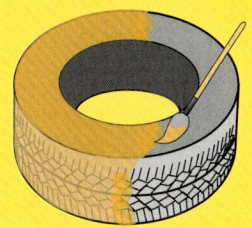

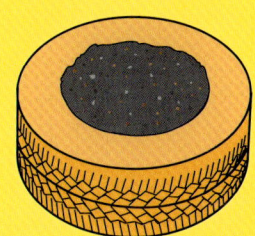

1 Wasche den Autoreifen, doch vor dem Bemalen muss er trocken sein. Damit die Farbe deckt, sind vermutlich mehrere Schichten nötig, die jeweils trocknen müssen, am besten über Nacht.

2 Stelle den Reifen an einen schattigen Ort – dort wachsen Farne gut. Lege den Boden mit Müllbeuteln aus, in die du Drainage-Löcher bohrst. Fülle den Reifen mit Komposterde.

Du brauchst
- Spielzeug-Dinosaurier
- 1 alten Autoreifen (frage in einer Werkstatt nach)
- Farbe für Außenanstrich
- Schwarze Müllbeutel
- Komposterde
- Prähistorisch aussehende Pflanzen wie Farne
- Moos oder Gartenkies
- Steine und Kiesel

3 Pflanze die Farne und wässere sie. Füge Steine und Kiesel hinzu. Vielleicht magst du auch Vulkane und einen See aus blauem Kies bauen? Bedecke die restliche Erde mit Moos und Kies.

4 Nun musst du nur mehr die Dinosaurier aufstellen!

FERTIG!

228 KARTOFFELN ZÜCHTEN

Kartoffelpüree, Ofenkartoffel, Chips? Mmmh! Schnapp dir ein paar Kartoffeln und fange an, zu züchten! Wenn möglich, lasse sie „vortreiben" – lege sie mit den „Augen" nach oben vier bis sechs Wochen in einen Eierkarton und warte, bis sie austreiben.

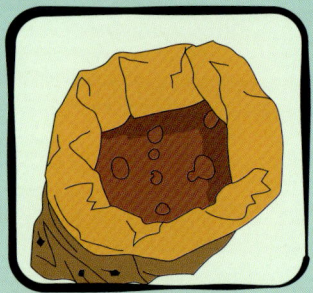

1 Nimm einen alten Kompostsack und fülle ihn zu einem Viertel mit Komposterde. Rolle die Seiten nach unten und bohre mit einem Messer vorsichtig Drainage-Löcher. Sie sollten so klein sein, dass der Sack nicht aufreißt.

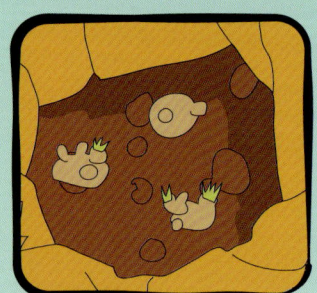

2 Lege die Kartoffeln auf die Erde, mit den „Augen" (Keimstellen) nach oben. Bedecke sie mit gerade so viel Erde, dass sie im Dunkeln sind. Bewässere sie gut und stelle sie an einen warmen, sonnigen Ort ohne Frostgefahr.

3 Wenn sich grüne Blätter zeigen, decke sie mit mehr Erde zu – rolle dafür den Sack ein wenig hoch. Das wirst du alle drei, vier Wochen tun müssen.

4 Nach 90 bis 100 Tagen wird die Kartoffelpflanze zu blühen beginnen und du kannst ernten. Du musst nur den Sack auf die Seite kippen (im Freien!) und die Kartoffeln herausschütteln.

Sicherheit zuerst!
Bitte einen Erwachsenen, dir beim Ausschneiden der Löcher in der Tasche zu helfen.

FERTIG!

229 EINE STOCK-FAMILIE

Wenn du das nächste Mal im Park oder im Wald bist, bastele doch eine Stock-Familie! Mit Wackelaugen und anderen Kleinigkeiten wirken sie echt lebendig.

1 Suche die besten Stöcke aus und überlege, welche du für die Körper verwenden willst. Gibt es einen niedlichen kleinen für ein „Baby"? Befestige Schnur oder Pfeifenreiniger kleinerer Zweige als Arme und Beine.

Du brauchst
- Stöcke (auf dem Boden gefunden)
- Faden oder Pfeifenreiniger
- Wackelaugen
- Kleber
- Marker
- Stoffreste
- Schere

2 Klebe Wackelaugen auf. Knubbelige Teile könnten Lippen oder ein offener Mund sein. Du kannst aber auch Gesichtszüge mit Markern aufmalen.

3 Wickle Stoffreste als Kleider um die Stöcke und binde ein Band zu einer Schleife unter dem „Kinn".

FERTIG!

230 WIRF EINE SAMENKUGEL

„Werfen und wachsen" ist das Mantra der Samen-kugler. Du kannst buchstäblich Blumen in einen Garten werfen, der Leben und Farbe braucht.

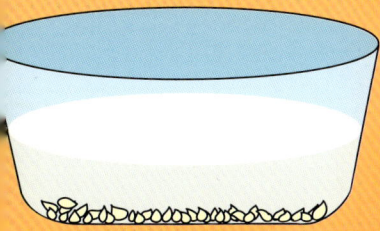

1 Wähle Samen aus, die nicht allzu viel Wasser oder Aufmerk-samkeit brauchen. Wenn du sie mischt, achte darauf, dass sie zusam-menpassen, wenn sie aufblühen. Weiche die Samen über Nacht ein und gieße das Wasser am Morgen ab.

2 Am besten ist es, die Zutaten im Freien zu mischen, denn es kann ziemlich schmutzig werden. Du brauchst 5 Teile Tonerde, 1 Teil Kompost und 1 Teil Samen. Das kann so viel sein, wie du willst, nur das Verhältnis 5:1:1 muss stimmen. Mische zuerst Samen und Kompost in der Schüssel mit einem Löffel.

3 Mische die Tonerde darunter. Füge tropfenweise Wasser hinzu und rühre, bis alles verbunden ist. Die Mischung sollte feucht, aber nicht nass sein.

4 Knete die Mischung mit den Händen. Nimm jeweils eine Handvoll und forme daraus Kugeln, etwa in der Größe eines Golfballs.

Wichtig!

Achte darauf, keine Samen-kugel auf das Grundstück eines Nachbarn zu werfen, wenn du keine Erlaubnis dazu hast! Doch wenn du der Meinung bist, dass der Nachbar, die Schule oder das Geschäft im Ort ein Stück Grund besitzt, das etwas Belebung braucht, erkundige dich, wer dafür verantwortlich ist und frage, ob sie Kugel-werfen spielen wollen ... Samen-kugeln, natürlich!

Du brauchst

- Samen (leicht zu züchten, oder heimische Varianten)
- Tonerde (erhältlich in Bastelgeschäften)
- Kompost- oder Pflanzenerde
- Schüssel oder Eimer zum Mischen
- Löffel
- Wasser

5 Lasse die Samenkugeln ein oder zwei Tage trocknen. Dann gehe zum gewählten Ort und ... WIRF! Wenn sie auf Asphalt oder Beton landen, mache dir keinen Kopf – die Samen haben alles, was sie zum Wachsen brau-chen. Um das Gießen musst du dich auch nicht kümmern – die Natur wird dafür sorgen.

6 Kehre nach ein paar Wochen wie-der, um deinen Instant-Garten zu bewundern. Komme immer wieder, um ihn auch in voller Blüte zu sehen!

FERTIG!

231 KÜNSTLICHER TEICH

Du brauchst nicht viel Platz für einen einfachen Teich im Freien. Du musst nicht einmal ein Loch graben. Lege ihn an und warte auf den Besuch der Tiere.

Du brauchst
- 1 wasserdichten Behälter, z. B. einen alten Waschtrog oder eine Babybadewanne
- Gewaschenen Sand
- Gewaschene Kieselsteine
- Terracotta-Blumentöpfe
- Große und kleine gewaschene Steine
- Wasserpflanzen (erhältlich im Garten-Center – erkundige dich nach den geeignetsten, um dem Teich Sauerstoff zuzuführen)
- Regenwasser

1 Suche eine Behälter. Du kannst alles verwenden – von einem alten Eimer über einen alten Waschtrog bis zu einer Babybadewanne oder Lagerkiste – es muss nur wasserdicht sein. Und es sollte nicht zu tief sein, sodass die Tierchen leicht herankommen. Wasche den Behälter gründlich aus.

2 Gieße gewaschenen Sand in den Behälter, bis der Boden ganz bedeckt ist. Streue Kieselsteine darüber – so können sich Insekten vergraben und verstecken.

3 Stelle die Blumentöpfe verkehrt herum auf und setze kleinere und größere Steine hinein. Das bietet Schutz für die Tierchen.

4 Setze einige Wasserpflanzen ein. Frage im Garten-Center nach Pflanzen, die den Teich mit Sauerstoff versorgen können.

5 Stelle den Behälter an einen schattigen Platz, sodass er in der Sonne nicht überhitzt. Häufe Steine am Rand auf, damit Frösche und andere Lebewesen leichter hinausklettern können. Stelle auch andere Pflanzen daneben auf.

6 Fülle den Behälter mit Regenwasser. Verwende kein Leitungswasser – es enthält chemische Stoffe, die dem Leben im Teich vielleicht schaden. Dann warte auf die Besucher!

FERTIG!

232 VÖGEL FÜTTERN

Wenn es im Winter schwierig ist, Futter zu finden, hilft diese Futterstelle mit Schmalz, die Vögel zu füttern. Wenn möglich, hänge sie so auf, dass du sie vom Zimmer aus beobachten kannst.

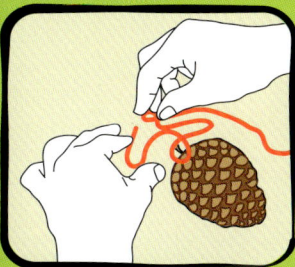

1 Schneide etwas Schnur ab und binde sie fest an die Spitze des Tannenzapfen.

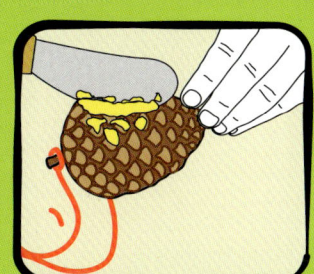

2 Gib Vogelsamen und Extras wie Sonnenblumenkerne, Mais oder Nüsse in eine Schüssel. Streiche Schmalz über den ganzen Zapfen.

3 Rolle den klebrigen Zapfen so lange in der Samenmischung, bis er ganz mit Körnern bedeckt ist.

4 Bitte einen Erwachsenen, dir beim Aufhängen an einen Baum zu helfen. Achte darauf, dass Tiere, die gern Vögel fressen, nicht hinkommen. Versuche Besucher zu identifizieren, indem du in einem Vogelbuch oder im Internet nachsiehst.

Du brauchst
- Schnur
- Tannenzapfen
- Vogelsamen
- Schmalz
- Schere
- Buttermesser
- Faden oder Pfeifenreiniger

233 BAUE TROPFBURGEN

Du musst nicht an den Strand gehen, um diese wilden, magischen Türme zu bauen – eine Sandkiste eignet sich genauso gut!

1 Bereite eine solide Basis vor. Wenn du am Strand bist, häufe nassen Sand auf und flache ihn ab. Zu Hause könntest du auf der Veranda arbeiten.

2 Fülle den Eimer bis zur Hälfte mit Sand und den Rest mit Wasser. Rühre das Ganze zu einer zähflüssigen Masse.

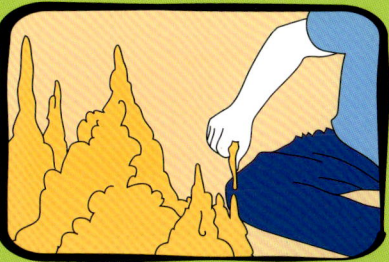

Du brauchst
- Sandstrand oder ein Tablett mit Sand im Freien zu Hause
- 1 Eimer

3 Nimm eine Handvoll der Sandmischung. Halte deine mit Sand gefüllte Hand mit dem Daumen nach unten. Dann lasse ein wenig der zähen Masse durch die Finger rinnen. Mit der Zeit wird aus dem tropfenden Sand ein Figur wie ein Stalagmit.

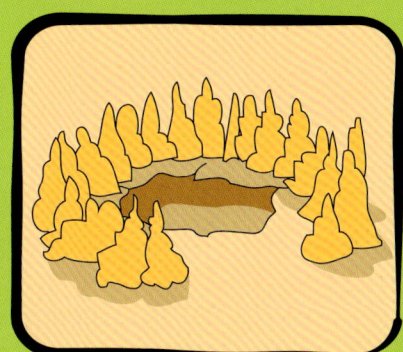

4 Tropfe weiter, indem du die Hand immer weiter nach oben hebst, während der Turm wächst. Stelle mehrere in Gruppen oder übereinander, so machst du riesengroße Türme. Oder stelle sie im Kreis als Bergkette auf und baue eine Burg.

FERTIG!

234 PFADE MIT STÖCKEN AUSLEGEN

Bist du ein guter Pionier? Laufe in den Wald oder Park und lege eine Spur für deine Freunde, sodass sie dir folgen und dich finden. Eine große Gruppe könntet ihr in Pioniere und Fährtensucher aufteilen. Die einen geben den Weg vor, die anderen suchen ihn.

Du brauchst
- Stöcke, Steine und andere natürliche Materialien)
- 1 Eimer
- Einige Freunde

1 Sammele Stöcke, Steine, Tannenzapfen, Federn, Blätter und andere natürliche Materialien in deinem Eimer. Brich nichts von den Bäumen herunter – es liegt genug auf dem Boden.

2 Überlege, wo der Pfad beginnen und enden soll, und lege entlang des Weges Zeichen auf. Du kannst deine eigenen Symbole machen oder einige der Beispiele rechts verwenden.

3 Nun ist es an der Zeit, dass deine Freunde dir auf die Spur kommen. Zeige ihnen einige Stöcke, um zu sehen, wonach sie suchen, und erkläre, was die Symbole bedeuten. Bitte sie, bis 100 zu zählen, während du ans andere Ende des Pfades läufst und dich versteckst. Können sie deinen Spuren folgen?

Nach rechts

Geradeaus

3 Schritte nach rechts

Falscher Weg

Über das Hindernis

Nach links

Folgt dem Flusslauf

FERTIG!

235 KÜRBIS SCHNITZEN

Es ist Tradition, an Halloween eine Kürbislaterne auf der Veranda stehen zu haben. Wie furchterregend sieht deine aus?

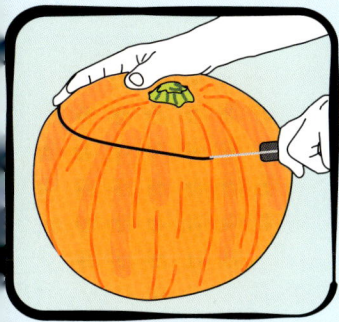 

1 Bitte einen Erwachsenen, den Deckel des Kürbisses mit einem scharfen, gezackten Messer abzuschneiden. Lege ihn beiseite.

2 Kratze mit einem Löffel Samen und Fruchtfleisch aus dem Kürbis. (Wenn du die Samen wäschst und trocknest, kannst du daraus später Kunst oder Schmuck fertigen.)

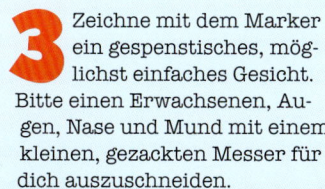

3 Zeichne mit dem Marker ein gespenstisches, möglichst einfaches Gesicht. Bitte einen Erwachsenen, Augen, Nase und Mund mit einem kleinen, gezackten Messer für dich auszuschneiden.

4 Setze ein Teelicht auf den Boden des Kürbis und zünde es an, sobald es dunkel wird. Setz den Deckele wieder darauf, stelle ihn auf die Türschwelle und verjage all das Böse!

FERTIG!

236 SCHLAMM-GESICHTER

Nach einem Regen gibt es überall Schlamm. Das ist der ideale Zeitpunkt, um diese Gesichter zu machen. Die Schöne oder das Biest? Freund oder Feind?

1 Schaufle Schlamm – je klebriger, desto besser – in einen Eimer. Wenn nötig, füge noch etwas Wasser hinzu.

2 Forme mit den Händen eine Schlammkugel und wirf sie gegen einen Baumstamm – so entsteht ein Gesicht.

3 Gestalte die Gesichtszüge mit natürlichen Materialien: Augen, Nase, Mund, Zähne, Haare oder Hörner. Moos und Farne eignen sich perfekt für zottelige Haare und Tannenzapfen ergeben coole Nasen, Hörner, Fangzähne und Augen.

4 Gib dem Biest, Kobold, Monster oder der Göttin einen Namen und lasse sie zurück. Wenn du wiederkommst, ist vielleicht schon ein zweites Gesicht da.

 **FERTIG!**

237 HÄNGENDE GÄRTEN

Du brauchst keinen großen Garten, um Gemüse oder Blumen zu züchten. Eigentlich brauchst du nur eine Gitterwand oder einen Gitterzaun und jede Menge große Plastikflaschen.

Du brauchst
- Große Plastikflaschen mit Drehverschluss (am besten 2-l-Limonadeflaschen)
- Schere
- Einen Erwachsenen mit Bohrer und scharfem Messer
- Komposterde
- 1 Handvoll sauberen Sand
- Samen, Setzlinge oder kleine Pflanzen
- Gitterwand oder -zaun oder ein freistehendes Gitter
- Gartendraht
- Gießkanne

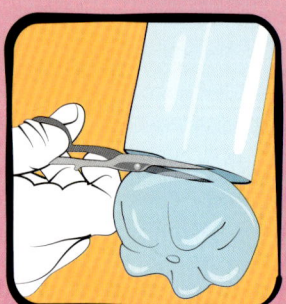

1 Reinige die Flaschen und entferne alle Etiketten. Bitte einen Erwachsenen, dir zu helfen, die Böden der Flaschen mit einer scharfen Schere abzuschneiden.

2 Lasse den Deckel auf der ersten Flasche drauf. Bitte einen Erwachsenen, dir zu helfen, ein kleines Drainage-Loch auf jeder Seite des Flaschenhalses zu bohren.

3 Fülle die Flasche mit Komposterde, lasse dabei oben einen Rand von 2,5 cm frei. Stelle die Flasche mit dem Deckel nach unten in der Nähe der Wand oder des Zauns als Grundstein deines Turmes auf.

4 Nimm den Deckel von der zweiten Flasche und fülle sie mit Komposterde. Stelle sie auf die erste Flasche und binde die beiden Flaschen mit Gartendraht zur Absicherung an das Gitter.

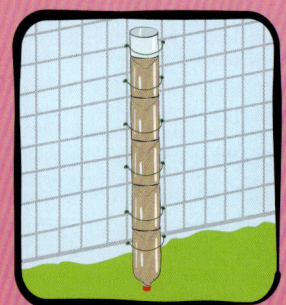

5 Setze auf dieselbe Weise eine dritte, vierte oder sogar fünfte Flasche auf den Turm. Die sechste Flasche ist der Trichter. Er sollte weder Erde noch Deckel haben. Schneide ihn etwas kleiner als die anderen und stecke ihn auf die oberste Flasche.

6 Flasche Nr. 7 braucht einen Deckel. Bitte einen Erwachsenen, ein kleines Loch in den Deckel zu bohren. Gib ein wenig Sand hinein und filtere so das Wasser. Das ist die Bewässerungsflasche, die das Wasser durch alle anderen Flaschen tropfen lässt.

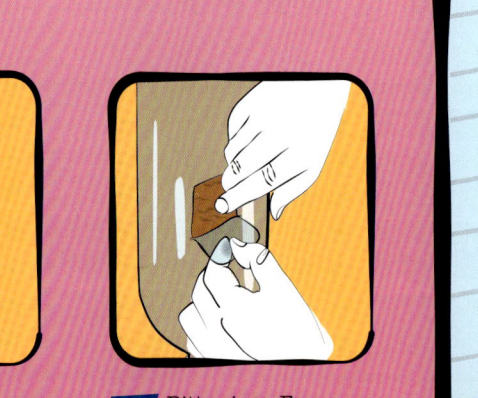

7 Bitte einen Erwachsenen, in jede Flasche ein Fenster zu schneiden, indem er mit einem scharfen Messer drei Schnitte macht. Ziehe das Plastik-Rechteck nach unten. Drücke ein Loch in die Erde und pflanze einen Samen, einen Setzling oder eine kleine Pflanze ein.

8 Halte die Bewässerungsflasche immer voll Wasser und beobachte, wie der Garten wächst!

FERTIG!

238 ERDBEEREN ZÜCHTEN

Anstatt die Einkaufstasche zum Geschäft zu tragen, um Erdbeeren zu kaufen, fülle sie mit Komposterde und lasse die Beeren wachsen! Wenn sie reif sind, schmecken sie köstlich mit Schlagsahne.

Du brauchst
- 1 robuste Einkaufstasche
- Schere
- 1 Sack Komposterde
- 8 Erdbeerpflanzen
- Zerbrochene Eierschalen
- Vaseline

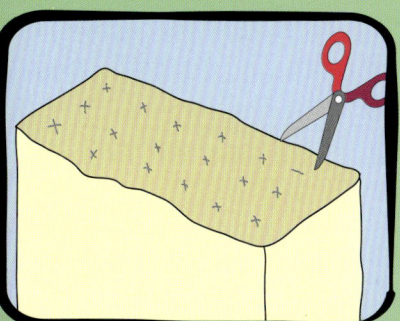

1 Bitte einen Erwachsenen, mit einer scharfen Schere Drainage-Löcher in den Boden der Einkaufstasche zu schneiden. Am einfachsten ist es, ein kleines Loch kreuzweise weiter einzuschneiden.

2 Schneide je einen ca. 5 cm langen, horizontalen Schlitz in die Vorder- und Rückseite der Tasche, danach je einen Schlitz in der Mitte der Seitenteile.

3 Stelle die Tasche an einen sonnigen, geschützten Platz. Dieser muss mindestens 30 cm über dem Boden sein, deshalb solltest du sie vielleicht auf einen Schemel oder kleinen Tisch stellen. So können die Pflanzen nach unten hängen, ohne den Boden zu berühren.

4 Fülle die Tasche bis auf die Höhe der Schlitze mit Komposterde. Setze sechs Erdbeerpflanzen hinein. Arbeite von innen heraus und schiebe Blätter und Krone (der Teil, wo die Blätter auf den Stängel treffen) vorsichtig durch die Schlitze nach außen. Verteile die Wurzeln in der Tasche.

5 Fülle die Tasche fast bis oben mit Komposterde und pflanze die beiden restlichen Pflanzen ein. Achte darauf, dass auch ihre Wurzeln vollständig mit Erde bedeckt sind. Streue zerbrochene Eierschalen auf die Erde (sie reichern sie mit Kalzium an) und verstreiche Vaseline auf allen Außenseiten der Tasche, um Maden und Schnecken fernzuhalten.

6 Gieße so lange, bis die Erde gleichmäßig durchfeuchtet ist, und halte sie feucht. Drehe die Tasche alle paar Tage, sodass jede Pflanze gleich viel Sonne bekommt. Dann warte darauf, dass die Erdbeeren erscheinen! Nach der Blüte sollten sie in wenigen Wochen reif sein. Sei nicht ungeduldig – warte, bis sie ganz rot sind, bevor du sie pflückst!

FERTIG!

239 BAUE EINE SANDBURG

Baue eine atemberaubende Sandburg, passend für einen König oder eine Königin! Du brauchst viel feuchten Sand und einen Eimer voll Fantasie!

1 Suche einen geeigneten Platz am Strand, gerade vor der Flutlinie (wo der dunkle Sand heller wird). Grabe mit einer langen Schaufel einen Kreis in den Sand und häufe diesen in der Mitte auf. Vergiss nicht, die Knie zu beugen!

2 Mache in die Spitze des Haufens einen Krater und gieße Wasser hinein. Stampfe mit den Füßen den Sand fest. Das wird die Grundfeste deiner Sandburg.

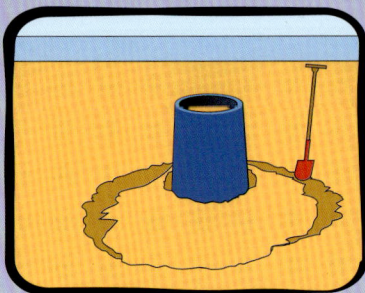

3 Setze nun den Mülleimer darauf. Fülle ihn zu drei Viertel mit Sand, gieße einige Eimer Wasser dazu und drücke den Sand mit der Hand fest. Wiederhole den Vorgang, bis der Mülleimer voll ist.

4 Setze einen etwas kleineren Behälter ohne Boden darauf und fülle ihn zu drei Viertel mit Sand. Wiederhole Schritt 3. Stelle immer kleinere Behälter übereinander und fahre mit dem Bau fort.

5 Klopfe vorsichtig an die Seiten des obersten Behälters und ziehe ihn ganz langsam von der Turmspitze ab. Arbeite von oben nach unten und wiederhole den Schritt mit den anderen Behältern.

6 Setze ein Turmdach auf. Fülle den Trichter mit sehr nassem Sand und setze ihn oben auf den Turm. Glätte den Sand, am besten mit einem Make-up-Pinsel oder einer Spachtel. Du kannst mit nassem Sand auch die Ränder nachbessern.

7 Komme nun zu den Details. Beginne immer oben zu meißeln, sodass der Sand nach unten rieselt. Halte den Sand mit der Sprühflasche feucht. Füge an die Türme spiralförmige Rampen an und mach die Treppenstufen aus Stäbchen. Schneide Bögen, Durchgänge und Fester ein … und vergiss nicht, ganz oben eine Fahne einzustecken!

 **FERTIG!**

240 BINDE EINE BLUMENGIRLANDE

In Hawaii nennt man eine Blumengirlande „lei" und heißt damit Besucher willkommen. Binde doch auch eine für deine Freunde!

1 Pflücke oder kaufe Blumen, die du verwenden willst. Beim Pflücken bitte zuerst um Erlaubnis! Du brauchst etwa 40 Blütenköpfe für eine komplette Girlande.

2 Schneide die Blüten direkt unter dem Blütenboden von den Stängeln. Lege die Blüten beiseite und achte darauf, die Blütenblätter nicht zu beschädigen.

3 Für die Länge der Girlande miss die doppelte Länge des Halsumfanges. Gib noch etwa 25 cm dazu, damit du sie verknoten kannst. Fädle die Schnur in die Nadel und verknote das Ende.

Top-Tipp
Wechsle zwischen Art und Farbe der Blüten ab, so wird die Girlande farbenprächtiger.

4 Teile die Blüten auf zwei gleich große Stöße auf. Für die erste Hälfte stecke die Nadel von oben durch die Blüte zum Stängel.

5 Für die zweite Hälfte stecke die Nadel umgekehrt durch – vom Stängel zur Blüte.

6 Schiebe die Blüten auf der Schnur zusammen. Dann binde die Girlande zu einem Kreis, indem du die Schnurenden verknotest. Begrüße nun deine Freunde mit einem „lei"!

FERTIG!

241 LAVENDELSETZLINGE PFLANZEN

Lavendel riecht herrlich im Garten oder auf der Fensterbank. Hast du schon welchen, schneide im Sommer Setzlinge, so hast du im Frühling mehr Pflanzen.

1 Wähle eine schöne, gesunde Pflanze, ohne Schädlinge oder Krankheiten. Suche einen geraden, gesunden Stamm ohne Blütenknospen. Achte darauf, dass der Stamm hart und nicht weich ist, und schneide ihn vorsichtig mit der Schere ab. Entferne die unteren Blätter, sodass der Stamm des Setzlings kahl ist.

2 Fülle den Blumentopf mit Komposterde. Mische sie zuerst mit grobem Sand, wenn du welchen hast. Drücke die Setzlinge am Rand, zwischen der Erde und dem Topf hinein.

3 Wässere gut und bedecke den Topf zum Feuchthalten mit Plastik. Stelle ihn an einen warmen, schattigen Platz. Sobald die Setzlinge Wurzeln schlagen, entferne das Plastik. Sobald sie gut verwurzelt sind, setze sie in einen eigenen Topf.

FERTIG!

242 NATÜRLICH FÄRBEN

Probiere die Farben der Natur. Experimentiere mit verschiedenen Blättern, Beeren und Gemüsesorten und schaue, was am besten funktioniert!

 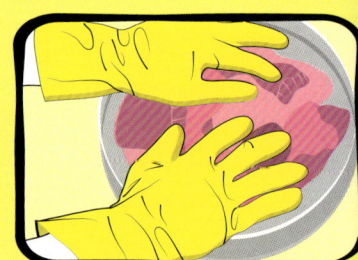

1 Besorge Gemüse oder Beeren. Bitte einen Erwachsenen, dir beim Schneiden zu helfen. Lege alles in einen alten Topf und fülle diesen halbvoll mit Wasser. Bitte einen Erwachsenen, es zum Kochen zu bringen, lasse es 1 Stunde köcheln und gieße es ab.

2 Salz und kaltes Wasser helfen, die Farbe haltbarer zu machen. Füge ca. 1 Tasse Salz pro 1,5 l Wasser zu. Weiche das T-Shirt in dem Fixiermittel (Salz und Wasser) ca. 1 Stunde ein. Spüle es in kaltem Wasser, bis dieses klar ist.

Du brauchst
- Pflanzen, Obst oder Gemüse (wie Heidelbeeren, Karotten und rote Beete)
- 1 alter Topf
- Salz
- 1 Sieb
- Gummihandschuhe
- 1 helles, altes T-Shirt oder Schal

3 Ziehe Handschuhe an, um das T-Shirt zu färben. Drück es hinein, bis es ganz von Flüssigkeit bedeckt ist, und lasse es über Nacht einweichen. Hole es mit Handschuhen heraus, winde es aus und hänge es zum Trocknen auf.

FERTIG!

243 BAUE EINEN UNTERSCHLUPF

Wenn du heute in den Wald gehst, baue dir doch einen Unterschlupf! Du musst gar nichts mitnehmen – der Wald stellt dir das ganze Material zur Verfügung. Ein paar Freunde wären jedoch eine große Hilfe.

  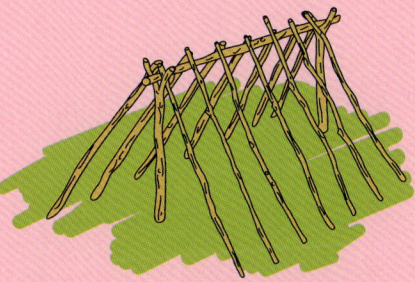 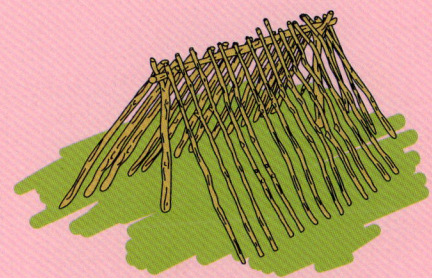

1 Suche eine Lichtung für den Unterschlupf. Der Boden sollte eben sein. Suche zwei starke Äste mit Astgabeln zum Aufstellen. Drücke sie in 2 m Entfernung fest in den Boden, sodass sie auf gleicher Höhe sind.

2 Nun brauchst du einen starken Ast, den du als Firstbalken über die Astgabeln legst. Achte darauf, dass der Bau fest steht. Wenn nicht, drücke die Äste noch weiter in den Boden.

3 Sammele viele robuste, lange Stöcke vom Waldboden. Verwende nur totes Holz – brich keine Äste von den Bäumen! Lehne die Stöcke gleichmäßig verteilt an den Firstbalken. Am besten stellst du ein paar auf die eine Seite und ein paar auf die andere, sodass Gleichgewicht herrscht und nicht eine Seite zu schwer wird und zusammenfällt.

4 Füge weitere Stöcke und Äste hinzu, sodass eine Art Zelt entsteht. Verwende möglichst viele Zweige, um die Lücken zu schließen. Du kannst entweder ein Ende schließen oder beide Enden offen lassen.

5 Nun deckst du das Dach. Sammele Blätter vom Waldboden und verteile sie auf dem Bau. Beginne von unten und arbeite nach oben. Du kannst auch Moos, Tannennadeln oder Farnkraut verwenden – alles, was du findest und das schon abgestorben ist. Reiße keine Blätter oder Zweige von den Bäumen!

6 Wenn du das Dach fertig hast, schlüpfe hinein! Es sollte warm und gemütlich in deinem Unterschlupf sein – ein perfekter Platz, um ein paar Stunden mit Freunden zu verbringen.

FERTIG!

244 ERZEUGE SCHLEIM

Beginne mit einem einfachen Schleim, um das Gefühl für den Vorgang zu bekommen und zu verstehen, wie die verschiedenen Zutaten funktionieren. Diese Rezept verwendet drei einfache Zutaten, die du zu Hause findest.

Top-Tipp
Viele Schleim-Rezepte haben keine genauen Gewichtsangaben. Füge immer nur kleine Mengen der Zutaten zu, um zu sehen, welche Mischung am besten funktioniert.

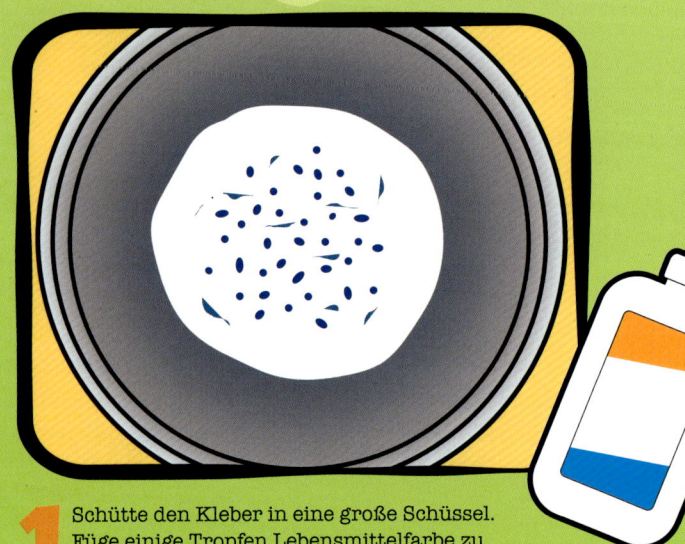

1 Schütte den Kleber in eine große Schüssel. Füge einige Tropfen Lebensmittelfarbe zu und rühre sie mit einem Löffel ein. Nimm mehr Lebensmittelfarbe für intensivere Tönung.

2 Füge einen kleinen Spritzer Waschmittel hinzu und verrühre es gut. Füge so lange Waschmittel hinzu, bis sich die Mischung beim Rühren von den Wänden der Schüssel löst.

3 Knete die Mischung mindestens fünf Minuten mit den Händen, bis sie eine schleimige Konsistenz (fest, dehnbar und nicht an den Fingern klebend) aufweist.

Du brauchst
- 500 ml weißen oder transparenten Kleber
- Flüssiges Waschmittel
- Lebensmittelfarbe

FERTIG!

245 LEGE RANGOLI-MUSTER

Man legt in Indien während des Lichterfests „Diwali" wirbelnde leuchtende Farbmuster auf Türschwellen und in Höfen auf. Man nennt sie Rangoli und sie heißen die Gäste des Hauses willkommen.

Du brauchst

- Tafelsalz (je mehr, desto größer das Muster)
- Flüssige Farben (Bastel-/Poster-/Temperafarben) in 3 verschieden Farben (du kannst alle Farbkombinationen wählen)
- Türschwelle, gepflasterte Fläche, Veranda oder Hauseinfahrt
- 1 Schüssel
- 1 Löffel

1 Schütte ein Drittel des Tafelsalzes in die Schüssel. Füge einen Löffel Farbe hinzu und rühre, bis das Salz gleichmäßig gefärbt ist. Füge mehr Farbe hinzu, wenn du eine intensivere Tönung möchtest. Erzeuge die anderen beiden Farben, indem du den Vorgang wiederholst. Dann lasse das Salz über Nacht trocknen.

2 Suche einen Platz für das Rangoli. Traditionell wird es in der Nähe von Hauseingängen aufgelegt, vielleicht wählst du die Einfahrt, den Hof, den Balkon oder die Veranda eures Hauses? Achte darauf, dass es niemandem im Weg ist. Fege den Platz zuerst, damit du eine saubere Fläche hast.

3 Nimm eine Handvoll des ersten gefärbten Salzes, platziere es in der Mitte der gewählten Stelle und forme einen Kreis.

4 Nimm etwas von dem anders gefärbten Salz in die Hand und streue es mit Daumen und Zeigefinger genau entlang des Kreises auf.

5 Nimm nun das letzte gefärbte Salz und setze sieben Kreise wie Blütenblätter rundherum.

6 Mit dem Rest der ersten Farbe streue einen Rahmen rund um die Blütenblätter.

7 Füge noch einige Handvoll der zweiten Farbe in die Einkerbungen des Rahmens, um das Bild zu vollenden. Du kannst auch Nachtlichter aufstellen, um es noch einladender zu machen. Um ein anders Muster zu legen, fege das Salz zusammen und beginne von vorne!

FERTIG!

246 WALK OF FAME

Seit den 1920er-Jahren hinterlassen berühmte Film-Stars ihre Handabdrücke im Zement des Hollywood Boulevard. Das ist der berühmte Walk of Fame. Mache doch auch einen in deinem Garten – diesmal seid du und deine Familie die Stars!

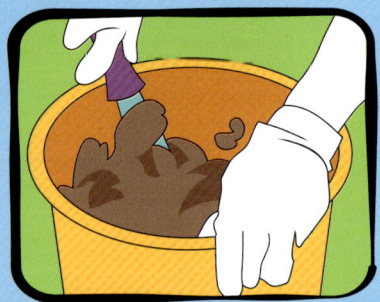

1 Ziehe die Handschuhe an und mische laut Packungsanleitung das Zementpulver im Eimer mit Wasser. Es sollte sich eine dicke Paste ergeben.

2 Pinsle ein wenig Pflanzenöl auf den Boden des Behälters, gieße den Zement darauf und glätte ihn mit der Kelle. Lasse ihn etwa 1 Stunde setzen.

3 Lasse in der Mitte Platz für deine Handabdruck und dekoriere den Rest mit Spielzeug, Kieseln und Glassteinen. Versuche, etwas über dich auszusagen – vielleicht mit einem alten, speziellen Spielzeugauto oder etwas in deiner Lieblingsfarbe.

4 Schreibe mit dem Stock deinen Namen oder die Initialen. Du könntest auch das Datum anfügen. Ziehe die Handschuhe aus, spreize die Finger und drücke die Hände fest in den Zement. Wasche sie dir sofort sehr gründlich!

5 Lasse den Zementblock ein paar Tage fest werden, bevor du ihn aus dem Behälter löst.

6 Wenn du einen Block für jedes Familienmitglied gemacht hast, lege sie auf dem Rasen oder im Hof auf und veranstalte eine Eröffnungsfeier.

Du brauchst
- Plastik-Einweghandschuhe
- Zementmischung in Pulverfor
- 1 Einwegbehälter (z. B. Plasti blumentopf der ein robuster Karton eignet sich auch)
- 1 Eimer
- Pflanzenöl und Pinsel
- Kelle oder Kittspachtel
- Kleines Spielzeug, bunte Kiesel oder Glassteine
- Stock oder Bleistift

FERTIG!

247 EINE SCHÜSSEL AUS PAPPMASCHEE

Folge den einfachen Anweisungen, um diese bunten Schüsseln zu gestalten. Wäre das nicht ein Geschenk für einen Freund?

Du brauchst

- 1 Schüssel als Form
- Frischhaltefolie
- Zeitungspapier, in Streifen
- PVC-Kleber, gemischt mit Wasser
- Schere
- Farben und Pinsel
- Klarlack

1 Bedecke die Außenseite der Schüssel mit Frischhaltefolie – so bleibt das Pappmaschee nicht an der Schüssel haften, wenn es trocknet.

2 Bestreiche die Zeitungspapierstreifen mit dem verwässerten PVC-Kleber und lege sie überlappend außen auf die Schüssel.

3 Wenn die Schüssel vollständig beklebt ist, lasse das Papier ein paar Stunden trocknen, bevor du eine weitere Schicht aufträgst. Achte darauf, dass die Streifen nicht zu feucht sind, sonst werden sie beim Trocknen nicht flach.

4 Nachdem du einige Schichten Papier aufgetragen hast, lasse alles gut durchtrocknen, bevor du das Pappmaschee von der Schüssel löst. Schneide die Kanten mit der Schere gerade.

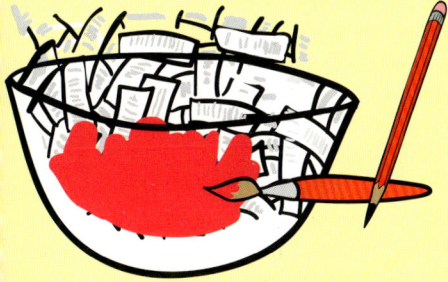

5 Nun ist Zeit, die Schüssel zu dekorieren. Du kannst Farbe, Glitter oder sogar noch einige Schichten Buntpapier aufkleben, um einen tollen Collage-Effekt zu erzielen.

Warum nicht?

Bastele doch ein passendes Schüssel-Set in unterschiedlichen Größen.

6 Trage zuletzt Klarlack auf die Schüssel auf. Wenn du keinen hast, verleiht auch eine Schicht PVC-Kleber der Schüssel einen glänzenden Abschluss.

FERTIG!

248 MINZE FÜR DEN TEE

Minzetee ist erfrischend, köstlich und gesund für dich. Ein Topf mit frischer Minze riecht auch in Haus und Garten wundervoll.

1 Wenn möglich, pflanze die Minze im Frühling, oder im Herbst, wenn es in deiner Region keinen Frost gibt. Pflanze sie 5 cm tief in einen Topf mit 30 cm Durchmesser.

2 Stelle den Topf an einen sonnigen Platz. Ideal ist Morgensonne und Schatten am Nachmittag. Du musst ordentlich gießen, damit der Boden immer feucht ist.

3 Schneide die Spitze der Pflanze immer wieder zurück, sie sollte nicht zu hoch werden, sondern eher buschig und auf die Seite wachsen.

4 Schneide für den Minzetee ein oder zwei Zweige ab und spüle sie unter kaltem Wasser. Wenn du die Blätter in den Becher gibst, zerdrücke sie ein wenig – so kommen Geschmack und Geruch der Minze besser heraus.

5 Bitte einen Erwachsenen, einen Kessel aufzusetzen und das kochende Wasser über die Blätter zu gießen. Lasse den Tee etwas auskühlen, bevor du ihn probierst.

Warum nicht?

Zu Kartoffeln oder Karotten? Minze kann man auf viele Arten verkochen. Du kannst sie auch für kalte Getränke wie Limonade verwenden.

6 Füge Zucker oder Honig nach Geschmack zu. Du kannst auch einen Spritzer Zitrone oder Limette für extra Geschmack hinzufügen.

FERTIG!

249 FISCHEN IM TEICH

Entdecke im Teich eine versteckte Welt! Du brauchst ein Netz, eine flache Schüssel, eine Lupe, Gummistiefel und einen Führer für Leben im Teich.

1 Fülle zuerst die Schüssel mit Wasser aus dem Teich. Dann ziehe das Netz vorsichtig durch den Teich. Lebewesen leben an der Oberfläche, in der Mitte und am Grund des Teiches, deshalb solltest du alle Bereiche durchstöbern, auch das Sediment auf dem Boden.

2 Drehe das Netz über der Schüssel um, sodass die Lebewesen herausfallen. Was siehst du? Vergiss nicht, unter und auf den Pflanzen nachzusehen. Die Tiere verstecken sich in der Schüssel genauso wie im Teich. Kannst du sie mithilfe des Führers identifizieren?

Luftlöcher

Sicherheit zuerst!
Fische im Teich immer mit einem Erwachsenen. Stehe eher am Rand, als hineinzuwaten, aber lehne dich nicht zu weit vor. Gib die Tiere immer ins Wasser zurück, wenn du fertig bist.

3 Um ein Tierchen näher zu betrachten, gib es mit etwas Wasser in ein kleines Glas mit Deckel – vergiss nicht, Löcher in den Deckel zu bohren! Bestimme mithilfe von Lupe und Führer was du im Teich gefunden hast.

FERTIG!

250 STIEFEL-GARTEN

Wirf deine alten Gummistiefel nicht weg – gestalte mit ihnen einen fantastischen Garten! Wenn du echt hingerissen bist, hole dir auch andere Schuhe im Caritas-Shop.

1 Suche ein Paar alte Gummistiefel. Wenn sie noch keine Löcher haben, bitte einen Erwachsenen, welche in die Sohle zu bohren (mit einem Handbohrer oder großen Bohraufsatz), damit das Wasser abfließt.

2 Schütte feinen oder groben Sand hinein, sodass sie schwer werden und nicht umfallen. Das ist auch gut für die Drainage. Danach fülle sie mit Topf- oder Komposterde.

Warum nicht?
Hättest du gern etwas mysteriöse Flora? Wenn du das nächste Mal von einem Ausflug im Schlamm zurückkommst, kratze ihn von den Stiefeln und verwende ihn zum Pflanzen. Du wirst dich wundern, was alles wächst!

3 Bepflanze sie mit Samen, Knollen oder Topfpflanzen und arrangiere sie künstlerisch im Garten. Vergiss nicht, sie zu gießen, wenn es nicht regnet!

FERTIG!

251 HÜPFENDE SCHLEIMBÄLLE

Mache deinen Springball selbst mit einem Schleim-Grundrezept. Halte das Rezept einfach, sodass der Schleim zäher und fester wird als üblich.

Du brauchst
- 120 ml transparenten Kleber
- Kontaktlinsenlösung
- Glitter

1 Gieße den Kleber in eine große Schüssel.

2 Füge nach und nach einen Spritzer Kontaktlinsenlösung zu, während du umrührst. Verwende zuerst einen Löffel, bis die Masse zu stocken beginnt, dann knete mit den Händen weiter.

Extra Ding
Wie oft wird dein Schleimball aufspringen?

3 Streue etwas Glitter auf den Schleim und knete ihn ein.

4 Rolle den Schleim zwischen den Handflächen zu einem Ball und lasse ihn hüpfen!

FERTIG!

252 GESPENSTISCH SCHWARZE BLUMEN

Dies Blumen sehen besonders zu Halloween toll aus und sind ganz einfach zu machen.

1 Schneide vorsichtig das untere Ende der Blümenstängel ab.

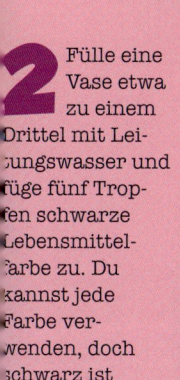

2 Fülle eine Vase etwa zu einem Drittel mit Leitungswasser und füge fünf Tropfen schwarze Lebensmittelfarbe zu. Du kannst jede Farbe verwenden, doch schwarz ist für Halloween am schönsten.

3 Stelle die Blumen in die Vase und lasse sie einige Stunden oder über Nacht darin stehen. Die Blumen saugen das schwarze Wasser auf und die Blütenblätter färben sich. Gespenstisch!

Du brauchst
- Weiße Blumen (Nelken oder Rosen eignen sich gut)
- Schere
- Vase
- Schwarze Lebensmittelfarbe

Warum nicht?
Blumen für den Muttertag vergessen? Verwende die Technik, um Selleriestangen zu färben. Probiere es mit pinker Lebensmittelfarbe statt schwarzer!

BUNTE BLUMEN
Wenn du die Technik einmal beherrscht, versuche es mit zweifarbigen Blumen. Schneide den Stängel mit einer Schere der Länge nach entzwei und stelle jede Hälfte in ein anders gefärbtes Wasser. Die Blütenblätter werden beide Farben getrennt aufsaugen.

FERTIG!

253 GRÜNDE EINE EIGENE WURMFARM

Beobachte diese sich windenden Lebewesen – wie sie essen und sich eigene Weg in ihrem neuen Heim graben!

1 Bitte einen Erwachsenen, dir zu helfen, das obere Ende einer Flasche abzuschneiden, den Rand zu verkleben, damit keine scharfen Kanten bleiben, und kleine Drainage-Löcher in den Boden zu bohren, damit das Wasser abfließt. (Behalte das abgeschnittene Stück, du brauchst es, wenn du mit der Farm fertig bist!)

2 Fülle das Material in Schichten ein, zuerst Kieselsteine, dann Sand, Erde, dann wieder Sand und Erde, bis zum Rand. Du kannst Erde aus dem Garten oder dem Park in der Nähe verwenden. Suche Würmer im Garten oder kaufe Kompostwürmer im Garten-Center. Sobald die Farm fertig ist, gib die Würmer hinein.

3 Wickle das schwarze Papier um die Flasche, um das Habitat der Würmer zu imitieren. Klebe das obere Stück der Flasche wieder mit Klebeband darauf. Überprüfe nach einem Tag, wie weit die Würmer die Tunnel in ihrem neuen Heim schon gegraben haben.

Du brauchst
- Leere Plastikflasche (2 l)
- Schere
- Klebeband
- Kleine Kieselsteine
- Sand
- Erde
- Würmer
- Schwarzes Tonpapier

FERTIG!

254 KETTE AUS GÄNSEBLÜMCHEN

Flower-Power! Girlanden, Kronen, Halsketten, Armbänder, Ringe ... Alles kannst du aus den niedlichen kleinen Blumen basteln.

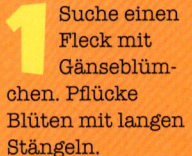

1 Suche einen Fleck mit Gänseblümchen. Pflücke Blüten mit langen Stängeln.

2 Ritze mit dem Daumennagel an der dicksten Stelle des Stängels einen Schlitz ein.

3 Schiebe ein zweites Gänseblümchen durch und schlitze auch diesen Stängel. Schiebe wieder ein Gänseblümchen durch und so weiter, bis die es die richtige Länge für deinen Schmuck hat.

4 Am Ende mache einen Schlitz in den letzten Stängel und schiebe das erste Gänseblümchen durch. Trage die Gänseblümchen mit Stolz!

FERTIG!

255 VOGELHAUS AUS RECYCLINGMATERIAL

Hättest du gern Vögel im Garten? Ermutige geflügelte Besucher für einen Snack vorbeizukommen oder sich auszuruhen!

Du brauchst
- 1 leeren, sauberen Saftkarton
- Farbe und Pinsel
- Schere
- Kleber
- Locher
- Lollipop-Stäbchen
- Vogelsamen
- Starke Schnur

Warum nicht? Mache dir Notizen über die verschiedenen Vogelarten, die dem Garten einen Besuch abstatten!

1 Bemale und verziere das Äußere des Kartons und lasse ihn trocknen.

2 Schneide vorsichtig ein Rechteck aus dem unteren Teil des Kartons, sodass die Vögel ein und ausgehen können.

3 Klebe das Lollipop-Stäbchen auf den Boden des Kartons. Darauf können die Vögel dann landen.

4 Stanze ein Loch oben in den Falz des Kartons und fädle eine starke Schnur durch.

5 Bedecke den Boden des Kartons mit Volgelsamen und hänge ihn an einen Ast. Beobachte, wie die hungrigen Vögel auf Besuch kommen!

FERTIG!

256 MALE EIN SPIN-BILD

Achtung auf die fliegenden Farben! Für dieses Projekt solltest du alte Kleidung tragen, die schmutzig werden darf. Wenn du Damien Hirst und seine Spin-Bilder nicht kennst, sieh sie dir im Internet an und schau, ob du an sie herankommst.

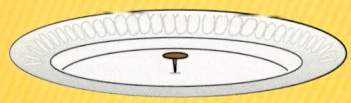

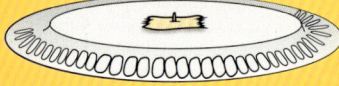

Du brauchst
- Klebeband
- 1 Pappteller
- 1 Reißnagel
- Ein wenig Knetmasse
- 1 flache Schachtel (groß genug für den Pappteller und etwas Platz an den Seiten)
- Posterfarbe
- 1 dicken Pinsel

1 Klebe etwas Klebeband in die Mitte der Rückseite des Papptellers. Drücke den Reißnagel von der Vorderseite durch das Klebeband.

2 Setze die Knetmasse in die Mitte des Schachtelbodens. Drücke den Pappteller mit dem Reißnagel darauf. Bewege ihn auf und ab, um ihn so einzustellen, dass er sich leicht drehen lässt.

3 Tauche den Pinsel in Farbe und lasse sie auf den Teller tropfen, während du ihn gleichzeitig drehst. Füge so viele Farben hinzu, wie du möchtest, aber drehe immer weiter! Wenn dir das Bild gefällt, lasse es trocknen. Dann gestalte doch mehrere und eröffne eine Galerie für Spin-Art!

Top-Tipp
Wenn du eine Salatschleuder hast, kannst du sie auch dafür verwenden. Lege den Teller einfach hinein, tropfe Farbe darauf und lasse ihn rotieren!

FERTIG!

257 ERBAUE EIN INSEKTENHOTEL

Käfer sind gut für den Garten und außerdem faszinierend. Bastele für sie ein „Hotel" für die kalten Wintermonate und beobachte, wer eincheckt. Sei geduldig! Möglicherweise dauert es Monate, bis sich die Besucher entschließen, zu bleiben.

1 Besorge einige große Plastikflaschen und entferne die Etiketten. Bitte einen Erwachsenen, dir bei Abschneiden der Böden mit einer scharfen Schere zu helfen. Lasse die Deckel zugeschraubt.

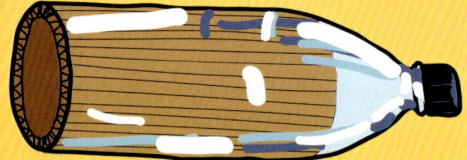

2 Lege jede Flasche mit gewelltem Karton aus. So wird es im Inneren dunkel.

3 Fülle jede Flasche mit Nestmaterial wie Stroh, trockenen Blättern, kleinen Zweigen, Moos und Rinde. Stopfe sie so fest wie möglich hinein, sodass sie nicht herausfallen.

4 Baue die Flaschen in Form einer Pyramide auf und bedecke sie mit Filz oder Plastik. Befestige das Dach mit Ästen oder Camping-Heringen, damit es nicht weggeblasen wird. Überprüfe das Hotel regelmäßig, ob es noch intakt ist und um die Besucher zu beobachten!

FERTIG!

258 ERRICHTE EINE VOGELTRÄNKE

Vögel fliegen oft meilenweit, um sauberes Trinkwasser zu finden. Warum lockst du sie nicht mit der Tränke in den Garten oder auf den Balkon?

Warum nicht?
Stelle eine Wildkamera auf, um deine Besucher aufzunehmen. Du kannst Notizen machen, welche Vögel zu welcher Jahreszeit kommen.

Du brauchst
- 1 Blumentopf oder Eimer
- 1 flache Schale (am besten mit rauer Oberfläche)
- Gartenfarbe
- Wasserfesten Kleber oder Kachelklebeband
- Kieselsteine
- Wasser

1 Suche einen alten Blumentopf oder Eimer. Stelle ihn verkehrt auf und bemale ihn. Lasse bei Farben, Mustern und Bildern der Kreativität freien Lauf.

2 Bemale nun die Schale. Ideal wäre eine mit rauer Oberfläche, sodass die Vögel Halt finden und nicht ausrutschen. Terrakotta-Topfuntersetzer sind perfekt. Lasse Topf und Schale über Nacht trocknen!

3 Verstreiche Kleber auf dem umgedrehten Topf. Setze die Schale darauf, achte dabei darauf, dass sie in der Mitte sitzt. Drücke fest an und lasse den Kleber trocknen.

4 Suche einen sicheren Platz für die Vogeltränke. Wenn du Äste auflegst, ist das gut für die Vögel, so können sie sich vor Raubvögeln oder hungrigen Katzen in Sicherheit bringen.

5 Schichte einige Kiesel auf der einen Seite der Schale auf. Darauf können sich die Vögel setzen und sie geben auch einigen Insekten die Gelegenheit, in der Sonne zu liegen.

6 Fülle die Schale mit Wasser, achte dabei darauf, dass die Kiesel über der Wasserlinie liegen. Perfekt! Nun haben die Vögel einen Platz zum Trinken.

FERTIG!

7

SPORTLICH

Vergiss den Bildschirm! Wie wäre es mit Dampf ablassen? Feuere deine Freunde an und gib ihnen ein High-Five, wenn das Tor zum Gewinn der Meisterschaft geschossen wurde. Es ist Zeit, sich zu bewegen und Lärm zu machen. Tricks, Stunts und Spiele sind ein guter Grund, ins Freie zu gehen und loszulegen.

259 PERFEKTE LIEGESTÜTZE UND SIT-UPS

Die beiden einfachen Übungen halten deinen Körper fit und stark, wenn du sie jeden Tag machst.

LIEGESTÜTZ

1 Gehe in die Ausgangsposition. Das heißt, dass du den Körper steif wie ein Brett halten sollst, dabei hast du die Hände unter den Schultern und Arme und Beine gestreckt. Achte darauf, dass auch dein Rücken gerade ist.

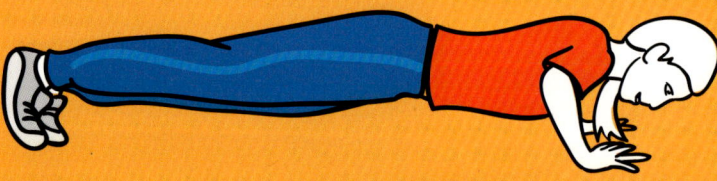

2 Beuge die Arme, um den Körper zu senken. Strecke das Gesäß nicht in die Höhe und krümme den Rücken nicht. Du musst die „Brettposition" beibehalten, während du den Körper absenkst. Dann drücke dich wieder nach oben.

Warum nicht?
Du kannst auch knien und die Füße vom Boden abheben, um es leichter zu machen.

SIT-UP

1 Lege dich mit geradem Rücken auf den Boden und verschränke die Arme vor der Brust. Stelle die Knie auf, lasse dabei aber die Füße auf dem Boden.

2 Benutze die Bauchmuskeln, um langsam den Rücken vom Boden in die Sitzposition zu heben. Du brauchst diese Muskelgruppe auch, um in die Ausgangsposition zurückzukehren. Wiederhole die Übung!

Lasse die Füße auf dem Boden!

 **FERTIG!**

260 HASENSPRÜNGE AUF DEM BMX

Beeindrucke deine Freunde mit diesem fantastischen Trick! Denke daran, immer einen Helm zu tragen, im Falle, dass du herunterfällst!

Sicherheit zuerst!
Trage immer einen Helm!

Warum nicht?
Bitte einen Freund, deine neuen BMX-Fertigkeiten zu filmen. Vielleicht dreht ihr einen Kurzfilm?

1 Beginne langsam, anzutreten! Bereite dich darauf vor, den Vorderteil des Rades anzuheben.

2 Ziehe das Vorderrad nach oben. Sobald es beginnt, wieder herunterzufallen, stoße mit den Beinen den hinteren Teil des Rades nach oben.

3 Wenn beide Räder in der Luft sind, kannst du über ein Hindernis springen.

4 Für eine weiche Landung beuge Arme und Knie, bevor du wieder auf dem Boden aufkommst. Du solltest versuchen, immer auf dem Hinterrad oder beiden Rädern gleichzeitig zu landen!

FERTIG!

261 MIT YOGA ENTSPANNEN

Suche einen ruhigen Platz im Garten, im Park oder am Strand und probiere einige der Grundübungen. Wiederhole sie so oft, wie es sich gut anfühlt.

1 Sitze mit überschlagenen Beinen. Hebe einen Arm, die Hand zur Faust geballt. Atme ein und zähle bis 5, während du die Finger lockerst. Atme aus und zähle bis 5, während du die Finger wieder zur Faust ballst. Wiederhole es mit der anderen Hand.

2 Stehe aufrecht mit gespreizten Beinen und den Armen an der Seite. Atme aus und bringe den rechten Arm über den Kopf, während der linke Arm am Bein hinuntergleitet. Wiederhole es mit dem anderen Arm.

3 Stehe aufrecht mit über dem Kopf geschlossenen Händen. Atme tief ein. Blicke geradeaus. Atme aus, beuge ein Bein leicht, während du das andere anhebst und die Sohle leicht am Unterschenkel abstützt. Halte so lange wie möglich aus. Bringe das Bein zurück zum Boden und ruh dich aus. Wiederhole es mit dem anderen Bein.

4 Liege flach auf dem Boden, auf dem Bauch, mit gestreckten Armen und Beinen. Atme aus und hebe Arme und Beine gleichzeitig vom Boden. Halte aus, solange es sich gut anfühlt, dann ruhe dich aus und versuche es noch einmal.

262 WEG DURCH EIN LABYRINTH

Stelle dir vor, du bist ein Geheimagent und musst einen Weg durch ein Laserstrahlen-Labyrinth finden, indem du dich windest und kletterst.

1 Suche einen Raum, der nicht zu groß ist, mit sicheren Stellen, an die du das Band knüpfen kannst. Ein Vorraum eignet sich meist gut, denn dort gibt es viele Türschnallen.

Du brauchst
- Band (oder Garn oder Gummi)
- Raum mit vielen Ankerpunkten

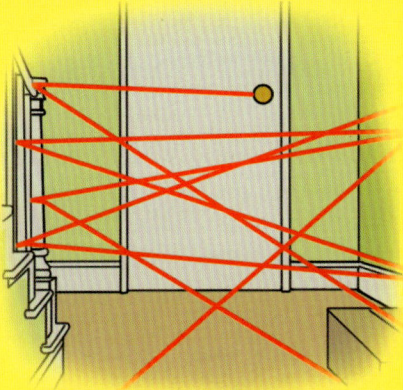

2 Spanne das Band im Zick-Zack durch den Raum, verwende dabei hohe und niedrige Ankerpunkte. Du kannst es um Türknaufe, Schachteln, Stuhlbeine, Treppenpfosten etc. binden. Vermeide Möbelstücke, die umfallen könnten oder das obere Ende der Treppe, wo du stolpern könntest.

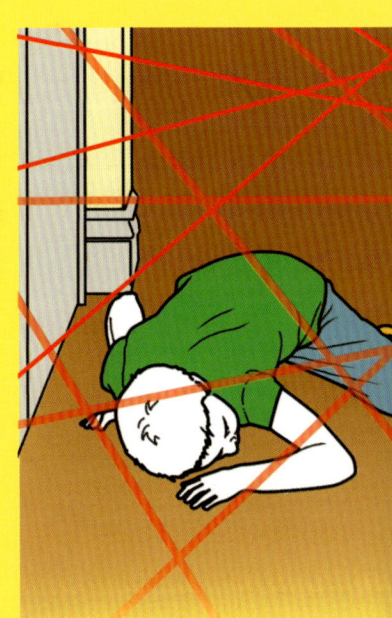

Warum nicht?
Befestige Glöckchen an den Bändern, sodass die leiseste Berührung Alarm schlägt.

3 Bitte einen Erwachsene, die Sicherheit zu überprüfen, bevor d[u] mit dem Spiel beginnst. (Erwach[s]sene sind auch gut, um das Band an höheren Stellen anzubinden.) Nun suc[h] dir einen Weg durch das Labyrinth, oh[ne] das Band zu berühren!

263 CHINESISCHES SEILSPRINGEN

Für dieses alte chinesische Spiel brauchst du ein Gummiband und zwei Freunde. Wenn du konzentriert bleibst, schaffst du vielleicht alle drei Level.

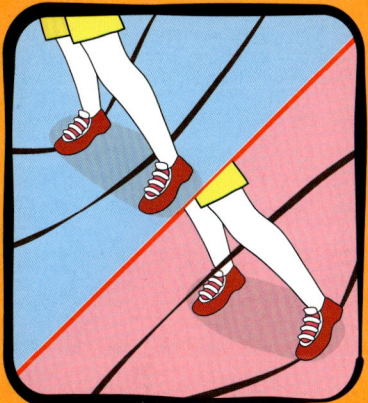

1 Entscheidet, wer von euch die zwei „Steher" sind. Diese stellen sich, Beine schulterbreit gespreizt, mit dem Gummiband um die Knöcheln, auf. Seid weit genug voneinander entfernt, sodass das Gummiband nicht auf der Erde schleift.

2 Die dritte Person ist der „Springer". Er startet mit den Füßen innerhalb des Seiles, zwischen den „Stehern".

3 Springe zuerst mit beiden Füßen gleichzeitig nach außen, dann mit beiden wieder zurück.

4 Danach springe so, dass der rechte Fuß auf dem Seil landet und der linke außerhalb. Wiederhole das umgekehrt, mit dem linken Fuß auf dem Seil und dem rechten außerhalb.

5 Nun springe so, dass beide Füße auf dem Seil landen. Wenn du es bisher ohne Fehler durchgeführt hast, dann hast du Level 1 geschafft!

Warum nicht?

Wenn du Level 1–3 geschafft hast, kannst du Level 4 und 5 versuchen, mit dem Gummiband unter dem Po und hüfthoch. Kannst du so hoch springen?

6 Für Level 2 heben die „Enden" das Seil zur Mitte der Unterschenkel und der „Springer" versucht, die Sequenz zu wiederholen. Sobald er einen Fehler macht, ist ein anderer Spieler an der Reihe und er tauscht mit einem „Steher".

7 Sei nicht traurig, wenn du tauschen musst – du wirst bald wieder an der Reihe sein und kannst dort weitermachen, wo du aufgehört hast. Vielleicht schaffst du es bis zu Level 3, mit dem Seil in Kniehöhe. Der Erste, der alle Level absolviert hat, ist der Sieger.

FERTIG!

264 LEUCHTRINGE WERFEN

Hast du jemals Ringewerfen im Dunkeln gespielt? Du brauchst dafür nur einige leere Plastikflaschen, Knicklichter mit 30 cm und 15 cm Länge und ein paar Freunde. Wie gut kannst du zielen?

1 Warte, bis es dunkel wird. Fülle jede Flasche zu drei Viertel voll mit Wasser. Knicke und schüttele die 15-cm-Knicklichter, um sie zu aktivieren. Wirf je eines in eine Flasche und schraube den Deckel zu.

2 Jeder Spieler nimmt nun 5 bis 10 Knicklichter (30 cm) und verbindet sie jeweils zu einem Ring. Knickt und schüttelt sie, um sie zu aktivieren.

3 Stelle die Flaschen im Abstand von ca. 30 cm zu einem Dreieck auf. Entscheidet euch für eine Entfernung, zieht eine Linie und stellt euch auf.

4 Nun könnt ihr spielen. Versucht der Reihe nach, so viele Punkte wie möglich zu erringen. Ihr bekommt 3 Punkte, wenn der Ring auf einer Flasche bleibt, 1 Punkt, wenn er eine berührt. Denkt daran, immer hinter der Wurflinie zu bleiben!

FERTIG!

265 SCHIESSE DAS TOR

Hast du schon davon geträumt, Tore wie Cristiano Ronaldo zu schießen? Dafür musst du trainieren. Starte deine Fußballer-Karriere im Garten oder Park.

Denke daran!
Vergiss nicht, die Kreidemarkierungen nach dem Spielen abzuwaschen – besonders im öffentlichen Raum.

1 Zeichne mit Kreide Tore in verschiedenen Höhen und Breiten an die Wand, inklusive der zu erreichenden Punkte – für das leichteste 10, für das schwerste Tor 50 etc.

2 Markiert eine Abschusslinie, wo man den Ball auflegt. Zielt auf die Tore, um Punkte zu gewinnen, und schreibt diese mit Kreide auf den Asphalt.

3 Nach 10 Schüssen ermittelt den Punktestand. Wie gut wart ihr? Versucht es mit weiteren 10 Schüssen und seht, ob ihr euer Ergebnis verbessern könnt.

FERTIG!

266 PFEIL UND BOGEN

Fertige Mini-Pfeil und Bogen und perfektioniere dein Ziel. Das braucht Training, aber gib nicht auf – auch Profis mussten einmal beginnen.

Du brauchst
- Bastelstäbchen
- Nagelschere
- Zahnseide
- Wattestäbchen

Sicherheit zuerst!
Ziele niemals auf Menschen oder Tiere!

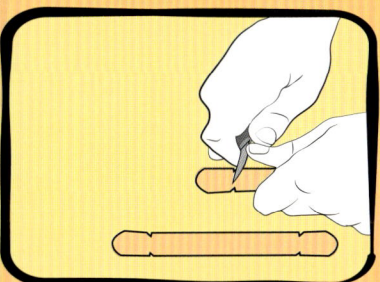

1 Bitte einen Erwachsenen, mit der Schere Kerben in die Bastelstäbchen zu schnitzen. Du brauchst eine Kerbe auf jeder Seite, jeweils 1 cm vom Ende des Stäbchens. Insgesamt solltest du vier Kerben auf jedem Stäbchen haben.

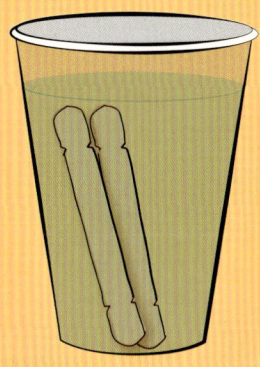

2 Lege die Stäbchen etwa für 1 Stunde in einen Becher mit warmem Wasser. Das lässt das Holz weich werden, so kann man es leichter biegen.

3 Nimm die Stäbchen aus dem Wasser und trockne sie ab. Wickle Zahnseide vier Mal um ein Ende, verknote sie und lasse den Rest zum Umwickeln der anderen Seite.

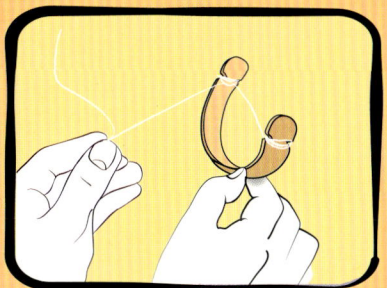

4 Halte das Stäbchen in einer Hand und spanne die Zahnseide bis zu den Kerben am anderen Ende. Achte darauf, dass die Zahnseide auf derselben Seite des Stäbchens bleibt. Biege das Stäbchen vorsichtig, während du die Zahnseide fest darüber spannst.

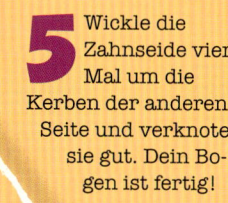

5 Wickle die Zahnseide vier Mal um die Kerben der anderen Seite und verknote sie gut. Dein Bogen ist fertig!

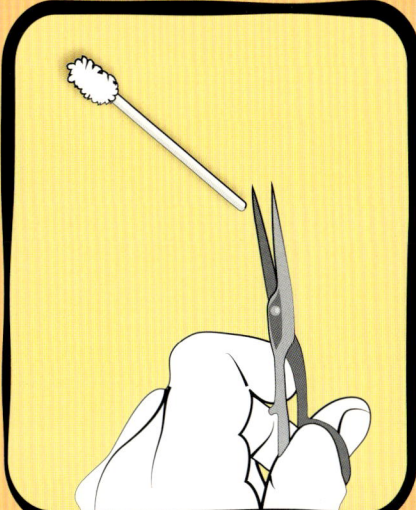

6 Für die Pfeile schneide einfach ein Ende des Wattestäbchens mit der Nagelschere ab. Bitte einen Erwachsenen, dir dabei zu helfen.

7 Ziele und FEUER! Stelle eine Reihe von Zielen auf, um zu üben. Sie sollten klein und leicht sein – Spielzeugfiguren oder Tannenzapfen. Sobald du die Ziele besser triffst, stelle sie immer weiter entfernt von dir auf!

FERTIG!

267 WASSERBECHER-RENNEN

Wenn du keine Lust mehr hast, bei einer Wasserschlacht komplett durchweicht zu werden, benutze die Wasserpistolen stattdessen für ein Becher-Rennen. Du brauchst Plastikbecher und eine Schnur. Achtung ... fertig ... los!

1 Bitte einen Erwachsenen, dir zu helfen, je ein Loch in die Becher zu machen.

2 Binde für jeden Spieler ein Ende der Schnur an einen Pfosten oder Baum. Fädle je einen Becher auf die Schnüre, bevor du das andere Ende befestigst. Achte darauf, dass jede Schnur gleich lang ist – nicht mogeln!

Warum nicht?

Trainiere allein mit einer Stoppuhr. Was ist deine Bestzeit?

3 Zieht die Becher auf die gleiche Starthöhe. Stelle einen Eimer Wasser neben jedem Start auf. Ladet die Pistolen und macht das Rennen bis zum Ziel!

FERTIG!

268 PAPPTELLER-FRISBEE

Wenn du keine Frisbee-Scheibe hast – kein Problem! Es ist ganz leicht, mit ein paar Papptellern eine zu basteln. Wie weit kannst du werfen?

1 Bedecke jeweils eine Seite der Teller mit Klebeband, indem du sie aufstellst, als würdest du Essen aufladen. Klebe die Streifen kreuzweise darauf und lasse sie am Rand überhängen.

2 Schneide an der Außenkante der Teller die Streifen zurecht. Zeichne mit einem Winkelmesser oder einem Deckel einen perfekten Kreis in der Mitte beider Teller. Bitte einen Erwachsenen, mit der Spitze einer Schere ein Loch zu bohren und die Kreise auszuschneiden.

3 Drehe die Teller um und verziere sie mit Markern. Überklebe nun die dekorierte Seite mit transparentem Klebeband und lasse es wieder über den Rand hängen. Schneide es auf einem Teller zurecht, lasse es am anderen Teller überhängen und verwende es, um die beiden Teller zusammenzukleben. Nun bist du bereit zum Spielen.

Du brauchst

- 2 Pappteller
- Klebeband
- Schere
- Textmarker

FERTIG!

269 ZIELWERFEN MIT LEITER

Was kannst du besser, Oberarmwurf oder Unterarmwurf? Kannst du blind werfen? Trainiere die Zielgenauigkeit mit einer Leiter, Papier, bunten Markern und Säckchen mit Bohnen.

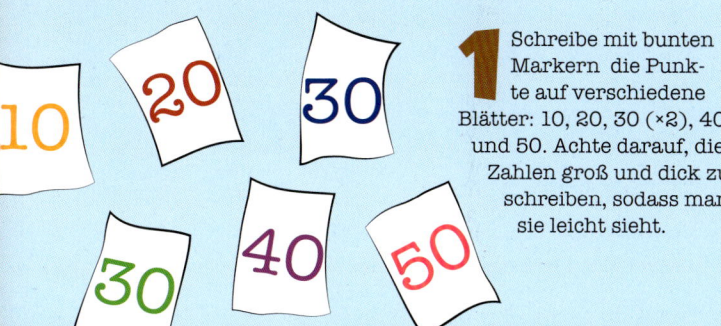

1 Schreibe mit bunten Markern die Punkte auf verschiedene Blätter: 10, 20, 30 (×2), 40 und 50. Achte darauf, die Zahlen groß und dick zu schreiben, sodass man sie leicht sieht.

2 Bitte einen Erwachsenen, die Leiter im Freien aufzustellen. Klebe die Blätter mit den Punkten auf die Stufen, wobei du ein 30er-Blatt auf die unterste Sprosse klebst, danach aufsteigend 10, 20, 30, 40, 50 auf jede folgende Sprosse. Bitte einen Erwachsenen, dir die Leiter zu halten und die Schilder auf den höheren Sprossen anzukleben.

3 Nun ist es Zeit zum Spielen. Entweder abwechselnd mit Freunden oder allein, indem du versuchst, deine Bestmarke jedes Mal zu übertreffen. Das Ziel ist, die Bohnensäckchen zwischen die Sprossen zu werfen. Dafür erhältst du die Punkteanzahl, die jeweils über dem Zwischenraum hängt. Bleibt ein Säckchen auf einer Sprosse liegen, verlierst du 5 Punkte.

FERTIG!

270 BOOT MIT BLATTSEGEL

Wenn du in der Nähe eines Teiches, Flusses oder Sees lebst, kannst du das Boot dort segeln lassen. Ein umgedrehter Deckel einer Mülltonne oder eine Schubkarre tun es aber auch.

Sicherheit zuerst!
Achte darauf, dass immer ein Erwachsener dabei ist, und falle nicht ins Wasser!

1 Sammele zuerst das Material. Du brauchst ein „seetüchtiges" Stück Rinde, flach und breit genug für den Schiffsrumpf. Wenn du auf dem Boden keine Rinde findest, kannst du sie von einem toten Baumstamm ablösen.

2 Vielleicht hat die Rinde bereits ein Loch von Insektenlarven. Wenn nicht, bohre mit einem Zweig ein kleines Loch (es geht leichter, wenn die Rinde nass und weich ist). Bohre das Loch so weit mittig wie möglich und stecke einen gut passenden Zweig hinein. Das ist der Mast.

3 Fädle ein großes Blatt oder mehrere Blätter auf den Zweig als Segel. Gehe zum Wasser und lasse das Boot segeln!

Warum nicht?
Lasse einen Passagier mitfahren! Suche einen kleinen Stein oder eine Blüte. Setze sie in den Rumpf oder auf den Mast als Ausguck. Wird er an Bord bleiben?

FERTIG!

271 MIT DEM SPINNER JONGLIEREN

Führe einen Fingerspitzen-Balanceakt vor – mit einem buchstäblichen Twist. Daumen hoch!

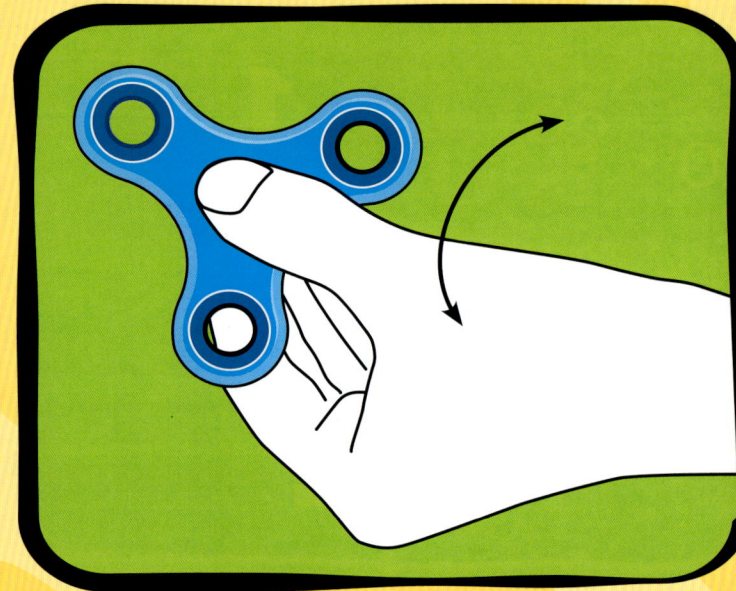

GRUNDÜBUNGEN

1 Halte den Spinner in der Mitte, mit dem Daumen oben und dem Zeigefinger unten. Dann strecke den Mittelfinger derselben Hand zwischen die Speichen. Bewege den Mittelfinger ganz leicht zu dir und schnalze ihn in die Gegenrichtung. Das sollte den Spinner in Rotation versetzen. Hebe langsam den Daumen ab. Der Spinner sollte beim Drehen nur mehr auf der Spitze des Zeigefingers balancieren.

2 Lege den Daumen zurück auf den Spinner, während du gleichzeitig die Hand umdrehst, sodass der Daumen unter dem Spinner ist.

3 Entferne den Finger, sodass der Spinner nun am Daumen rotiert.

4 Wiederhole die Übung, immer zwischen Daumen und Zeigefinger wechselnd, während der Spinner die ganze Zeit rotiert.

FERTIG!

272 DARTS SPIELEN IM SAND

Bist du ein Teufel an der Dartscheibe? Probiere diese Version, wenn du das nächste Mal am Strand bist. Versuche deine Bestmarke zu übertreffen.

1 Sammele eine Menge kleiner Steine und Muscheln – das sind deine „Pfeile". (Vermeide große oder schwere Kiesel oder Steine, die jemanden unabsichtlich verletzen könnten.)

2 Verwende den Finger oder einen Stein, um einen Kreis etwa in der Größe des Fußes in den Sand zu ziehen. Ziehe noch vier weitere, größere Kreise um diesen herum.

3 Bestimme die Punktzahl pro Ring: 10, 20, 30, 40 und 50 (für das „bull's-eye" in der Mitte). Ziehe eine Linie in den Sand, wo ihr für die Würfe steht.

4 Werft abwechselnd die Stein-Pfeile auf das „Board" – immer mit einem Unterarmwurf! Schreibt die Punkte in den Sand und spielt, um zu gewinnen!

FERTIG!

273 FISCHEN IM FELSENPOOL

Felsenpools sind fantastische Open-Air-Aquarien. Wenn du am Meer bist, hol einen Eimer und überzeuge dich!

1 Bevor du loslegst, besorge dir Eimer und Netz und überprüfe gewissenhaft die Gezeiten. Halte dich von Klippen fern! Gib ein wenig Meerwasser in den Eimer, und los geht die Jagd!

2 Denke wie Meerestiere – sie mögen schattige, geschützte Plätze, deshalb siehe unter Felsen, zwischen Seetang und in Felsspalten nach. Grabe vorsichtig mit den Fingern und sieh, was du erwischst.

Sicherheit zuerst!

Überprüfe die Gezeiten im Internet oder im örtlichen Touristen-Büro, bevor du losziehst. Die beste Zeit ist während der tiefsten Ebbe. Gehe eine Stunde oder zwei vor der Ebbe los, damit du genügend Zeit hast, sicher zurückzukommen. Sei vorsichtig auf den glitschigen Steinen in Ufernähe!

3 Hebe die Lebewesen vorsichtig auf und gib sie in den Eimer, um sie näher zu betrachten. Einige sind vermutlich winzig und gegenüber Sand und Tang getarnt. Setze die Tiere immer dorthin zurück, wo du sie gefangen hast. Achte darauf, sie mit der richtigen Seite nach oben hineinzusetzen.

FERTIG!

274 TEMPELHÜPFEN

Man vermutet, dass das Spiel aus dem alten Rom stammt. Soldaten rannten in voller Rüstung 30 m, um die Beinarbeit zu verbessern. Keine Sorge – deine Strecke darf viel kürzer sein und du darfst tragen, was du willst.

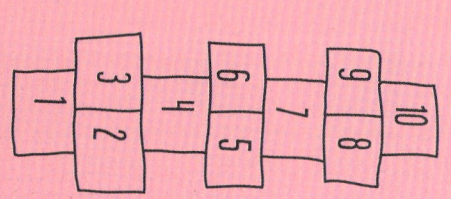

1 Zeichne einen Hickelkasten auf den Boden. Achte darauf, das die Felder groß genug für einen Fuß sind.

2 Wirf den Stein auf Feld 1. Er könnte herausspringen oder die Linie berühren. Wenn er nicht innerhalb der Linien landet, setze eine Runde aus und gib den Stein weiter.

3 Landet er in Feld 1, darfst du beginnen. Hüpfe über den Stein und setze je einen Fuß in Feld 2 und 3. Hüpfe weiter bis Nummer 10 – mit einem Fuß in einem einzelnen, mit je einem Fuß in einem Doppelfeld.

4 Bei Nummer 10 drehe auf einem Fuß um und hüpfe zurück. Vergiss nicht, den Stein in Feld 1 zu überspringen! Wenn du unterwegs eine Linie berührst oder die Balance verlierst, ist der nächste Spieler an der Reihe.

Vergiss nicht,
den Hickelkasten nach dem Spielen wieder wegzuwaschen!

5 Wirf den Stein in Feld 2. Nun musst du auf Nummer 1, 3 und 4 springen, bevor du mit beiden Füßen auf 5 und 6 landest. Wirf den Stein immer um eine Zahl weiter und hüpfe durch den Parcours, entweder bis zu Feld 10 oder mache den Countdown (von 9 bis 1) auch. Und überspringe dabei immer die Felder mit dem Stein!

Warum nicht?
Verändere die Form des Hickelkastens! Du kannst eine Spirale zeichnen oder sogar die Felder trennen und dazwischen hüpfen.

6 Wenn du wirklich gut bist, beendest du den Parcours, bevor der nächste Spieler überhaupt die Chance hat, dranzukommen, und du GEWINNST! Aber es ist wahrscheinlicher, dass ihr abwechselnd springt, bis einer der Spieler gewonnen hat.

Du brauchst
- Kreide (oder einen Stein, der Striche auf dem Asphalt hinterlässt)
- 1 kleinen Stein
- 1 asphaltierte Fläche, wo du mit Kreide zeichnen kannst
- Jede beliebige Anzahl an Spielern, aber du kannst auch allein spielen

FERTIG!

275 BAUE EINEN SCHNEE-PINGUIN

Ich wette, du hast schon einen Schneemann gebaut. Aber was ist mit einem Schnee-Pinguin? Er kann sehr niedlich im Schneefall aussehen und beruht eigentlich auf der traditionellen Form eines Schneemanns.

1 Zieh dich warm an und vergiss deine Handschuhe nicht. (Packe vielleicht noch ein zweites Paar ein, sollten die ersten nass werden.) Rolle zuerst für die Basis eine große Kugel aus Schnee, so als ob du einen Schneemann bauen würdest. Lasse ihn dort, wo du den Pinguin haben willst.

2 Rolle eine zweite Schneekugel, etwa zwei Drittel so groß wie die erste. Setze sie auf die Basis. Nun mache eine Kugel etwa halb so groß wie die zweite. Sie sollte so rund wie möglich sein. Setze sie oben auf.

3 Fülle die Lücken zwischen den Kugeln mit Schnee. Klopfe ihn fest und glätte ihn. Fahre damit fort, bis du einen birnenförmigen „Körper" hast.

4 Sammele Schnee rund um die Basis und forme ihn zu Füßen. Mit den Fingern oder einem Stock mache Aussparungen zwischen den „Klauen", sodass sie wie Schwimmhäute aussehen.

5 Füge nun die Flügel an. Zeichne an beiden Seiten mit den Fingern eine Flügelform. Vertiefe die Spur, sodass sie sich klar abzeichnet, und füge weiteren Schnee an. Klopfe ihn fest und forme die Flügel.

6 Der Schnabel ist der komplizierteste Teil, ärgere dich nicht, wenn du es öfter versuchen musst. Am leichtesten ist es, einen Stock als Stütze hineinzustecken und den Schnee rundherum anzuhäufen. Der Stock sollte etwas länger sein als der Schnabel, den du machen möchtest. Stecke das Ende in den Kopf. Klopfe den Schnee rundherum fest und forme ihn zu einer Schnabelform.

7 Und zum Schluss: der Schwanz! Sammele den Schnee an der Basis und forme direkt daran den Schwanz. Nun ist der Körper fertig. Wenn du ihn mit einer Sprühflasche oder einem Schlauch leicht mit Wasser besprüht, friert der Pinguin und hält länger.

8 Füge nun mit kleinen Steinen die Augen an und vielleicht zum Spaß auch Hut und Schal! Vergiss nicht, den Pinguin zu fotografieren!

FERTIG!

276 WURF MIT DEM KNEIF-GRIFF

Kneif mich! Es gibt so viele Arten, wie du diesen einfachen Kneif-Griff zum Vorteil nutzen kannst und dein Spinning-Spiel verbessern kannst. Das ist nur ein Hinweis an deine Fans, was du alles kannst ...

Top-Tipp
Wenn du den Spinner fängst, greife nur auf das Mittelstück – so verhinderst du, dass er aufhört sich zu drehen.

MITTELSCHWERE ÜBUNGEN

1 Halte den Spinner mit der linken Hand in der Mitte, mit dem Daumen oben und dem Zeigefinger unten.

2 Versetze den Spinner mit dem Zeigefinger der rechten Hand in Rotation.

3 Wirf den Spinner ein wenig, indem du Daumen und Zeigefinger gleichzeitig loslässt.

4 Fange ihn schnell mit derselben Hand mit einem Kneif-Griff – den Mittelfinger unten und den Daumen oben auf dem Mittelstück.

5 Versuche, weiter zu werfen und zu fangen wie in Schritt 3 und 4. Verwende dabei jedes Mal einen anderen Finger, um den Spinner aufzufangen – Zeigefinger, Mittelfinger, Ringfinger und kleinen Finger und retour!

FERTIG!

277 STEINEHÜPFEN

Wenn du das nächste Mal am Meer, am See oder am Fluss bist, versuche den Rekord von 51 Hüpfern zu brechen. Das braucht Übung, auch wenn es dir zuerst nicht gelingt, versuche es noch einmal!

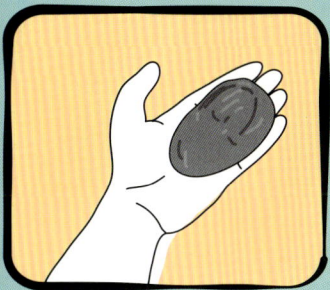

Sicherheit zuerst!
Pass auf die Menschen rund um dich auf!

1 Suche ein flachgestrecktes Gewässer mit vielen Steinen. Sie sollten dünn, flach, oval und etwa so groß wie deine Handfläche sein.

2 Halte den Stein zwischen Daumen und Zeigefinger in deiner Wurfhand. Stelle dir den Weg des Steines vor und wähle eine Stelle, wo der Stein zum ersten Mal aufkommen soll. Winkle die Hand ab, sodass der Stein leicht nach oben zeigt.

Top-Tipp
Je glatter und flacher ein Stein ist, desto besser wird er über das Wasser hüpfen, ohne die Oberflächenspannung zu unterbrechen.

3 Halte den Ellbogen eng am Körper und hole Schwung aus der Hüfte. Schwinge den Arm in einem Bogen. Wenn er am untersten Punkt des Bogens ankommt, strecke ihn aus, kippe das Handgelenk und lasse dabei den Stein los.

FERTIG!

278 GEWINNE DEN EIERLAUF

Hast du schon einmal an einem Eierlauf teilgenommen? Versammele einige Freunde für das Rennen oder laufe allein gegen die Uhr!

1 Koche die Eier in kochendem Wasser etwa 8 Minuten hart. Lasse sie auskühlen, bevor du sie verwendest. Für diesen Schritt ist es am besten, einen Erwachsenen zur Seite zu haben.

2 Überlege dir eine Rennstrecke und markiere Start und Ziel mit Seilen oder Stöcken. Wähle einen Löffel, der groß genug für das Ei ist, aber nicht so groß, dass es darauf herumrollt.

3 Strecke den Arm mit dem Ei und dem Löffel etwa in Augenhöhe vor dir aus. Halte Kopf und Arm so ruhig wie möglich, während du läufst. Vermeide plötzliche Bewegungen! Richte deine Augen auf die Ziellinie und versuche, das Ei nicht fallen zu lassen. Wenn es herunterfällt, musst du wieder zum Start zurück und neu beginnen.

FERTIG!

279 KARTOFFELKANONE

Luftdruck kann ziemlich mächtig sein. Man schoss damit schon Satelliten ins All! Die Kartoffelkanone verwendet Luftdruck, um Kartoffelstücke durch die Gegend zu schießen.

Sicherheit zuerst!
Ziele nie mit der Kartoffelkanone auf Menschen oder Tiere. Lasse dich von einem Erwachsenen begleiten. Du brauchst eine große offen Fläche im Freien.

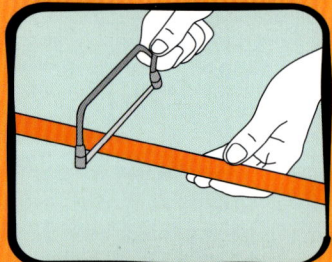

1 Suche ein Kupferrohr. Wenn du keines hast, besorge eines im Baumarkt. Dort kann man dir das Rohr auch auf die gewünschte Länge zuschneiden. Andernfalls bitte einen Erwachsenen, es auf 30–60 cm Länge zuzuschneiden.

2 Achte darauf, dass das Rohr gerade ist und die Enden glatt sind. Raue Enden sollten von einem Erwachsenen abgefeilt werden, sonst könntest du dich verletzen.

3 Zeit, die Kartoffelkanone zu „laden"! Lege die Kartoffel auf den Tisch (den du vorher abgedeckt hast) und halte sie mit einer Hand fest. Drücke mit der anderen Hand das Rohr ganz durch die Kartoffel durch.

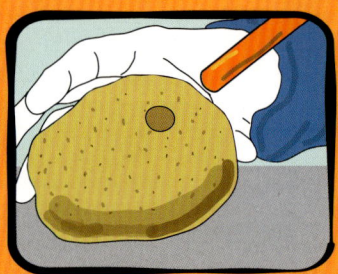

4 Drücke das andere Rohrende auf dieselbe Weise durch die Kartoffel und ziehe es heraus. Du solltest nun Kartoffelstücke an beiden Enden des Rohres haben.

5 Fasse mit dem Rohr ein Ziel ins Auge. Stoße mit dem Rundholz in das eine Ende der Kanone, und zwar so lange, bis sie „feuert"!

6 Um die Kanone nochmals zu verwenden, drücke das Kartoffelstück, das sich noch im Rohr befindet, heraus und lade sie neu, wie in Schritt 3 und 4 angegeben.

Warum nicht?
Gestalte ein Ziel für deine Kanone. Tauche das Ende des Kartoffelstückes in Farbe, sodass du siehst, wo es aufschlägt. Bull's eye!

FERTIG!

280 SPAZIERGANG MIT DER KAMERA

Wenn du zur Schule oder zum Einkaufen gehst, nimmst du wirklich alles um dich herum wahr? Wenn du deine Kamera auf den Spaziergang mitnimmst, siehst du vielleicht alles in einem neuen Licht.

1 Überlege dir einen Weg. Es kann der gewöhnliche Weg zur Schule oder zu einem Freund, aber auch ein neuer Weg sein, z. B. wenn du auf Urlaub bist. Informiere immer einen Erwachsenen, wo du hingehst!

2 Während du gehst, halte nach schönen Fotomotiven Ausschau. Was springt dir ins Auge? Ist es etwas, was du immer schon gesucht hast? Ist es Nachbars Katze? Oder etwas Lustiges?

3 Es ist immer aufregend, sich die Fotos anzusehen. Wenn du sie ausdrucken kannst, ordne sie und schreibe etwas darauf, oder mache eine Dia-Show auf dem Computer. Zeige sie Freunden und Familie und lasse sie raten, wo du die Fotos aufgenommen hast.

FERTIG!

281 REGATTA MIT MINI-FLÖSSEN

Sei kreativ mit Abfall und baue das ultimative Mini-Floß! Überrede Freunde, auch eines zu basteln, und lasst sie an einem windigen Tag um die Wette fahren.

Du brauchst
- Alten und gefundenen Krimskrams – Plastiktabletts und -flaschen, Strohhalme, Korken, Bambus, Bastelstäbe, Flaschenverschlüsse, Zweige, Tannenzapfen, Federn etc.
- Schnur oder Gummibänder
- Erfinderische und konkurrenzfähige Freunde

1 Sammele viel nützliches Zeug. Überlege dir, ob es schwimmt. Karton saugt sich voll und wird untergehen, aber die alte Käsereibe bleibt vielleicht über Wasser, wenn du sie an Plastikflaschen befestigst. Kombiniere künstliche und natürliche Materialien. Sei erfinderisch und schaue über den Tellerrand hinaus!

2 Überlege dir die Form des Floßes. Es muss nicht quadratisch sein. Lege die Materialien aus und setze sie zu einem Floß zusammen. Fixiere die Stücke mit Schnur oder Gummibändern oder beidem.

3 Gib dem Floß einen Namen und fordere Freunde zu einem Rennen heraus. Ein windiger Tag an einem seichten Teich im örtlichen Park ist perfekt. Achtet darauf, dass es sicher ist, später hineinzuwaten, um die Erfindungen wieder herauszuholen.

FERTIG!

282 FANGE DEN DRACHENSCHWANZ

Das ist ein altes chinesisches Spiel, inspiriert von dem legendären Drachen der antiken Mythologie. Am besten spielt man es in einer großen Gruppe – perfekt für eine Party! Du brauchst mindestens 10 Leute, aber je mehr, desto besser!

1 Wählt einen Schiedsrichter. Die anderen teilen sich auf drei Teams auf. Wenn möglich sollte jedes Team aus gleich vielen Spielern bestehen. Stellt die Teams gegeneinander auf.

2 Binde einen Schal auf den Rücken des letzten Spielers jedes Teams. Das sind die Drachenschwänze. Der erste in der Reihe ist der Drachenkopf. Jeder sollte den Vordermann an den Schultern oder Hüften halten.

3 Das Spiel beginnt, wenn der Schiedsrichter ruft: „Fange den Drachenschwanz!" Die Drachenköpfe müssen die Schals, oder Schwänze, der anderen Teams erwischen. Die Reihe der Teams darf nicht aufbrechen und niemand außer den Drachenköpfen darf die Schwänze fangen.

4 Wenn der Schwanz erwischt wurde, schreit man „Gefangen!" und der Schiedsrichter gibt dem Team einen Punkt. Bricht die Reihe eines Teams auf oder jemand anders als der Kopf fängt den Schwanz, verliert das Team einen Punkt.

5 Der Schal wird wieder als „Schwanz" angebunden und das Spiel geht weiter. Ihr könnt entweder eine Spielzeit festsetzen oder so lange spielen, bis ein Team 5 Punkte erreicht hat. Das Team mit den meisten Punkten ist der Sieger!

FERTIG!

283 LERNE JONGLIEREN

Jonglieren eignet sich bestens zum Angeben! Mit Konzentration, Übung und Rhythmus wirst du zum perfekten Party-Tiger!

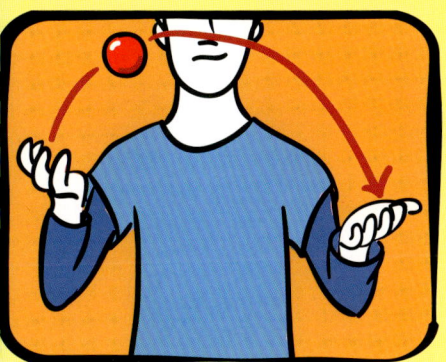

1 Nimm einen kleinen Ball oder Bohnensack und wirf ihn in einem Bogen in Augenhöhe von einer Hand zur anderen.

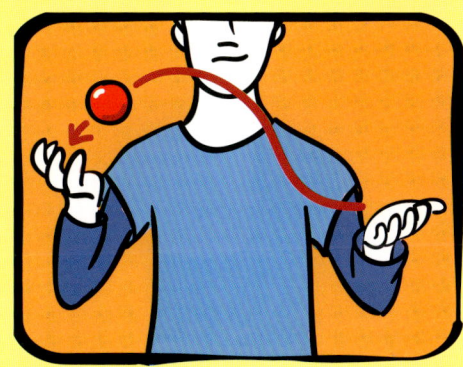

2 Wirf den Ball so, dass du nicht eine Hand ausstrecken musst, um den Ball zu fangen. Übe, bis du einen guten Rhythmus gefunden hast.

3 Versuche nun, zwei Bälle gleichzeitig zu werfen. Wenn der erste Ball fällt, wirf den zweiten und fange beide auf.

4 Nimm nun einen dritten Ball dazu. In der dominanten Hand hältst du zwei Bälle, in der anderen einen.

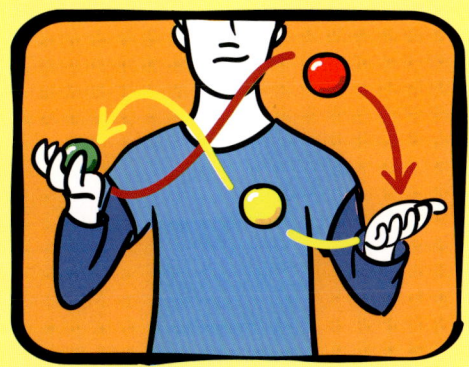

5 Wirf zwei Bälle, so wie vorher beschrieben, während du den dritten in der dominanten Hand behältst.

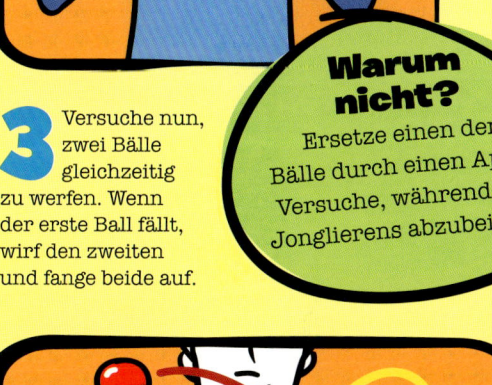

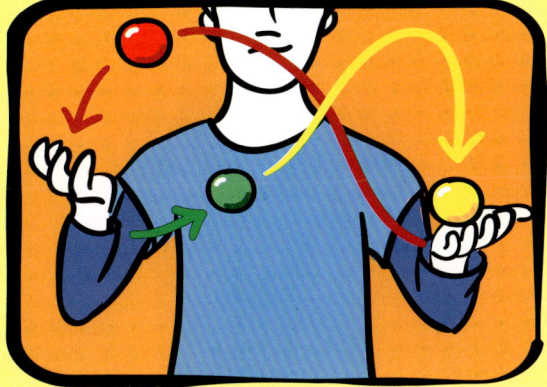

6 Wirf den dritten Ball, wenn der zweite gerade am Höhepunkt ist und versuche die Bälle weiter in einer Endlosschleife zu werfen.

Sicherheit zuerst!

Das Wichtigste zuerst: Die erste Regel beim Jonglieren ist die Sicherheit! Deshalb denke nicht einmal daran, brennende Fackeln oder Messer zu verwenden! Trainiere mit Bohnensäckchen oder Bällen. Mit den richtigen Objekten und der richtigen Technik, wirst du in kürzester Zeit jonglieren können – und ziemlich cool dabei aussehen!

 FERTIG!

284 SPIELE AMPEL ROT, AMPEL GRÜN

Kannst du schnell reagieren und still wie eine Statue stehen? Suche mit ein paar Freunden ein geeignetes Terrain und probiere es aus!

1 Überlege, wer die „Ampel" sein soll. Sie steht an einem Ende des Spielfeldes, alle anderen Spieler stehen hinter einer Linie am anderen Ende, der „Ampel" gegenüber.

2 Die „Ampel" dreht sich von den Spielern weg. Wenn sie ruft „Ampel grün!", laufen die Spieler in Richtung der Ampel. Ruft sie „Ampel rot!", dreht sie sich um und die anderen dürfen sich nicht mehr bewegen.

3 Wenn die Spieler wackeln oder umfallen, werden sie an den Start zurückgeschickt.

4 Das Ziel ist, die „Ampel" an der Schulter zu berühren, um selbst zur „Ampel" zu werden. Die „Ampel" muss versuchen, die anderen zum Wackeln oder Umfallen zu bringen, indem sie sich ganz plötzlich und schnell umdreht.

FERTIG!

285 FÄHRTENLESEN

Fußabdrücke von Tieren aufzuspüren und zu identifizieren ist aufregend. Du musst nur wissen, was du suchst – und wo.

1 Suche auf weichem Boden nach Abdrücken – im Schlamm, im Sand oder im Schnee.

2 Die Spuren unterscheiden sich, je nachdem, was das Tier gerade tat. Man sieht, ob es ging oder lief, leicht oder schwer war, und sogar, ob es ausglitt.

3 Sieh dir die Liste an, vielleicht findest du einige davon im Wald oder sogar im eigenen Garten.

Tier	AB-DRUCK
Katze	
Hund	
Hase	
Möwe	
Eichhörn-chen	

FERTIG!

286 LERNE, KNOTEN ZU BINDEN

Das ist das Ding bei den Knoten: Sie kommen absolut NICHT selten vor. Wir verwenden sie auch für vieles im Alltag, also ist es wichtig, etwas darüber zu wissen. Hier sind drei nützliche und einfache Knoten zum Üben.

KREUZKNOTEN

Man verwendet ihn, um zwei Seile zu verbinden.

 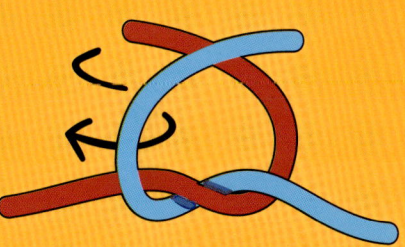

1 Lege das linke Ende eines Seiles über das rechte Ende des anderen. Führe das linke Ende unter dem anderen Seil durch und zieh es nach oben.

2 Drehe die Enden nach innen. Ziehe das rechte Ende über das linke zuerst nach hinten und dann wieder nach vorne durch die gerade gebildete Schleife

3 Zieh den Knoten fest. Als Merkhilfe sagt man bei diesem Knoten: „Links über rechts und rechts über links."

PALSTEK

Er wird verwendet, um am Ende eines Seiles einen Knoten zu machen, der nicht aufgeht. Er war ursprünglich ein Hüftknoten für Kletterer, bevor man Klettergurte verwendete.

1 Bilde eine Schleife, indem du den arbeitenden (unteren) Teil des Seiles über den stehenden (befestigten) Teil legst.

2 Führe das arbeitende Ende von hinten zurück durch die Schleife und dann um den hinteren Teil des stehenden Endes.

3 Führe das arbeitende Ende wieder zurück durch die Schleife und ziehe den Knoten fest.

WEBELEINENSTEK

Man verwendet ihn, um ein Seil an einer Stange zu befestigen.

1 Führe das arbeitende Ende rund um die Stange und über das stehende Ende.

2 Führe das arbeitende Ende noch einmal um die Stange und stecke es unter die gekreuzten Schlaufe zurück.

3 Ziehe die Enden fest, sie sollten nebeneinander, mit den Enden in entgegengesetzter Richtung unter dem Kreuz liegen.

FERTIG!

287 WURF VON HAND ZU HAND

Es geht in die Vertikale ... Wechsle zu einem anderen Hand-zu-Hand-Wurf.

MITTELSCHWERE ÜBUNGEN

1 Halte den Spinner vertikal mit einem Kneif-Griff in der linken Hand, mit dem Daumen vorne und dem Zeigefinger hinten am Mittelstück.

2 Versetze den Spinner mit dem Zeigefinger der rechten Hand in Rotation.

3 Senke die Hand für einen Moment und wirf den Spinner dann nach oben und hinüber zur anderen Hand.

4 Wirf den Spinner zwischen den Händen hin und her – dabei sollte er die ganze Zeit vertikal und in Rotation bleiben.

5 Fange den Spinner mit einem Kneif-Griff, den rechten Daumen vorne und den Zeigefinger hinten am Mittelstück. Vermeide die Rotationsblätter außen zu berühren, damit der Spinner nicht aufhört, sich zu drehen.

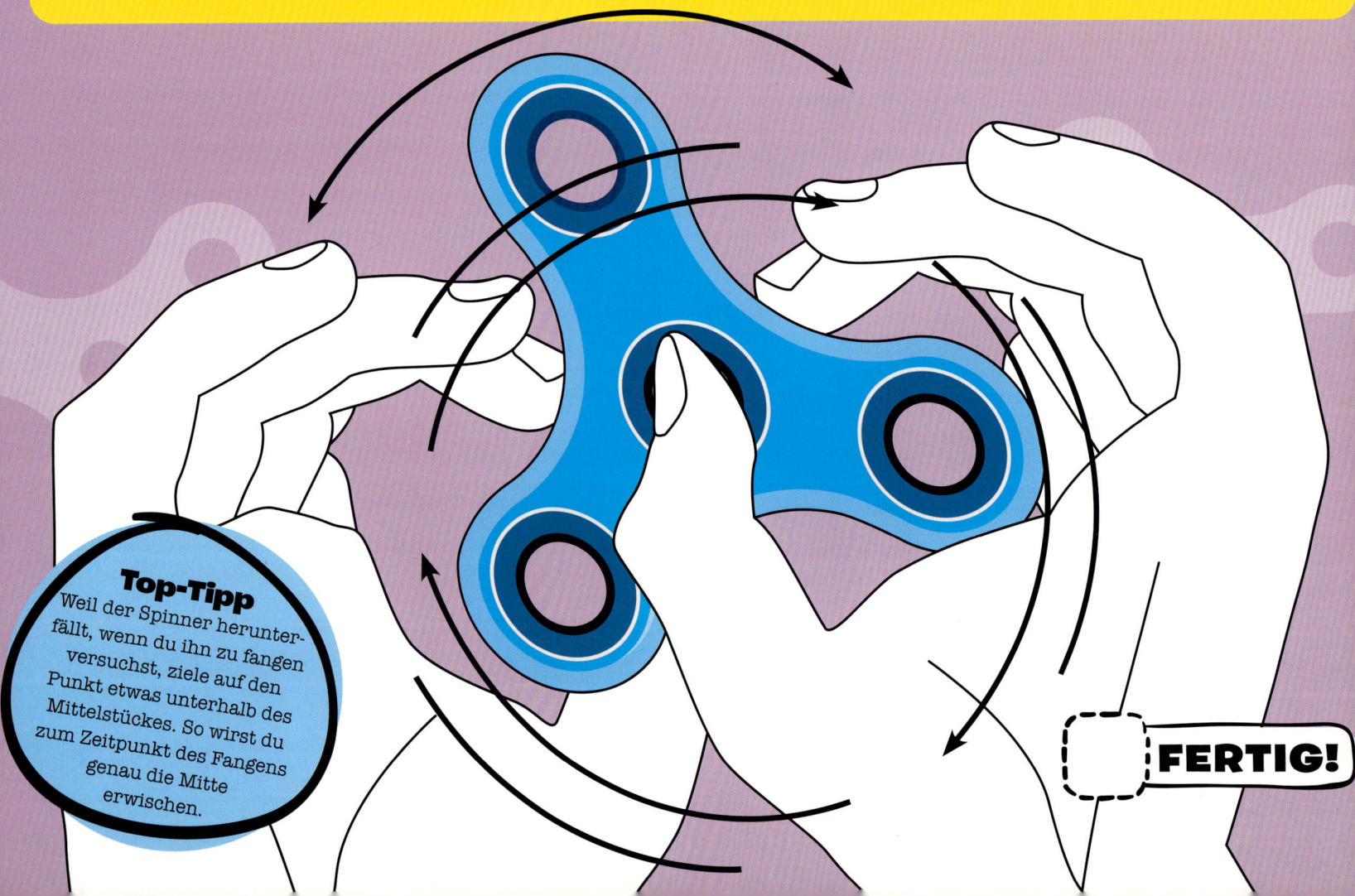

Top-Tipp
Weil der Spinner herunterfällt, wenn du ihn zu fangen versuchst, ziele auf den Punkt etwas unterhalb des Mittelstückes. So wirst du zum Zeitpunkt des Fangens genau die Mitte erwischen.

FERTIG!

288 ARM IN ARM FANGEN SPIELEN

Du hast sicher schon fangen gespielt, aber in dieser Variante? Sie wird am besten mit einer großen Gruppe von Freunden im Freien gespielt.

Du brauchst
- 1 Gruppe von Freunden (mindestens 8, aber je mehr, desto besser)
- Große freie Fläche zum Laufen

1 Teilt euch auf Paare auf. Wenn jemand übrig bleibt, macht eine Dreiergruppe. Die Paare sollten sich Arm in Arm auf der Spielfläche verteilen.

2 Wählt ein Paar, das dann die Arme löst. Einer wird zum „Es", der andere zum „Läufer". Das „Es" jagt den Läufer – wird er aber gefangen, werden die Rollen getauscht, er wird zum „Es", der andere zum Läufer.

3 Um dem „Es" zu entkommen, kann sich der Läufer bei einem Paar einhängen. Dort ist er sicher. Aber der Spieler am anderen Ende der neuen Dreiergruppe wird nun zum Läufer.

4 Nun muss „Es" den neuen Läufer jagen. Dieser kann sich wiederum bei einem Paar einhängen, aber er muss ein neues Paar wählen, nicht das, in dem er vorher war.

Warum nicht? Verändere die Regeln ein wenig. Du könntest schnell gehen oder hüpfen, statt zu laufen.

5 Wann immer „Es" den Läufer erwischt, werden die Rollen getauscht. Spielt, bis ihr so erschöpft seid, dass ihr in einem großen Haufen am Boden liegt!

FERTIG!

289 GEHE DURCH PAPIER

Setze deine Freunde in Erstaunen, indem du durch ein einzelnes Blatt Papier gehst.

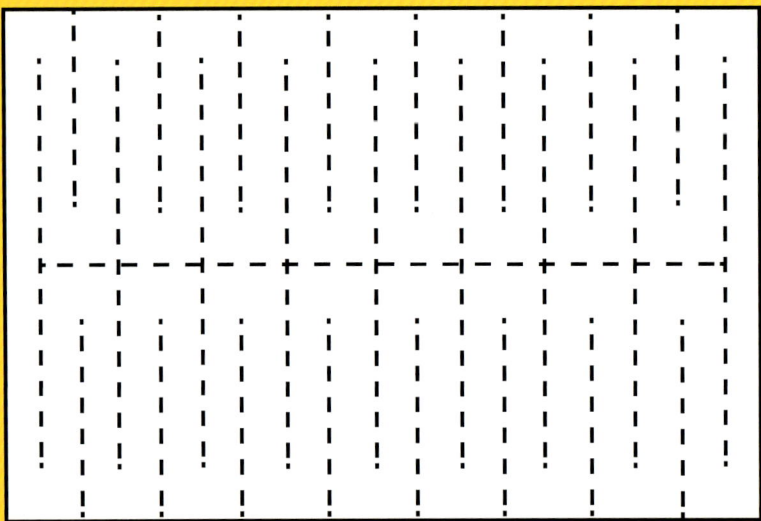

DIE AUFFÜHRUNG

1 Frage deine Freunde, ob sie glauben, dass du ein Loch in ein A4-Blatt schneiden kannst, das groß genug ist, um durchzuspazieren.

2 Schneide vor den Augen des Publikums sorgfältig genau entlang der Linien. Erzähle währenddessen ein paar Witze, um sie zu unterhalten!

3 Ziehe das Papier vorsichtig auseinander und gehe durch. Ta-da!

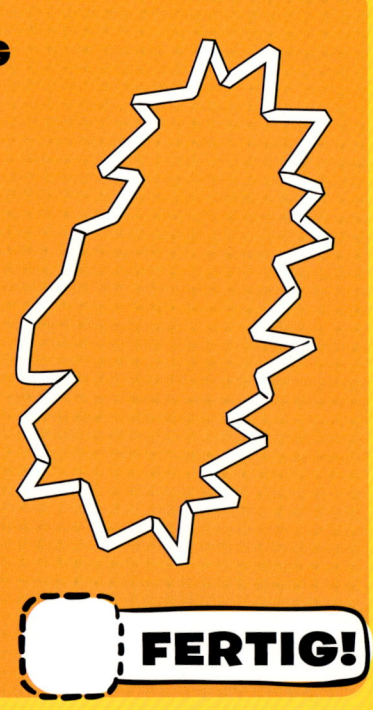

FERTIG!

290 WASSER-STAFFELLAUF

Das ist ein lustiges Spiel mit ein paar Freunden an einem heißen Tag. Du brauchst für jeden einen Plastikbecher und einen Eimer sowie einen riesigen Wasserbehälter. Und ja – das Wasser sollte von euren Nasen tropfen!

1 Bitte einen Erwachsenen, mit einer dicken Nadel Löcher in jeden Becher zu stechen. Achte darauf, dass jeder Becher die gleiche Anzahl an Löchern aufweist.

2 Sucht euch eine große Rasenfläche. Stellt die leeren Eimer in einer Reihe mit etwas Abstand auf den Boden und den großen, vollen Wasserbehälter an das andere Ende der Fläche.

3 Die Spieler starten beim großen Wasserbehälter. Wenn jemand „Los!" ruft, füllen alle gleichzeitig den Becher mit Wasser. Jeder hält seinen Becher über dem Kopf, während er zu seinem leeren Eimer läuft.

4 Wenn die Spieler ihren Eimer erreichen, gießen sie das Wasser, das noch im Becher ist, hinein und laufen an das andere Ende zurück. Der Erste, der seinen Eimer bis zum Rand voll hat, ist der Sieger. Auf die Plätze, fertig ... LOS!

FERTIG!

Lust auf ein gruseliges Abenteuer? Gehe doch mit Freunden auf Geisterjagd! Hier ein paar Tipps, wie du die Geister erwischst, die in der Nachbarschaft lauern.

Sicherheit zuerst!

Denke daran, immer einem Erwachsen zu sagen, wo du hingehst, und gehe niemals nachts allein hinaus.

SEI BEREIT!

Im Zimmer oder an dem Ort, wo die Geisterjagd stattfinden soll, seid so ruhig und friedlich wie möglich. Schaltet das Licht aus oder dreht es herunter, wenn ihr euch unsicher fühlt. Schreibt alles auf, was ihr seht, hört oder fühlt.

BERÜHMTE GESPENSTER!

Edinburgh, Schottland

Das berühmte Edinburgh Playhouse besitzt einen netten Geist mit grauem Mantel namens Albert. Man glaubt, er sei ein alter Bühnenarbeiter, der es nicht lassen kann, von Zeit zu Zeit auszuhelfen!

Banghar Fort, Indien

Man sagt, ein Zauberer habe das indische Dorf verflucht und kurz danach sei es überfallen worden. Bis heute glauben die Menschen dort, die Geister würden neugierige Besucher fern halten.

Die Karlsbrücke, Prag

Im Mittelalter wurden auf der Brücke zehn Fürsten geköpft. Ihre Geister lungern immer noch dort herum und singen in der Nacht, um jeden zu vertreiben, der es wagt, die Brücke zu überqueren.

STELLE FRAGEN!

Wenn es ganz still ist, stellt den Geistern Fragen wie „Ist da jemand?" oder „Kannst du uns ein Zeichen geben?" Schaut, was passiert, nachdem ihr die Fragen gestellt habt!

Ist da jemand?

BUH-HU!

Sobald du einen Geist gehört, gefühlt oder entdeckt hast, frage in die Runde, ob jemand dasselbe erlebt hat. Solltet ihr zu verängstigt sein, sagt einfach „Geist, ich entlasse dich!" und schaltet das Licht wieder ein. Vergleicht eure Notizen, um zu sehen, wie ihr den gemeinsamen Spuk erlebt habt!

Warum nicht?

Nimm eine Kamera mit und sieh, ob du etwas Gespenstisches aufnehmen kannst!

FERTIG!

292 DREHE EINEN BASKETBALL

Übung macht den Meister! Bald wirst du deine Freunde mit dieser Fingerübung beeindrucken.

1 Du hältst den Basketball in der einen Hand und treibst mit der anderen Hand den Bald schnell an. Sobald der Ball kreiselt, halte ihn nur mehr auf einem der Finger, am leichtesten geht es wahrscheinlich mit dem Zeigefinger.

2 Schlage leicht auf den kreiselnden Ball, warte eine Sekunde und treibe ihn noch einmal an.

Top-Tipp
Lasse ein wenig Luft aus dem Ball, bevor du beginnst. Das vergrößert die Fläche dort, wo der Finger den Ball berührt, und du kannst das Kreiseln besser kontrollieren.

3 Halte den Ellbogen gebeugt und das Kinn nach unten, so bleibst du ruhig und stabil. Versuche, den Ball jedes Mal länger kreiseln zu lassen.

FERTIG!

293 ÜBERTRAGUNGS-TRICK

Probiere den Trick, um zu sehen, wie die Energie eines Balles auf einen anderen übertragen wird.

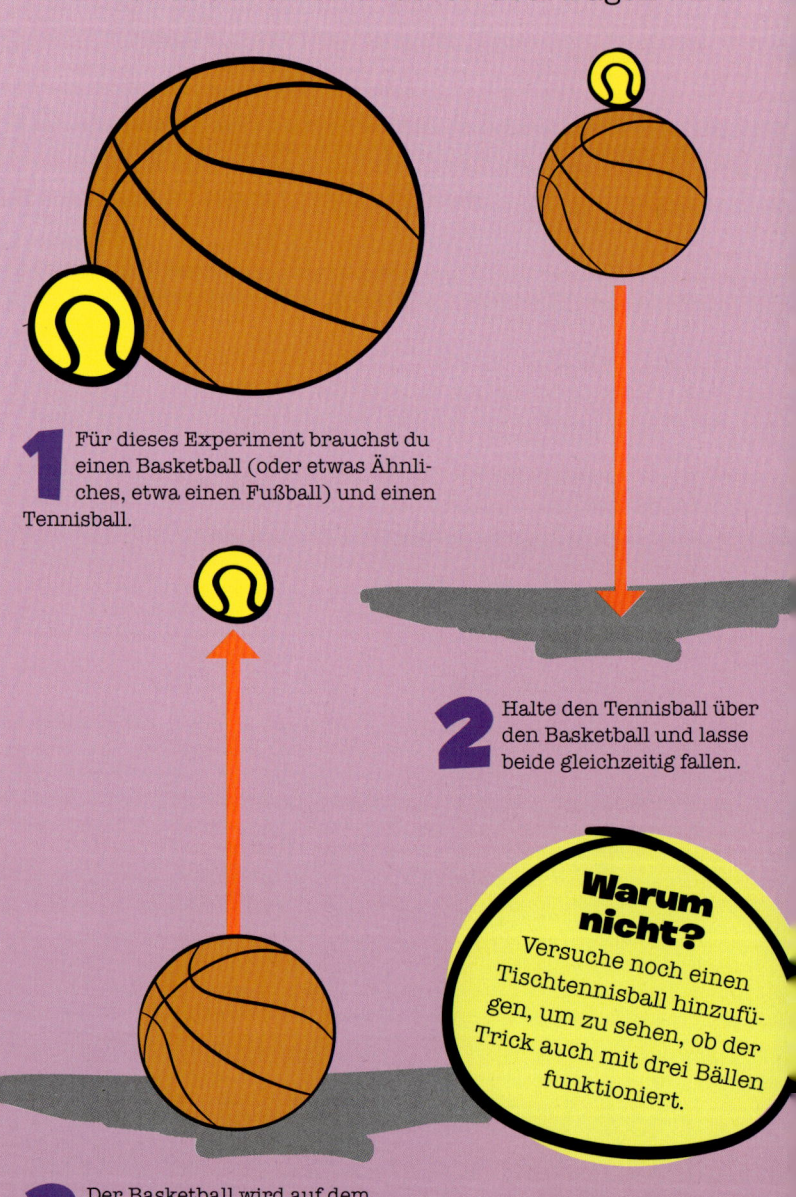

1 Für dieses Experiment brauchst du einen Basketball (oder etwas Ähnliches, etwa einen Fußball) und einen Tennisball.

2 Halte den Tennisball über den Basketball und lasse beide gleichzeitig fallen.

Warum nicht?
Versuche noch einen Tischtennisball hinzufügen, um zu sehen, ob der Trick auch mit drei Bällen funktioniert.

3 Der Basketball wird auf dem Boden nur wenig abspringen, doch der Tennisball wird über seine Ausgangshöhe steigen, da die Energie des Basketballs auf ihn übertragen wird.

FERTIG!

294 WASSERBALLON-VOLLEYBALL

Das ist das perfekte Spiel für einen heißen Sommertag am Strand, im Park oder sogar im Garten. Aber gib acht – man wird dabei ziemlich nass!

1 Stelle das Netz auf und versammele die Freunde. Du brauchst mindestens vier Spieler.

2 Bereite eine Stoß Wasserballons vor.

3 Jedes Team nimmt ein Strandtuch oder eine Decke. Damit befördert es den Ballon über das Netz zum anderen Team, das ihn wiederum mit seinem Tuch auffangen muss. Gewinner ist das Team, das die wenigsten Ballons platzen lässt (und am trockensten bleibt).

Warum nicht?
Verdoppelt den Spaß und spielt mit zwei Wasserballons gleichzeitig!

FERTIG!

295 MACHE EINEN BUMERANG

Bumerangs sind traditionelle Wurfstöcke der australischen Ureinwohner. Du kannst diese dreiflügelige Version aus einem einfachen Stück Karton basteln.

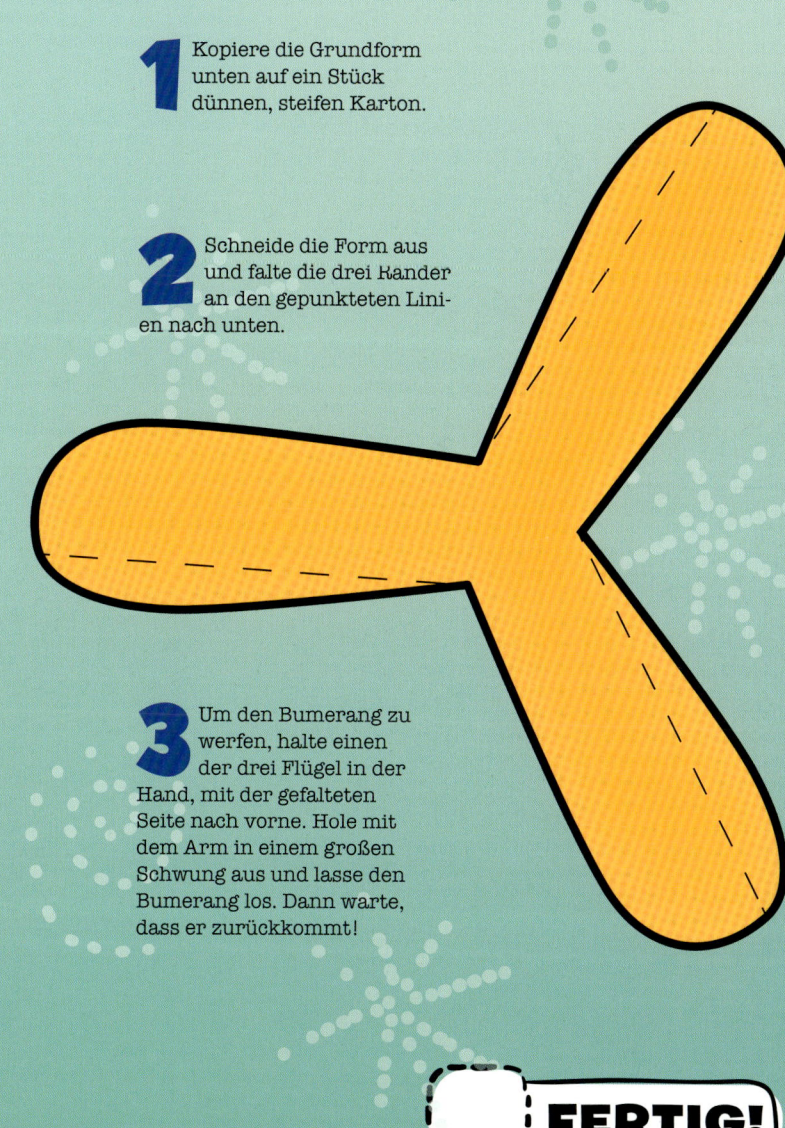

1 Kopiere die Grundform unten auf ein Stück dünnen, steifen Karton.

2 Schneide die Form aus und falte die drei Ränder an den gepunkteten Linien nach unten.

3 Um den Bumerang zu werfen, halte einen der drei Flügel in der Hand, mit der gefalteten Seite nach vorne. Hole mit dem Arm in einem großen Schwung aus und lasse den Bumerang los. Dann warte, dass er zurückkommt!

FERTIG!

296 SPIELE AUF UND NIEDER!

Das Spiel wird dich wach halten. Spiele es auf einer Autofahrt – natürlich ohne den Fahrer, aus offensichtlichen Gründen!

1 Jeder Spieler hat fünf Leben. Wenn ihr über eine Brücke fahrt, müsst ihr die Füße anheben. Jeder, der das nicht tut, verliert ein Leben.

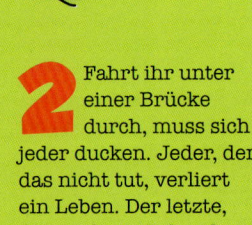

2 Fahrt ihr unter einer Brücke durch, muss sich jeder ducken. Jeder, der das nicht tut, verliert ein Leben. Der letzte, der noch ein Leben hat, ist der Sieger.

VERSCHIEDENE VARIANTEN

Wenn es auf der Fahrt keine Brücken gibt, könnt ihr diese Varianten spielen, oder erfindet einfach eigene!

- Füße rauf, wenn ihr im Radio das Wort „Verkehr" hört.
- Ducken, wenn ihr im Radio das Wort „Wetter" hört.
- Füße rauf, wenn ihr an einer Tankstelle vorbeifahrt.
- Ducken, wenn ihr ein Auto mit einer Panne seht.
- Füße rauf, wenn ihr einen Tankwagen seht..
- Ducken, wenn ihr ein Flugzeug seht.

FERTIG!

297 DAUMENSCHLACHT

Ein lustiges Spiel für zwei Spieler mit etwa gleich großen Händen.

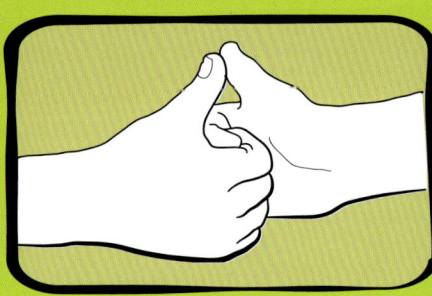

1 Setzt euch gegenüber, streckt den Daumen in die Luft und verschränkt eure Fingerspitzen ineinander.

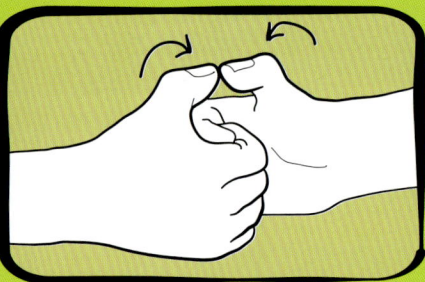

2 Beugt die Daumen, um dem Gegner Respekt zu zollen. Dann lasst das Spiel beginnen!

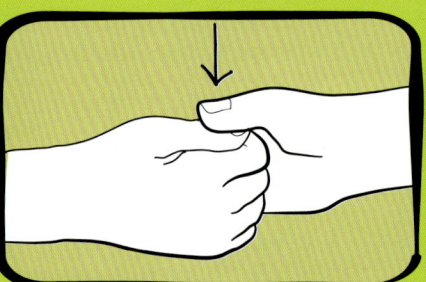

3 Du musst versuchen, den Daumen des Gegners nach unten zu drücken und ihn 5 Sekunden lang festzuhalten.

4 Der Gewinner könnte sagen: „Ich bin der Sieger, ein guter Daumenkrieger!"

FERTIG!

298 SPINNEN MIT DEM BLEISTIFT

Für diesen Trick brauchst du einen Bleistift oder Füller mit einem flachen Ende sowie einen Spinner mit abnehmbaren Mittelstücken.

SPINNEN MIT ZUBEHÖR

1 Ziehe die Mittelstücke des Spinner auf beiden Seiten ab.

2 Schiebe einen Bleistift oder Füller mit der spitzen Seite nach oben durch das Loch in der Mitte, so weit es geht.

3 Halte den Bleistift oder Füller am Teil oberhalb des Spinners und bringe diesen mit der anderen Hand in Rotation.

4 Stelle den Stift oder Füller mit dem flachen Ende auf eine ebene Fläche und sieh ihm beim Drehen zu.

5 Versuche die Spitze des Stiftes oder Füllers während der Rotation leicht zu stupsen. Wenn er genug Momentum hat, wird er sich von selbst wieder aufrichten.

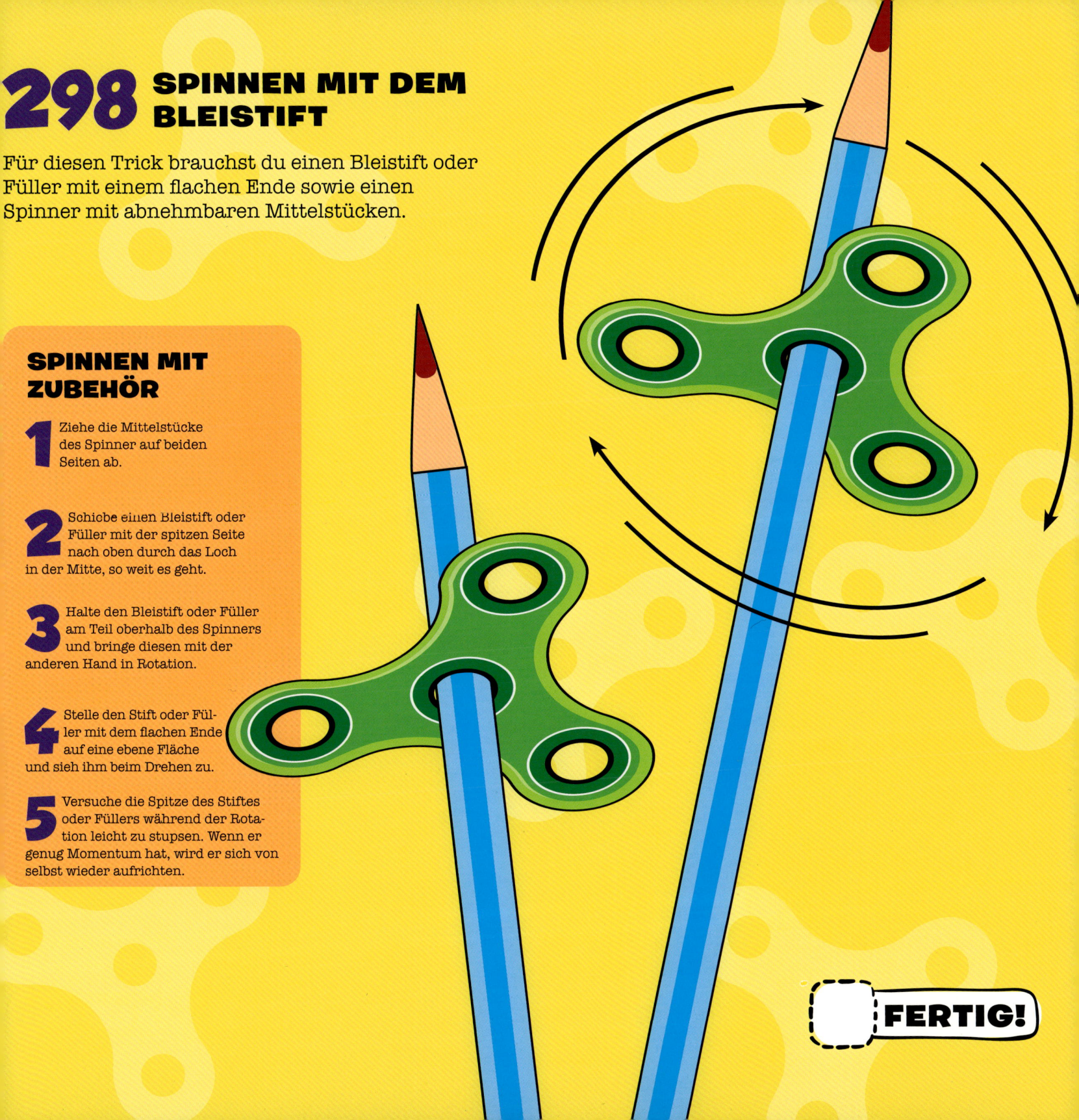

FERTIG!

299 SKATEBOARD-TRICK

Einer der wichtigsten Tricks beim Skateboarden ist ein Sprung namens „Ollie". Trage immer einen Helm, wenn du mit dem Skateboard fährst!

1 Beuge die Knie. Wenn du rollst (langsam!), tritt mit dem rechten Fuß so fest du kannst auf den Kicktail und springe dann mit beiden Beinen (über dem Skateboard) in die Luft.

2 Beim In-die-Luft-Steigen ziehe den linken Fuß über das Deck. Du brauchst Zeit und Übung, um das zu beherrschen, also gib nicht auf!

3 Wenn du wieder aufkommst, beuge die Knie, um den Aufprall abzufedern. Du wirst schon bald überall einen Ollie vorführen!

Skateboard-Teile

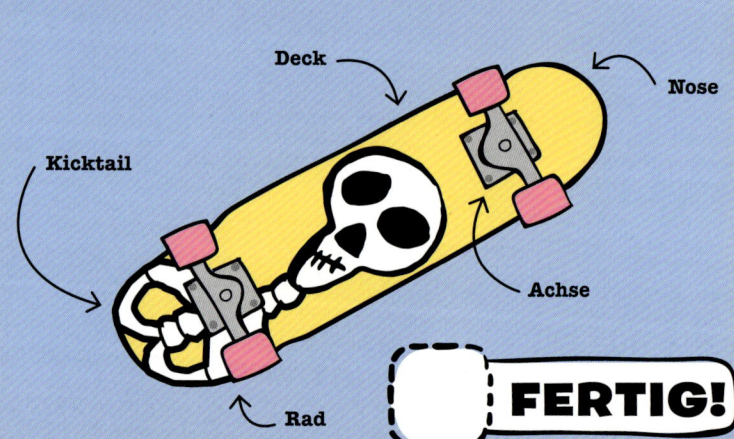

Deck — Nose

Kicktail

Achse

Rad

FERTIG!

300 CAMPING-AUSRÜSTUNG

Campen zu gehen, verlangt viel Planung und Organisation – lies das Folgende für ein paar Anregungen.

Sicherheit zuerst!
Achte darauf, dass du immer einen Erwachsenen informierst, wo du dich aufhältst! Und campe niemals allein!

Zelt

Camping-stuhl

Karte der Region

Taschenlampe

Iso-matte

Erste-Hilfe-Koffer

Nah

Sei vorbereitet!
Packe alle Dinge ein, die für einen guten Schlaf in der Wildnis wichtig sind: Zelt, Schlafsack und Matte. Überlege dir, wo du campen willst, überprüfe, wie das Wetter wird und nimm die richtige Kleidung mit, um dich warm zu halten! Für das ultimative (und sichere) Freilufterlebnis denke auch an einen Erste-Hilfe-Koffer sowie Nahrung, Taschenlampe und Landkarte!

FERTIG!

301 SCHERE, STEIN, PAPIER

Erinnere dich, wie man „Schere, Stein, Papier" spielt, und probiere dann einige Geheimtipps für den Sieg aus! Du brauchst zwei Spieler.

STEIN

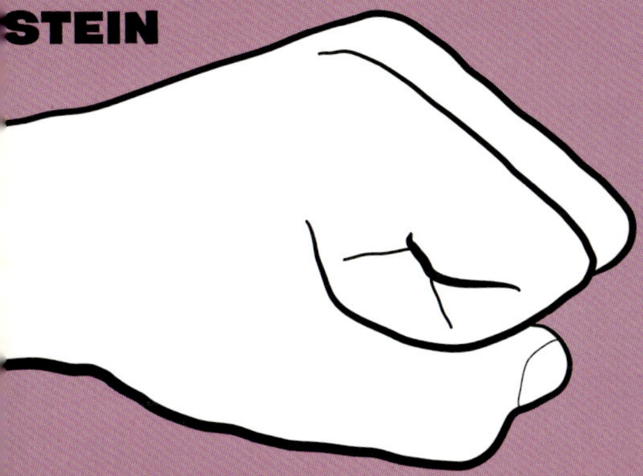

PAPIER

SCHERE

1 Beginnt, indem beide eine Faust in die Höhe halten. Bewegt die Faust auf und ab, während ihr sagt: „Schere, Stein, Papier!" Dann macht beide eine der drei abgebildeten Gesten.

2 Orientiert euch an der Liste rechts, um zu sehen, wer gewonnen hat. Spielt entweder drei oder sechs Mal und kürt am Ende den Sieger!

Wer gewinnt?

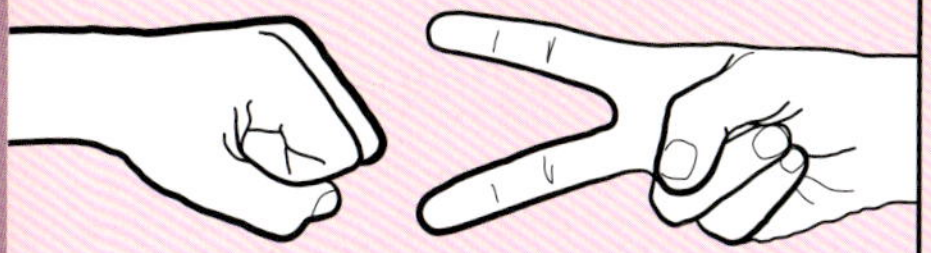

Stein gewinnt

Stein zerbricht Schere

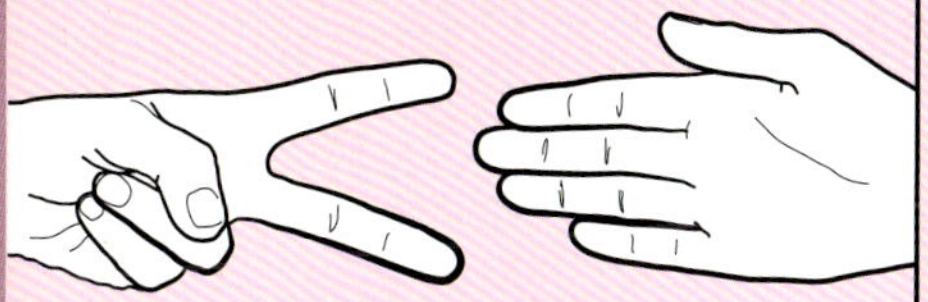

Schere gewinnt

Schere schneidet Papier

Papier gewinnt

Papier bedeckt Stein

Wenn beide Spieler dieselbe Geste machen, wird der Durchgang wiederholt.

Tipps zum Gewinnen

(Halte sie vor deinem Gegner geheim!)

• Die meisten Leute neigen dazu, das Spiel mit „Schere" zu beginnen.

• Wenn jemand zwei Mal dasselbe sagt, ist es unwahrscheinlich, dass er es ein drittes Mal wiederholt. Meist nennt er dann das Ding, das seine vorherige Wahl schlagen würde.

• Beobachte den Gegner. Wählt er oft dieselbe Geste? Denke daran, wenn du ihn das nächste Mal herausforderst!

FERTIG!

302 FLASCHEN-SPINNER

Setze den Spinner auf eine Flasche für noch mehr Tricks in deinem Repertoire. Stelle eine Plastikflasche auf den Tisch und erhebe den Spinner zu neuen Höhen!

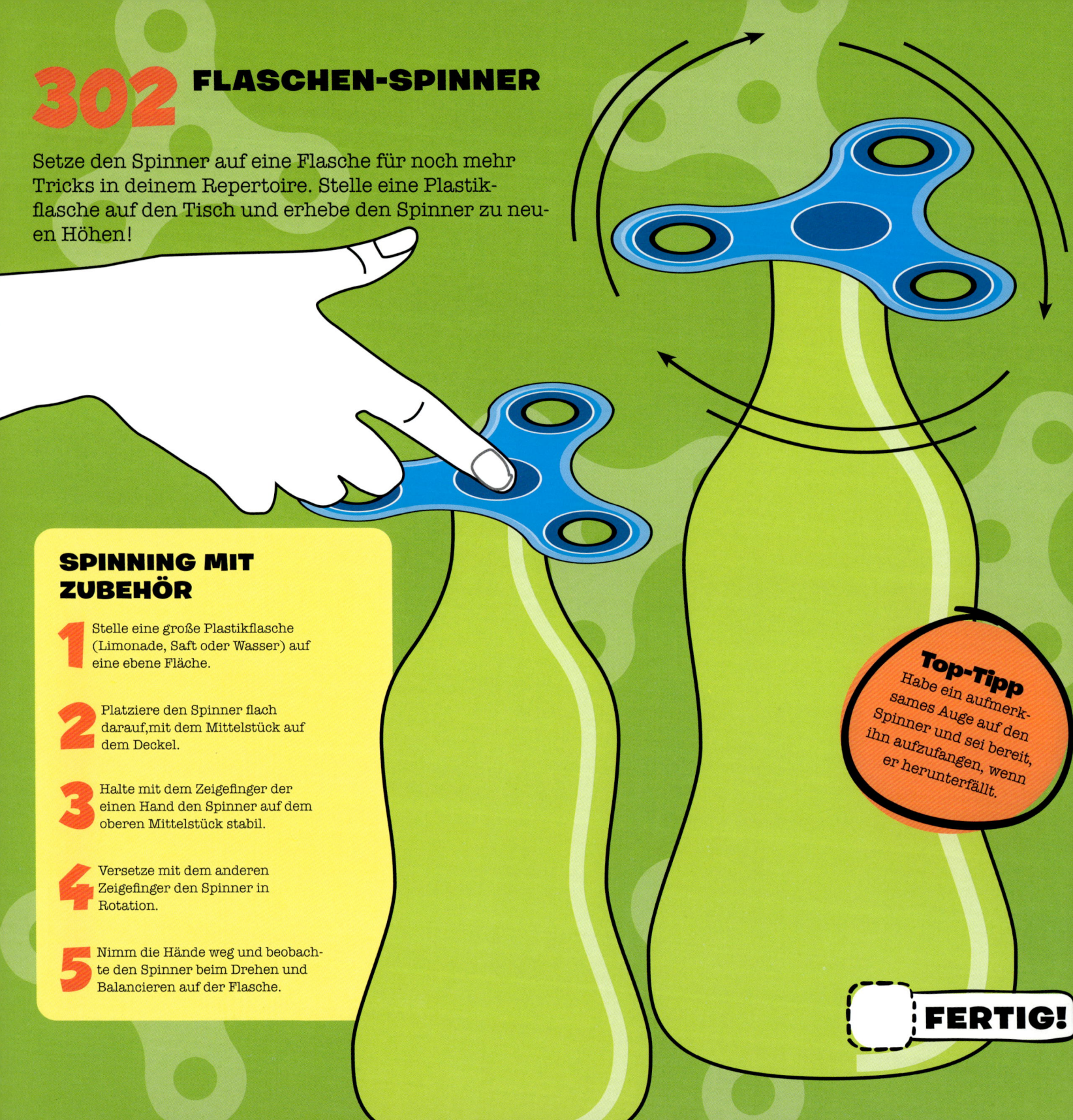

SPINNING MIT ZUBEHÖR

1 Stelle eine große Plastikflasche (Limonade, Saft oder Wasser) auf eine ebene Fläche.

2 Platziere den Spinner flach darauf, mit dem Mittelstück auf dem Deckel.

3 Halte mit dem Zeigefinger der einen Hand den Spinner auf dem oberen Mittelstück stabil.

4 Versetze mit dem anderen Zeigefinger den Spinner in Rotation.

5 Nimm die Hände weg und beobachte den Spinner beim Drehen und Balancieren auf der Flasche.

Top-Tipp
Habe ein aufmerksames Auge auf den Spinner und sei bereit, ihn aufzufangen, wenn er herunterfällt.

FERTIG!

303 ENGEL IM SCHNEE

So machst du perfekte Engel im Schnee. Wenn du gleich nach dem Schneefall ins Freie gehst, hast du eine weiße Leinwand, um auf ihr zu zeichnen.

1 Suche eine Schneefläche, die mindestens so groß ist wie deine Körperlänge mit ausgestreckten Armen. Frischer Pulverschnee eignet sich am besten, probiere es deshalb gleich nach dem Schneefall. Lasse dich vorsichtig mit ausgestreckten Armen auf den Rücken in den Schnee fallen.

2 Bewege die ausgestreckten Arme und Beine wie ein Hampelmann. Drücke deinen Kopf so fest auf, dass du einen echten Abdruck hinterlässt.

3 Steh vorsichtig auf, damit du dein Meisterwerk nicht zerstörst. Wenn ein Freund in der Nähe ist, bitte ihn, dir dabei zu helfen. Tritt zurück und bewundere deinen Engel. Vielleicht machst du auch ein Foto davon?

FERTIG!

304 SPIELE P-F-E-R-D

Du brauchst für dieses Spiel nur einen Basketball, einen Basketball-Korb und ein paar Freunde. Wer wird als Erster zum P-F-E-R-D?

1 Stellt euch in einer Reihe auf – so ist eure Spielerreihenfolge. Der erste Spieler zielt auf den Ring. Wenn er einen Korb erzielt, muss der zweite Spieler von derselben Stelle denselben Wurf wie der erste Spieler ausführen.

2 Wenn der zweite Spieler den Korb erzielt, muss der dritte Spieler denselben Wurf ausführen. Verfehlt ein Spieler den Korb, bekommt er einen Buchstaben – zuerst ein P, dann ein F etc., bis das Wort PFERD vollständig ist, dann muss der ausscheiden.

3 Wenn ein Spieler einen Korb verfehlt, darf der nächste den Wurf ausführen, wie er will – vielleicht auf einem Fuß, oder mit geschlossenen Augen?

4 Spielt so lange, bis nur noch ein Spieler übrig bleibt – der ist dann der Sieger.

FERTIG!

305 FANGEN ODER STRAFE

Wie gut kannst du mit einem Ball umgehen? Kannst du ihn kniend fangen? Mit einer Hand auf dem Boden? Mit geschlossenen Augen?

1 Stellt euch gleichmäßig verteilt in einem Kreis auf. Je weiter ihr voneinander entfernt seid, desto schwieriger wird das Spiel. Entscheidet, wer anfängt – dieser Spieler bekommt den Ball.

2 Der erste Spieler wirft den Ball einem anderen Spieler im Kreis zu. Wenn dieser den Ball fängt, wirft er ihn wieder einem anderen Spieler zu etc.

3 Der Ball wird im Kreis geworfen, bis einer ihn fallen lässt. Dieser Spieler bekommt eine „Strafe" – er muss auf einem Bein kniend weiterspielen. Der nächste Spieler, der einen Fehler macht, bekommt dieselbe Strafe.

4 Wenn der kniende Spieler beim nächsten Mal den Ball fängt, darf er wieder aufstehen. Wenn er ihn wieder nicht fängt, bekommt er die nächste Strafe und muss mit beiden Beinen knien.

Beim vierten Mal muss der auf beiden Beinen kniende Spieler eine Hand auf den Boden legen; beim vierten Mal ein Auge schließen; und beim fünften Mal beide Augen! Wenn Spieler mit Strafen den Ball fangen, dann wird eine Strafe aufgehoben – z. B. wenn er auf beiden Beinen kniet, kann er ein Bein wieder aufstellen. Der letzte verbleibende Spieler ist der Sieger.

 **FERTIG!**

306 BALLSPIELEN MIT BECHERN

Diese Spiel wird strikt ohne Hände gespielt! Jeder, der mit einer Hand am Ball erwischt wird, bekommt eine Aufgabe.

Warum nicht? Wenn ihr viele Spieler seid, macht doch einen zweiten Ball, mit dem ihr gleichzeitig spielen könnt!

1 Rolle die Alufolie zu einem kleinen Ball und lege ihn in einen der Becher.

2 Die Spieler stehen im Kreis und verwenden den Becher zum Werfen und Fangen – niemand darf den Ball mit den Händen berühren!

Du brauchst
• Alufolie
• 1 Plastikbecher pro Spieler

3 Lasse einen Spieler, der den Ball berührt oder nicht fängt, Aufgaben ausführen – etwa fünf Sternsprünge machen.

FERTIG!

307 FIT MIT SEILSPRINGEN

Seilspringen ist ein tolles Workout. Und Spaß macht es auch. Wenn du es lange nicht gemacht hast, gehe es langsam an!

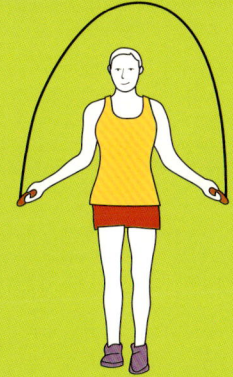

1 Wärme dich langsam mit Doppelsprüngen auf. Dabei hältst du die Beine geschlossen und schwingst beim Springen das Seil langsam durch, während du dazwischen zwei Mal aufspringst. Mache 10 Wiederholungen.

2 Mache als Nächstes den Laufschritt. Dabei setzt du beim Springen abwechselnd einen Fuß vor den anderen. Springe zwischen jedem Schwung zwei Mal. Sobald du bereit bist, versuche es schneller zu machen und nun einmal dazwischen aufzuspringen. Mache 10 Wiederholungen.

3 Nun ziehe die Knie an, wenn du springst. Beginne wieder mit zwei Zwischensprüngen. Wenn du bereit bist, springe nur einmal, als würdest du mit hochgezogenen Knien laufen. Mache 10 Wiederholungen.

4 Nun ist es Zeit zu entspannen. Ziehe ein Knie mit beiden Händen an die Brust, dann das andere. Wiederhole das einige Male auf beiden Seiten. Wenn du müde bist, ruh dich aus. Wenn du weitermachen willst, beginne wieder bei Schritt 1. Vielleicht versuchst du diesmal 15 Wiederholungen statt der 10?

FERTIG!

308 SCHLITTEN-PARTIE

Es gibt nichts Schöneres, als mit einem Schlitten über die Hänge zu sausen – doch es muss sicher sein. Huiii!

1 Ziehe dich warm an, mit Jacke, Hose, Handschuhe, Mütze und Stiefel aus wasserdichtem Material. Ziehe darunter einige Schichten an, um dich warm zu halten, aber trage keinen Schal. Trage Lippenbalsam auf und setze deinen Helm auf.

2 Suche dir einen tollen Hügel: nicht zu steil mit einem langen flachen Auslauf, weit weg von Straßen und Teichen wäre perfekt. Er sollte auch besser mit Schnee bedeckt sein als mit Eis, und ohne Hindernisse wie Felsen oder Bäume sein.

Sicherheit zuerst!
Lasse dich von einem Erwachsenen begleiten. Vergewissere dich, dass du den Schlitten lenken und bremsen kannst. Und fahre nur am Tag!

3 Setze dich an der Spitze des Hügels so auf den Schlitten, dass du ins Tal schaust. Lasse Arme und Beine innerhalb und nicht über den Rand hinaushängen. Stoß dich mit den Händen ab und halte dich an den Seiten fest. Wenn du nicht stoppen kannst, roll auf die Seite. Wenn du herunterfällst, sieh zu, dass du den anderen Schlitten Platz machst!

BERG HEIL! Noch einmal? Stapfe erneut den Hügel hinauf, lasse aber in der Mitte der Strecke Platz für die anderen Schlittenfahrer!

FERTIG!

309 WASSERBALLON-SCHLACHT

Kühle dich an heißen Tagen ab, und lade Freunde zu einer Schlacht mit Wasserballons ein. Sei gewarnt, du wirst nass – SEHR nass!

1 Bereite die Munition vor! Bevor du die Luftballons mit Wasser füllst, blase sie auf, um sie zu dehnen. So sollten sie nicht platzen. Stülpe den Hals des Ballons über einen Wasserhahn oder einen Schlauch. Dreh das Wasser nicht zu stark auf, damit der Ballon nicht davonfliegt. Dreh das Wasser ab, bevor der Ballon ganz gefüllt ist.

2 Binde den Ballon etwa 3 cm vor dem Ende fest zu. Legt alle eure Ballone in Behälter. Das kann eine Zeit dauern, deshalb solltet ihr alle zusammenarbeiten!

3 Wählt einen Schieds- und Punkterichter und teilt den Rest auf zwei Teams auf. Legt zu Beginn die Regeln fest. Wenn jemand getroffen wird, bekommt das andere Team einen Punkt? Spielen die Teams abwechselnd oder jeder für sich? Spielt ihr so lange, bis alle Ballons kaputt sind oder jeder einmal getroffen wurde oder wenn ein Team eine bestimmte Punktzahl erreicht hat?

FERTIG!

310 ROLLE DEN HÜGEL HINUNTER

Lust auf eine tolle Aktivität, die schneller ist als gehe und mehr Spaß macht? Probiere eine natürliche Hoo schaubahn – und rolle den Hügel hinunter!

1 Suche einen begrünten Hügel mit einem angenehmen Hang, der nicht zu steil ist. Achte darauf, dass dort weder Steine, noch Abfall oder Hundekot liegen!

2 Leere die Taschen aus und übergib alles einem Freund. (Es ist ziemlich ungemüt- lich, immer wieder über die Dinge zu rollen, und du könntest etwas verlieren.)

3 Lege dich oben am Hügel auf den Boden. Verschränke die Arme vor der Brust oder strecke sie über den Kopf.

4 Und … rolle! Wenn es noch andere Roller gibt, rufe laut, damit sie wissen, dass du kommst! Hat es Spaß gemacht? Lauf zur anderen Seite des Hü- gels, hinauf zum Gipfel und rolle immer und immer wieder!

Sicherheit zuerst!
Um wirklich sicher zu sein, trage Helm und Knieschützer!

FERTIG!

311 TURM AUS FIDGET SPINNERN

Mache aus einem Haufen Fidget Spinner einen Turm von rotierender Power. Wie hoch kann er werden?

GRUNDÜBUNG

1 Beginne mit einem Spinner flach auf dem Tisch, Lege den Zeigefinger einer Hand auf das Mittelstück und setze es ihn mit der anderen Hand in Bewegung. Nimm den Zeigefinger weg.

2 Lege vorsichtig einen zweiten Spinner auf den ersten, der schon rotiert.

3 Lege den Zeigefinger auf das Mittelstück des oberen Spinners und versetze ihn mit der anderen Hand in Rotation. Nimm den Zeigefinger weg.

4 Wiederhole das mit so vielen Spinnern wie möglich, platziere immer einen auf den anderen.

Top-Tipp
Das eignet sich großartig für viele Freunde – so habt ihr mehr Spinner!

FERTIG!

312 SPANNE EIN SPINNENNETZ

Spanne dein klebriges Netz an einer schmalen Stelle wie einem Gang.

1 Spanne das Klebeband kreuz und quer über den Durchgang (klebrige Seite zu dir).

2 Die Bälle aus Zeitungspapier sind die Fliegen. Versuche, sie durch die Lücken zu werfen, ohne dass sie kleben bleiben. Wenn die meisten auf die andere Seite fliegen, verkleinere die Lücken mit mehr Klebeband.

Du brauchst
- Klebeband
- Bälle aus zerknülltem Zeitungspapier

Top-Tipp
Wenn du das Netz spannst und die Bälle machst, überprüfe, ob sie durch die Lücken passen.

FERTIG!

313 SCHATZSUCHE IN DER NATUR

Triff ein paar Freunde und fordere sie zur Jagd in der Natur auf. Lasse die Gruppe entscheiden, wonach ihr sucht und was am Ende mit den Schätzen geschieht.

Ideenliste

Wie sollen die Dinge sein:
Rund, fusselig, grün, hart, weich, schön, rot, orange, leicht, schwer

Was soll man damit tun können: Fliegen, rotieren, zwirbeln, Lärm machen

Etwas herstellen aus:
Einem Tannenzapfen, 3 verschiedenen Blättern, 5 Samen, einer Blume, eine Beere, einer Feder

1 Achte darauf, dass jeder Jäger eine Einkaufstasche, Papier und einen Füller hat. Setzt euch und macht eine Liste, was ihr suchen wollt. Jeder muss eine Kopie der Liste haben.

2 Entscheidet, wo ihr hingeht – vielleicht in den Garten oder in den Park? Informiert einen Erwachsenen, wo ihr seid!

3 Findet alle Dinge auf der Liste und gebt sie in die Tasche. Pflückt keine Blumen oder Blätter – nehmt die vom Boden.

4 Wenn du fertig bist, schau, ob es die anderen auch sind! Nehmt alles mit nach Hause, um es zu vergleichen – ihr könnt auch eine Ausstellung der schönsten Dinge machen.

FERTIG!

314 RITT AUF DEN WELLEN

Warst du noch nie Wellenreiten? Vielleicht solltest du mit einem Bodyboard beginnen. Lege dich darauf und gleite mit der Welle an den Strand.

1 Beobachte zuerst jemanden mit einem Bodyboard, damit du eine Vorstellung davon bekommst. Dann übe am Strand und verwende Arme und Beine als Paddel. So bist du auch schon gut aufgewärmt.

2 Nun ist es Zeit, ins Wasser zu gehen. Vergewissere dich, dass du die Leine trägst. Lege dich flach auf den Bauch und halte das Board an der Seite mit den Händen fest, die Ellbogen nahe des äußeren Randes abgewinkelt. Schlage mit den Beinen und lasse dabei die Flossen unter Wasser.

5 Wenn du die Welle erwischt hast, trägt sie dich bis zum Strand. Hat das Spaß gemacht? Mache es noch einmal!

3 Schwimm und paddle bis dorthin, wo die Wellen brechen. Wähle eine Welle aus, zu Beginn besser eine kleine. Ein paar Sekunden, bevor die Welle bricht, richte die Nase des Brettes in Richtung Strand.

4 Wenn die Welle dich erreicht, stoße zum Strand vor. Lasse das Board dein Gewicht tragen, stütze dich auf die Ellbogen und halte Kopf und Rücken gebogen.

FERTIG!

8 UNTER-WEGS

Es gibt keinen Grund auszurasten, wenn du im Flugzeug, Zug oder Auto festsitzt. Nimm diese Herausforderungen, Quizfragen und Spiele mit und die Zeit wird im Nu vergehen. Du musst dich nicht einmal abschnallen, um tollen Spaß auf der Reise zu haben.

315 MACHE EINE CHECKLISTE

Plane den Spaß für unterwegs! Hier sind einige Dinge, die du mitnehmen solltest.

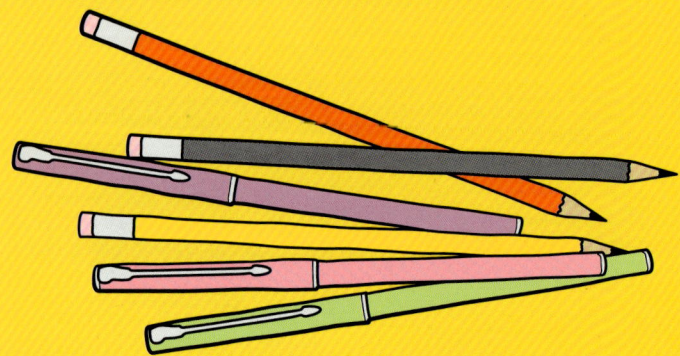

1 Nimm Füller und ein kleines Paket Farbstifte mit. Achte darauf, dass die Kappe gut auf dem Füller sitzt. Es gibt nichts Schlimmeres, als einen Füller, der ausläuft und überall Flecken macht.

2 Nimm genug Papier für Spiele mit. Du kannst Schreibblöcke in verschiedenen Größen kaufen.

Deine Lieblings-snacks →

CHECKLISTE
• Füller und Stifte
• Viel weißes Papier
• Dieses Buch!
• Deine Lieblingssnacks
• Getränke
• MP3-Player oder Tablet und Kopfhörer, um Musik zu hören oder Filme anzusehen (vergiss die Ladekabeln nicht!)
• 1 kleines Paket Feuchttücher (gut zum Abwischen klebriger Finger)

Top-Tipp
Wenn du mit einem Flugzeug verreist, gibt es besondere Vorschriften, was man mit an Bord nehmen darf. Sieh dir das vorher an.

3 Oben ist eine Checkliste, die du beim Packen zu Hilfe nehmen kannst.

FERTIG!

316 SETZE DIR ZIELE

Wenn du den Urlaub planst, kannst du die Aufregung steigern, indem du dir Ziele setzt.

ICH MÖCHTE GERN:

- Eine neue Sprache lernen

- Postkarten versenden

- Wandern gehen

- Surfen mit einem Bodyboard

- Eine Sandburg bauen

- Steine und Muscheln sammeln

- Eine neue Eissorte ausprobieren

- Ein Selfie vor einem berühmten Gebäude machen

- Ein unbekanntes Tier fotografieren

1 Erstelle eine Liste von all den Dingen, die du im Laufe des Urlaubs machen willst. Welche Sehenswürdigkeiten willst du besuchen? Was für Dinge unternehmen? Diese Liste führt einige Ziele an, die du anpeilen könntest.

2 Du musst nicht alle Ziele erreichen, aber die Liste gibt dir einige Ideen, um deinen Urlaub richtig zu genießen.

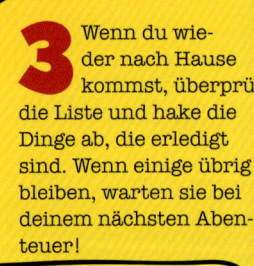

3 Wenn du wieder nach Hause kommst, überprüf die Liste und hake die Dinge ab, die erledigt sind. Wenn einige übrig bleiben, warten sie bei deinem nächsten Abenteuer!

FERTIG!

317 SUCHE AUF DER LANDKARTE

Die besten Forscher verbringen viel Zeit mit dem Studium ihrer Destination. Bevor du den Urlaub antrittst, sieh auf der Landkarte nach, wo es hingeht!

2 Verfolge die Route. Du kannst den Fahrer fragen, welchen Weg er nimmt, oder online nachsehen, ob du Details über die Route mit dem Zug, dem Boot oder dem Auto herausfindest.

1 Tippe das Urlaubsziel in Google Earth online und versuche, einen genauen Überblick zu finden. So kannst du die Umgebung erforschen, bevor du dort hinkommst.

3 Gibt es unterwegs etwas Interessantes zu sehen? Berge, Seen, Flüsse und Brücken, zum Beispiel. Schreibe sie auf und sei bereit, sie unterwegs zu entdecken. Sobald du sie gesehen hast, kannst du sie abhaken.

Top-Tipp
Gehe nicht ins Internet, ohne vorher deine Eltern um Hilfe zu bitten. Sie werden dafür Sorge tragen, dass du sicher bist und sich wahrscheinlich auch gerne über die Reise informieren.

4 Kannst du eine Karte lesen? Hier sind ein paar Tipps:

• Schaue auf der Karte nach, ob die Himmelsrichtungen eingezeichnet sind. So findest du heraus, wo Norden, Süden, Osten und Westen sind.

• Vielleicht sind auf der Karte auch Höhenlinien. Sie zeigen Hügel und Berge an. Je näher die Linien beieinander liegen, desto steiler ist der Berg.

• Wahrscheinlich sind auch die Symbole erklärt, die Flüsse und Straßen anzeigen. So kannst du dir auf der Karte ein besseres Bild machen.

• Vielleicht ist auch eine Skala dabei, die Entfernungen angibt. Hier ein Beispiel:
1,5 cm auf der Karte = 1 km in echter Entfernung

FERTIG!

318 ICH SEHE WAS, WAS DU NICHT SIEHST ...

Das klassische Reisespiel ist ideal für Spieler unterschiedlichen Alters! Es gibt auch einige Variationen, um es schwerer zu machen.

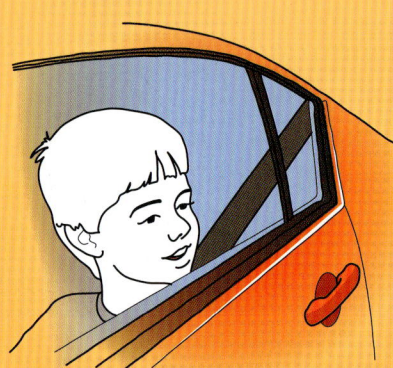

2 Sage den Satz „Ich sehe was, was du nicht siehst, und das beginnt mit ..." (dann sage den ersten Buchstaben des Wortes).

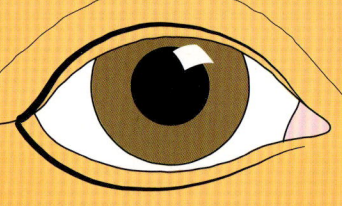

1 Wähle ein Ding, von dem du weißt, dass jeder Spieler es während des ganzen Spiels sehen kann – drinnen oder draußen.

Warum nicht?

Spiele auch mit Farben, nicht nur mit Buchstaben: „Ich sehe was, was du nicht siehst, und das ist rot." Spiele auch mit Formen oder Eigenschaften: „Ich sehe was, was du nicht siehst, und das ist rund, glänzend oder transparent ..."

3 Die anderen Spieler müssen erraten, was du gewählt hast. Du kannst ihnen ein Limit von zwei Minuten setzen, wenn du willst.

FERTIG!

319 WORTE ERSETZEN

Erfinde eine dumme Sprache, um dir auf der Fahrt die Zeit zu vertreiben. Hier einige Vorschläge:

1 Verben sind „Tun-Wörter". Ersetze einige Minuten lang alle Verben mit dem Wort „Banane".

Sollen wir an der Ecke nicht Banane?

Ich werde Banane, sobald wir ankommen.

2 Setze 10 Minuten lang das Wort „Froschgesicht" an das Ende jeden Satzes. Wenn du es vergisst, bist du das Froschgesicht!

plogalog

3 Erfinde ein komplett neues Wort, das du für ein altbekanntes verwendest. Du könntest z. B. für „Auto" das Wort „Plogalog" verwenden. Verwende das Wort während der ganzen Reise!

FERTIG!

320 FÜLLE DEINEN BAUERNHOF

Wenn du übers Land fährst, schaffe dir einen eigenen Bauernhof, indem du Tiere suchst. Zeichne sie in deine Farm, sobald du sie entdeckst. Fotos von Tieren auf Werbetafeln oder Lastwagen zählen auch.

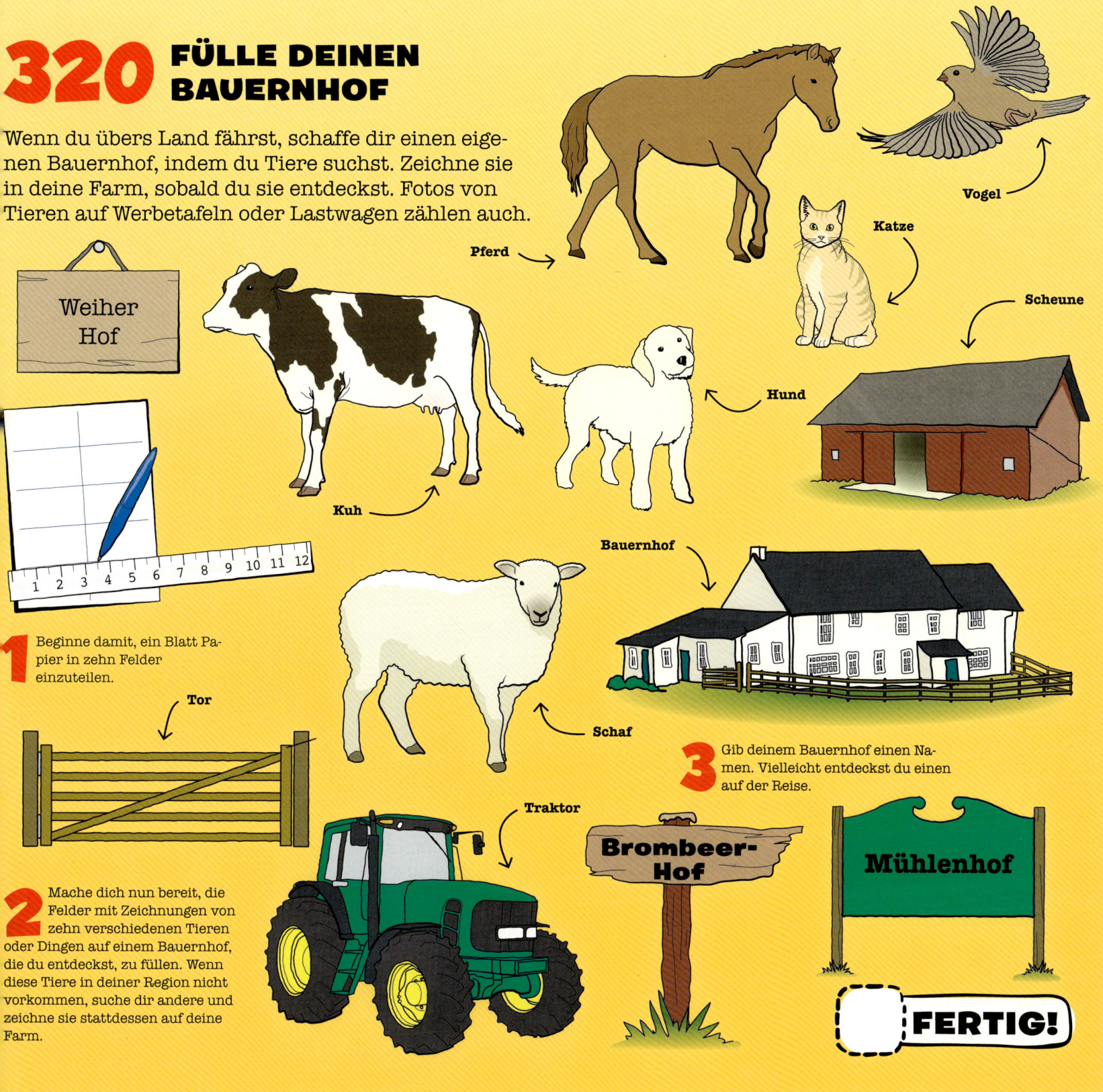

Vogel

Pferd

Katze

Scheune

Weiher Hof

Hund

Kuh

Bauernhof

1 Beginne damit, ein Blatt Papier in zehn Felder einzuteilen.

Schaf

Tor

3 Gib deinem Bauernhof einen Namen. Vielleicht entdeckst du einen auf der Reise.

Traktor

2 Mache dich nun bereit, die Felder mit Zeichnungen von zehn verschiedenen Tieren oder Dingen auf einem Bauernhof, die du entdeckst, zu füllen. Wenn diese Tiere in deiner Region nicht vorkommen, suche dir andere und zeichne sie stattdessen auf deine Farm.

Brombeer-Hof

Mühlenhof

FERTIG!

321 SPIELE
REISE-BINGO

Das ist ein Schnellfeuer-Entdeckungsspiel für zwei oder mehr Spieler. Du brauchst einen Bingo-Raster für jeden Spieler. Mache einige Raster, bevor du auf die Reise gehst.

Du brauchst
- 1 Stoß Schmierpapier
- Füller oder Bleistifte für jeden
- 2 oder mehr Spieler und 1 Rufer

1 Zeichne für jeden Bingo-Raster ein Rechteck und teile es wie abgebildet in Quadrate. 6 Quadrate quer und 4 längs ist eine gute Größe. Mache einen Raster für jeden Spieler.

2 Schreibe in jedes Feld ein Wort – ein Ding, dass ihr während der Reise entdecken müsst. Auf jedem Raster sollen dieselben Worte stehen, jedoch auf verschiedenen Feldern.

3 Ein Spieler ist der Rufer, der sich nach den Dingen auf dem Raster umschaut. Sobald die Dinge ausgerufen werden, streiche sie auf dem Raster durch.

4 Der Spieler, der als Erster eine Linie – horizontal, vertikal oder diagonal – durchgestrichen hat, ist der Sieger und sollte laut „Bingo!" rufen. Ihr könnt dann um den zweiten Platz weitermachen.

LISTE FÜR DAS BINGO

Hier sind einige Dinge zum Ausprobieren für das Reise-Bingo:

- Dinge, die ihr wahrscheinlich auf der Fahrt sehen werdet
- Leute, die ihr vermutlich antrefft wie: ein Mann mit Hut, eine Frau mit Hund, jemanden mit einer roten Jacke etc.
- Verschiedenfarbige Autos und Lastwagen
- Verschiedene Farben auf einem Ding
- Verschiedene Zahlen
- Verkehrsschilder
- Worte aus Liedern oder Gesprächen im Radio

Wohn- wagen	Tank- stelle	Geschäft	Brücke	Bus	Stopp- tafel
Tempo- zeichen	Kilometer- zeichen	Tannen- baum	Bauern- hof	Werbe- tafel	offener- Last- wagen
Restaurant	Motorrad	rotes Auto	gelbes Auto	weißes Auto	schwarzes Auto
blaues Auto	Tank- wagen	Imbiss- wagen	Liefer- wagen	Stoßstan- genkleber	Dach aufbau

FERTIG!

322 ALIEN, ALIEN, ROCKSTAR

Entdeckt Leute in den Autos neben euch. Zeigt nicht mit dem Finger auf sie, sondert entscheidet unter euch, wer sie sind und wie sie heißen.

WEN SOLL MAN FINDEN

Einen Milliardär – Wie heißt er, und wie wurde er zum Milliardär?

Einen verkleideten Alien – Wie heißt er und wie sieht es auf seinem Heimatplaneten aus?

Einen Rockstar – Wie heißt er und wie heißt seine Band?

Einen Zeitreisenden – Wie heißt er, und aus welcher geschichtlichen Epoche kommt er?

Einen berühmten Künstler – Wie heißt er, und was ist sein berühmtestes Gemälde?

Ein Supermodel in Verkleidung – Wie heißt es und welche Verkleidung trägt es?

Einen Spitzen-Erfinder – Wie heißt er und was hat er erfunden?

FERTIG!

323 WARUM? WEIL!

Die Welt ist dämlich. Mache sie mit dem Spiel zum Laut-Lachen noch dämlicher.

1 Schreibt jeder sechs Sätze auf, ohne sie herzuzeigen. Sie sollten immer mit „Warum …" beginnen. Nummeriert sie von 1 bis 6. Hier ist ein Beispiel:

Warum ist der Bär gesprungen?

2 Schreibt nun sechs Sätze, die mit „Weil…" beginnen. Du kannst alles schreiben, was du willst. Nummeriere sie wieder von 1 bis 6. Hier ist ein Beispiel:

Weil sie auf einem Haufen Spaghetti saß.

Du brauchst
• Papier
• Füller oder Bleistifte
• 2 Spieler und ein wenig Dummheit

3 Nun ist es Zeit, sich gegenseitig zu interviewen. Stelle dem anderen deine „Warum"-Fragen. Er muss mit dem „Weil"-Satz mit der passenden Nummer antworten. Dann werden die Rollen getauscht.

FERTIG!

324 WER BIN ICH?

Spielt dieses Spiel, wenn ihr euch gegenüber sitzt, etwa im Zug, oder während einer Fahrpause.

1 Jeder Spieler schreibt auf ein Blatt Papier, ohne dass ein anderer es sehen kann, den Namen einer Person, die wahrscheinlich allen bekannt ist. Das kann eine Person des realen Lebens sein oder ein erfundener Charakter, aber es wäre gut, sich vor dem Spiel auf die Personenkategorie zu einigen. Für Ideen orientiert euch an der Liste rechts.

2 Legt das Papier mit der beschrieben Seite nach unten auf den Tisch. Jeder Spieler sollte sich eines aussuchen, aber den daraufgeschriebenen Namen nicht ansehen.

3 Klebt das Papier jeweils auf die Stirn (schleckt die Hinterseite ab, wenn es nicht von selbst klebt). So kann jeder alle Namen außer dem eigenen sehen.

Bin ich Junge oder Mädchen?

Bin ich eine reale Person oder erfunden?

Du brauchst
- Weißes Papier, in kleine Stücke geschnitten oder kleine Klebezettel
- Füller oder Bleistift
- Zwei oder mehr Spieler

4 Der erste Spieler stellt dann 20 Fragen, die man nur mit „ja" oder „nein" beantworten kann, um herauszufinden, wer er ist.

5 Wenn der erste Spieler den Namen richtig erraten hat, kommt der nächste dran. Wenn alle richtig geraten haben, beginnt wieder von vorne!

IDEEN FÜR KATEGORIEN
Hier sind einige Vorschläge:

- Berühmte Sportler
- Figuren aus Kinderfilmen
- Figuren in berühmten Kinderbüchern
- TV-Stars
- Berühmte Musiker

FERTIG!

325 GIB DEM ORT EINEN NAMEN

Hier sind einige Aktivitäten in Verbindung mit Ortsnamen, die du während der Fahrt spielen kannst. Wenn es GPS-Navigation oder eine Straßenkarte gibt, kannst du dort nach Namen suchen, andernfalls verwende die auf den Ortstafeln, die dir auf der Reise auffallen.

Warum nicht? Wenn du möchtest, setze die Zeitlimits länger oder kürzert. Die Limits im Buch sind nur Vorschläge.

Komme nach Freudenstadt

neu
den
Ende
Durst
tun
Rad

Willkommen in Felsenheim

1 Wähle einen Ortsnamen aus und schau, wer aus den Buchstaben die meisten Wörter bilden kann. Du könntest dafür ein Zeitlimit setzen, sagen wir fünf Minuten.

3 Wähle einen Ortsnamen und teile ihn deinem Freund mit. Der muss mit geschlossenen Augen den Ortsnamen von hinten buchstabieren. Bei einem Fehler gibt es einen Strafe. Bei einer großen Gruppe könnte es das „Aus" aus dem Spiel bedeuten.

HIER GEHT ES NACH FRIEDBERG

Besuche SONNENFELS

HASENBÜTTEL 5 KM

2 Du kannst den Worten auch Punktzahlen zuordnen, wenn du möchtest.

0 Punkte für ein Wort mit zwei Buchstaben (du kannst es besser!)

1 Punkt für eines mit drei

2 Punkte für eines mit vier

3 Punkte für eines mit fünf

4 Punkte für jedes längere Wort

4 Kennst du einen Ort, in dem mehrere kurze Wörter versteckt sind? In der Stadt Niederwaldkirchen steckt z. B. „nieder", „Wald", Kirche", „der", „nie" und „Wal". Wer denkt sich den Namen mit den meisten versteckten Wörtern aus?

FERTIG!

326 ERRATE DAS WETTER IN HIMMELSWEG

Dort, wo du gerade bist, ist es vielleicht immer sonnig, oder immer kalt und eisig, aber das muss dich nicht daran hindern, das Reisewetter-Spiel zu spielen. So geht es.

DINGE IN HIMMELSWEG

Wenn dir das Spiel gefällt und du die Wetter-Version schon gespielt hast, gibt es noch andere Varianten. Spiele so wie in der Originalversion, indem du Listen machst und diese laut vorliest.

• Stelle dir sieben verschiedenen Gebäude vor Perlen, die in Himmelsweg gebaut wurden.

• Stelle dir sieben Plätze für Kinder vor, die man in Himmelsweg besuchen kann (z. B. Kino, Park, Schwimmbad etc.).

1 Jeder Spieler soll sich eine Wettervorhersage für sieben Tage für das erfundene Land Himmelsweg ausdenken und das jeweilige Wetter für den Tag aufschreiben. Das Wetter kann so sein, wie du möchtest – in Himmelsweg ändert es sich jeden Tag!

2 Du kannst an einem Tag einen Tornado wüten und am nächsten Tag die Sonne scheinen lassen. Danach kann ein Hurrikan, Regenschauer, Schneesturm, Nebel und schließlich ein Regenbogen kommen. Es kann frostig, nebelig, wolkig – oder auch etwas Ungewöhnliches, was du dir ausdenkst, sein.

3 Lies dein Wetter für die Woche laut vor. Wenn jemand an irgendeinem Tag der Woche dasselbe Wetter hat, wird es angekreuzt. Der Gewinner ist der Spieler mit den wenigsten Kreuzen.

FERTIG!

327 FINDE ETWAS ZU ESSEN

Das ist ein super Spiel für eine Reise in einen kleinen Ort.

1 Teilt euch auf zwei Teams auf. Ein Team geht auf der linken Seite der Straße, das andere Team auf der rechten Seite.

2 Beginnt die Restaurants zu zählen, an denen ihr vorbeikommt. Welches Team als Erstes bei 10 ist, hat gewonnen (ihr könnt euch auf eine kleinere Zahl einigen).

3 Ihr könnt das Spiel auch variieren, indem ihr verschiedene Restaurant-Typen sucht. Wer entdeckt die meisten Burgerläden, italienischen Restaurants oder Kaffeehäuser?

FERTIG!

328 SUCHE EIN VERRÜCKTES HAUS

Sieh dich nach besonderen Häusern um und zeichne selbst ein verrücktes Haus.

1 Sieh auf der Liste nach, wonach du suchen könntest. Hake Dinge ab, sobald du sie entdeckt hast.

- Rote Tür
- Blaue Tür
- Schwarze Tür
- Gelbe Tür
- Grüne Tür
- Satellitenschüssel
- Zahlen von 1 bis 10 auf den Haustoren

2 Werde zum Architekten und entwirf ein Haus für die untenstehenden Besitzer. Beschrifte die Merkmale des verrückten Hauses!

- Ein Werwolf
- Ein Vampir
- Eine Fee
- Ein Zauberer
- Ein Alien

3 Denke dir einen Namen für das Haus sowie jeden der Besitzer aus.

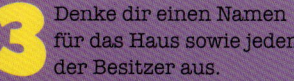

FERTIG!

329 PLANE EINEN PLANETEN

Stelle dir vor, du besuchst einen weit entfern-ten Planeten! Wie sieht der aus?

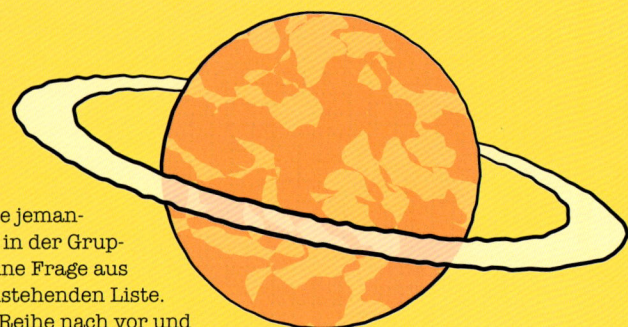

1 Stelle jeman-dem in der Grup-pe eine Frage aus der untenstehenden Liste. Gehe der Reihe nach vor und frage so lange, bis alle Fragen beantwortet sind. Schreibe die Antworten auf.

2 Lies die Antworten laut vor. Ihr werdet auf eine völlig verrückte, neue Welt stoßen.

Warum nicht?
Zögere nicht, noch mehr eigene Fragen zu stellen!

PLANETEN-LISTE

1. Wie heißt der Planet?

2. Wie lange dauert die Reise dorthin von der Erde?

3. Welches Wetter herrscht dort?

4. Wie sieht die Oberfläche des Planeten aus?

5. Wie heißen die Aliens, die auf dem Planeten leben?

6. Wie sehen sie aus?

7. Was essen sie?

8. Welche Superkräfte besitzen sie?

FERTIG!

330 ERFINDE EINE BLITZ-GESCHICHTE

Erfinde blitzartig eine neue Geschichte! Je schneller du das machst, desto dümmer ist sie wahrscheinlich

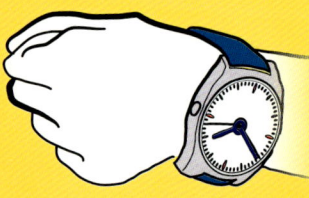

1 Notiere die Zahlen 1 bis 12. Schreibe schnell den Namen der Hauptfigur neben die Nummer 1. Hier ein Beispiel:

2 Schreibe nun bei jeder Zahl eine kurze Zeile für die Geschichte – schreibe, was du willst, nur mache schnell! Du kannst dir selbst ein Zeitlimit von 60 Sekunden setzen.

3 Lies die Ge-schichte laut vor. Du kannst auch eine Zeichnung dazu machen.

Hier ist ein schnell geschriebenes Beispiel:

1. Eine blaue Katze

2. fraß eine Zitrone

3. verwandelte sich in einen gelben Hund

4. fraß eine Banane

5. verwandelte sich in einen roten Affen

6. he, hör auf mein Picknick zu fressen, sagte der Zauberer

7. der rote Affe war sehr unglücklich

8. wollte wieder eine Katze sein

9. er tat dem Zauberer leid

10. er gab dem Affen einen magischen Apfel

11. der rote Affe wurde wieder zur blauen Katze

12. danach fraß sie nur mehr Fisch.

Top-Tipp
Versuche, der Geschichte auch ein Ende bei Nummer 12 zu geben. Vermutlich fällt dir eines während des Schreibens ein.

FERTIG!

331 KENNST DU LASTWAGEN?

Es gibt so viele tolle Lastwagen. Hier sind einige Herausforderungen. Auf einer viel befahrenen Straße mit vielen Lastwagen kannst du dir die besten aussuchen.

1 Was ist die höchste Anzahl an Rädern, die du auf einem Lastwagen entdeckst? Arbeitet im Team, um das beste Ergebnis zu erzielen.

2 Welcher ist der am schönsten verzierte Lastwagen, den ihr auf der Fahrt entdeckt? Entscheidet euch und verleiht dem besten den „Super-Lastwagen"-Preis.

Zeichne die Aufschriften hier ein.

3 Was ist die ungewöhnlichste Fracht, die ihr auf der Außenseite geschrieben seht? Erstellt eine Liste der Mitbewerber, die ihr entdeckt.

4 Erfinde ein Lastwagen-Unternehmen, das du führst. Was verkaufst du? Entwirf eine Außenseite für deinen Lastwagen.

5 Wer ist der erste der Mitspieler, der einen roten Lastwagen entdeckt?

6 Lastwagenfahrer bleiben gern ab und zu stehen, um etwas zu essen. Mache eine Liste der Zutaten für einen imaginären „Trucker-Burger", den du im imaginären Restaurant für LKW-Fahrer servierst. Du brauchst sechs Zutaten plus Patty und Brötchen.

FERTIG!

332 SEI EIN WELT-REISENDER

Teste mit diesen Geografie-Spielen dein Wissen über die Welt in einer Gruppe. (Die Antworten auf die Fragen 3, 4, 5 und 6 stehen unten.)

3 Kannst du die Namen der sieben Kontinente? Weise auf jeden einzelnen auf der oben stehenden Landkarte hin.

4 Ist Antarktika ganz im Norden oder ganz im Süden auf der Weltkugel?

5 Kennst du die Namen der fünf Ozeane? Ordne sie auf der Karte links zu.

6 Wie heißt die imaginäre Linie rund um den Erdball?

1 Findet für jeden Buchstaben im Alphabet ein Land oder eine Stadt mit diesem beginnt.

2 Finde in deinem Land für jeden Buchstaben des Alphabets einen Ort, der mit diesem beginnt.

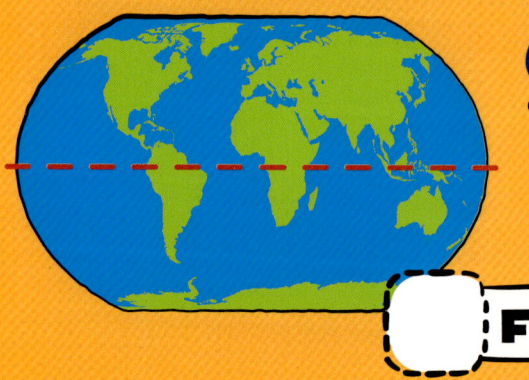

FERTIG!

333 SERVIETTEN-ORIGAMI

Wenn ihr auf der Reise in einem Restaurant Halt macht, bekommst du vielleicht quadratische Papierservietten. Behalte dir eine, um eine beeindruckende Origami-Lilie zu machen!

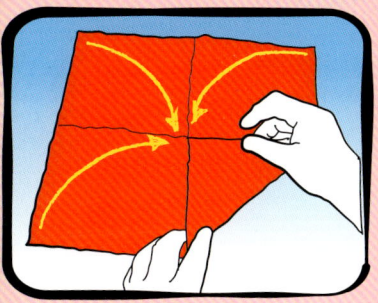

1 Öffne die Serviette und lege sie flach auf. Falte zuerst alle vier Ecken zur Mitte.

2 Drücke die Kanten fest und falte dann die Ecken noch einmal zur Mitte.

3 Drücke die Kanten wieder fest und falte die Ecken ein drittes Mal zur Mitte.

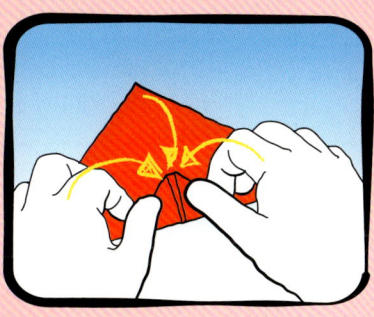

4 Drehe die Serviette um und drücke sie mit der Hand flach. Dann falte alle vier Ecken zur Mitte.

5 Falte die Spitze einer Ecke nach unten, wie oben abgebildet.

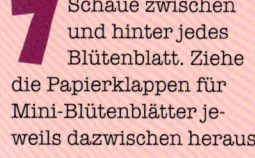

6 Greife hinter die Ecke und ziehe die Klappe der Serviette dahinter auf, um ein Blütenblatt zu bekommen. Gestalte alle vier Blütenblätter auf dieselbe Art.

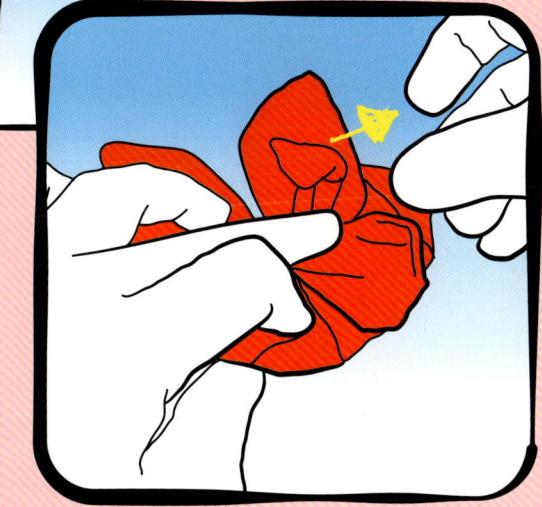

7 Schaue zwischen und hinter jedes Blütenblatt. Ziehe die Papierklappen für Mini-Blütenblätter jeweils dazwischen heraus.

FERTIG!

334 BESTIMME EINEN BUCHSTABEN

Dein Gehirn wird dich bei dem Spiel erstaunen! Wenn du es öfter spielst, merkst du, dass du mehr Wörter kennst, als du dir vorgestellt hast.

1 Wähle zu Beginn einen Buchstaben des Alphabets.

2 Schreibe nun in 60 Sekunden Vier-Wort-Sätze auf, die mit diesem Buchstaben beginnen. Wenn du z. B. G wählst, könnte es so beginnen:

Große Orangen schmecken gut.

Graue Elefanten liefen davon.

Glocken läuteten vier Mal.

3 Es ist schwerer, als du denkst. Zähle am Ende deine Sätze. Sie müssen einen Sinn ergeben, denn jeder sinnlose Satz zählt nicht. Wer hat die meisten Sätze?

FERTIG!

335 SPIELE BESCHREIBOMETER

Dinge zu beschreiben, kann großen Spaß machen. Hier sind Anleitungen, wie du mit deinen Reisefreunden spielen kannst.

1 Wählt schnell ein Hauptwort – etwas, das ihr sehen könnt. Hier ist ein Beispiel:

Tür

2 Beschreibt nun eine Minute lang dieses Wort. Hier sind einige Vorschläge für das Wort „Tür" (Du darfst keine Farben verwenden, das wäre zu einfach!):

offen
alt
aus Holz
aus Metall
zerbrochen
versperrt
groß
winzig

Tür

3 Nun lest die Worte laut vor. Hat jemand dasselbe Wort, streicht es durch. Bei wem bleiben die meisten Wörter auf der Liste stehen?

FERTIG!

MACHE EIN REISE-QUIZ

Wie schlau sind deine Reisekameraden? Teste sie mit diesem Quiz. Eine Person kann den Quizmaster spielen, der zuerst die Fragen und dann die Antworten vorliest. Die Spieler sollten sich ihren Punktestand merken. Die Antworten stehen unten.

1. Weltall

a) Wie viele Monde hat die Erde?
b) Welcher Stern ist der Erde am nächsten?
c) Wie nennt man einen großen Felsklumpen, der durch das Weltall saust?
d) Durch welches Gerät muss man schauen, um den Weltraum genauer zu beobachten?

2. Geographie

a) Woraus besteht ein Gletscher?
b) Ist die Mitte der Erde hohl oder fest?
c) Welches ist das größte Land der Erde (flächenmäßig)?
d) Welcher ist der höchste Berg der Welt?

3. Geschichte

a) Wo herrschten einst die Ming-Kaiser?
b) Wie nennt man jemanden, der historische Überreste ausgräbt?
c) In welchem Land findest du die Überreste der römischen Stadt Pompeji?
d) Woher kamen die Wikinger? Aus Skandinavien oder Afrika?

4. Natur

a) Was ist ein Chamäleon? Eine Eidechse oder ein Insekt?
b) Was ist das größte Landtier der Welt?
c) Wie viele Beine hat eine Biene?
d) Auf welchem Kontinent findest du ein in der Wildnis lebendes Faultier?

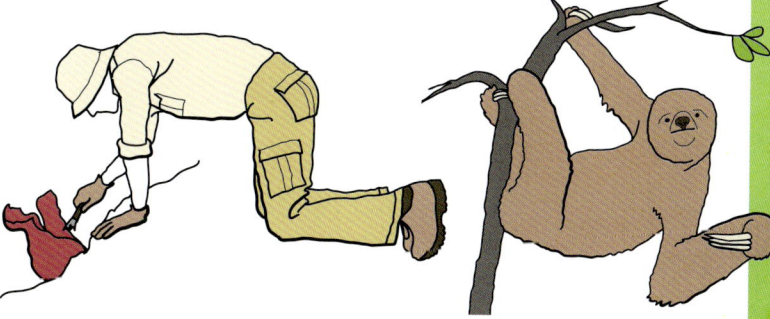

5. Essen

a) Was ist Baklava? Eine Art Fruchtkuchen oder Gebäck?
b) Was ist Korma? Eine Art Curry oder eine Art Brötchen?
c) Was ist Borschtsch? Eine Art Fleischeintopf oder eine Suppe?
d) Was ist Feta? Ein Joghurtgetränk oder ein Käse?

6. Dinosaurier

a) Was war größer? Ein T-Rex oder ein Brachiosaurus?
b) Fraßen Dinosaurier je einen Menschen?
c) Welches der beiden prähistorischen Lebewesen konnte schwimmen – ein Pterosaurier oder Ichthyosaurier?
d) Welcher der beiden Dinosaurier fraß Pflanzen – ein Allosaurus oder ein Triceratops?

Antworten
1 Weltall a) Einen b) Die Sonne c) Ein Asteroid d) Ein Teleskop
2 Geographie a) Eis b) Fest c) Russland d) Mount Everest
3 Geschichte a) China b) An Archäologe c) Italien d) Skandinavien
4 Natur a) A Eidechse b) Ein Elefant (wenn du blauer Wal gesagt hast, schaue noch einmal genau auf die Frage!) c) Sechs d) Süd-Amerika
5 Essen a) Eine Art Kuchen – aus Blätterteig, Honig und Nüssen b) Eine Art Curry – cremig und pikant c) Eine Art Suppe – aus roter Beete d) Eine Art Käse – krümelig und salzig
6 Dinosaurier a) Ein Brachiosaurus b) Nein – zumindest im realen Leben! Menschen und Dinosaurier lebten nie zur gleichen Zeit c) Ichthyosaurier d) Triceratops

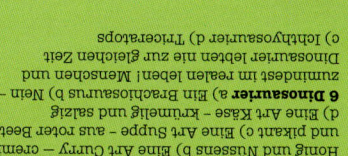

FERTIG!

337 SEI EIN DESIGN-GENIE

Sei kreativ und entwirf die Reisemaschine der Zukunft!
Die Erfindung beginnt mit Papier und Bleistift!

1 Entwirf ein Auto für die Zukunft und beschrifte die interessanten Einzelteile. Hier sind ein paar Vorschläge für den Beginn.

Autos funktionieren in Zukunft vielleicht ohne Lenker – gesteuert von Computern, nicht Menschen. Ist deines auch computerisiert?

Autos haben in Zukunft vielleicht erstaunliche Formen, um schneller zu sein, weniger Benzin zu verbrauchen, mehr Leute und Gepäck zu transportieren. Gib deinem Auto eine futuristische Form!

3 Entwirf ein Raumschiff, um Astronauten zum Mars zu bringen! Dann denke dir ein Haus im Weltall aus, in dem sie nach der Ankunft leben können.

2 Entwirf einen Zug für die Zukunft! Er könnte super schnell sein oder über den Geleisen schweben. Beschrifte ihn auf den Seiten mit deinem Namen.

Autos könnten mit ungewöhnlichen Treibstoffen wie Sonnenenergie, Pflanzenöl oder sogar Algen fahren. Was ist der Treibstoff deines Autos?

4 Vielleicht werden wir eines Tages in einem vollkommen neuen Vehikel herumreisen – in einer Gondel mit Raketenantrieb oder einem Solar-Stuhl, zum Beispiel. Fällt dir etwas total Verrücktes für ein komplett neues Fortbewegungsmittel ein?

FERTIG!

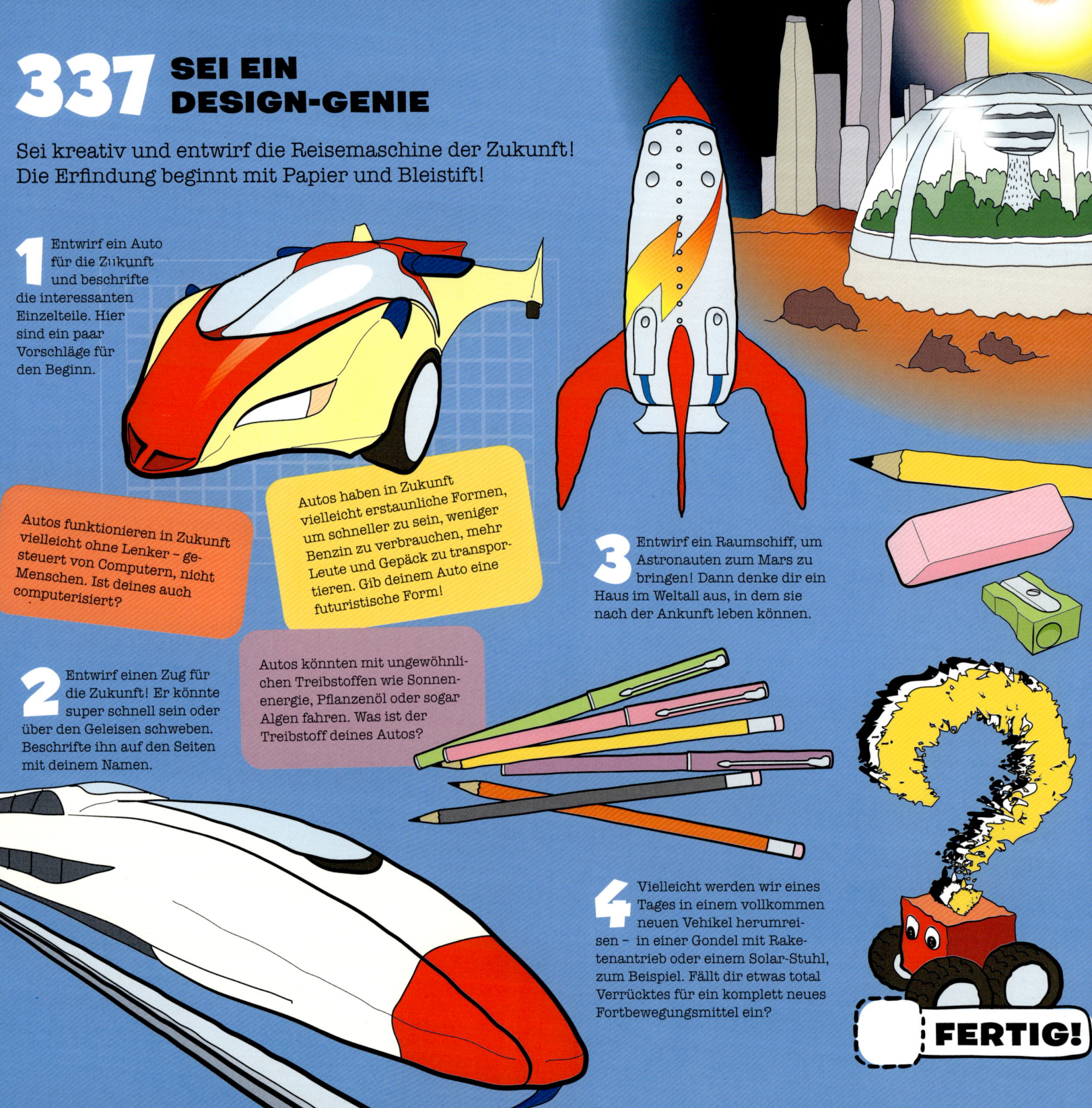

338 ERSTELLE LISTEN

Stelle Listen zusammen von Dingen, die du gern und nicht so gern magst. Darüber nachzudenken und sich zu entscheiden, kann erstaunlich lange dauern – und ein paar Reisekilometer schlucken.

1 Schreibe eine Liste der Top-Drei der unten genannten Dinge:

- Filme
- Bücher
- TV-Shows
- Popstars

2 Schreibe eine Liste mit Berühmtheiten und vergib eigene Preise:

- Bester Sportler
- Beste Sportlerin
- Lustigste Person im TV
- Coolster Filmstar
- Coolster Rockstar
- Beste Website
- Bester Filmheld

3 Schreibe eine Liste der besten und schlechtesten Dinge des täglichen Lebens:

- Kleidungsstück
- Farbe
- Tageszeit
- Lehrer
- Spielzeug
- Computerspiel
- Essen

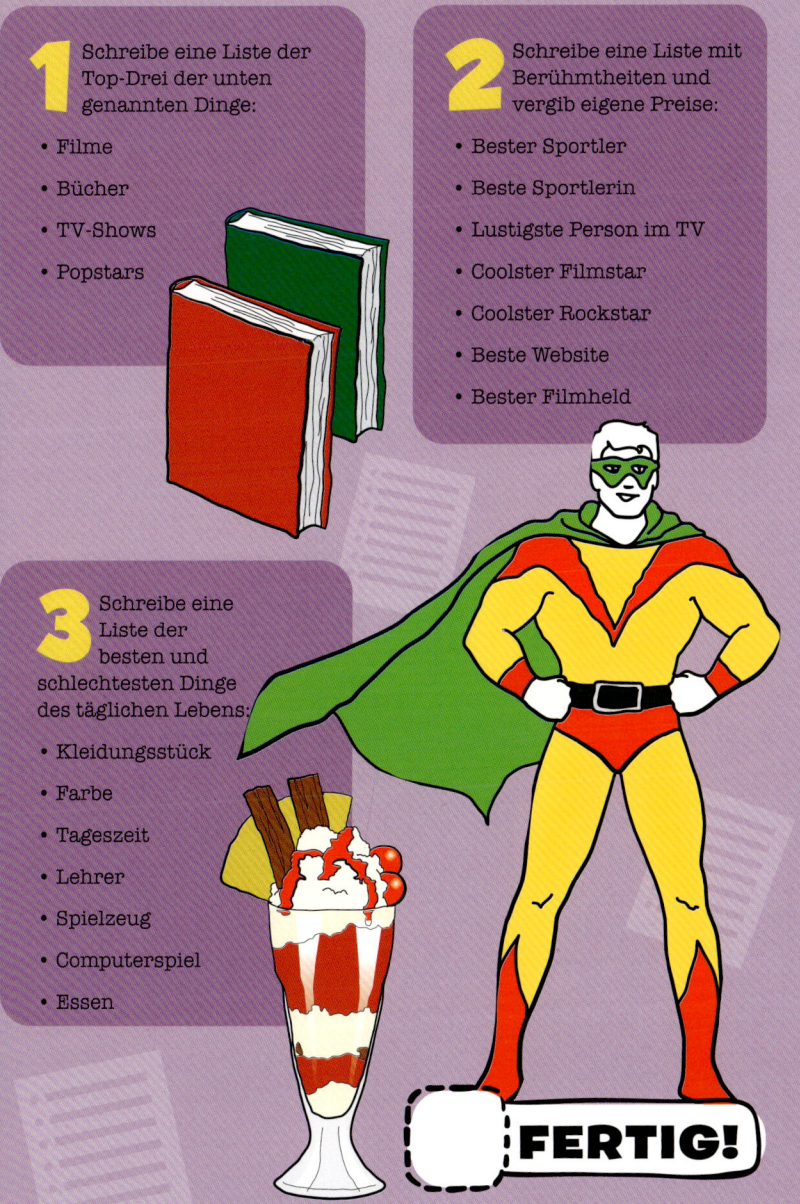

FERTIG!

339 SAMMELE TICKETS

Eine großartige Weise, sich an eine Reise zu erinnern, ist, Papiere, die du bekommst zu sammeln und zu Hause in ein Sammelalbum zu kleben. Was immer du auch tust, wirf die Tickets und Quittungen nicht weg!

1 Du bekommst Quittungen für Essen und Dinge, die du kaufst und Eintrittskarten für Orte, die du besuchst.

2 Sammele jeden Abend die Papiere, die ihr bekommen habt, ein und klebe sie auf ein Blatt Papier. Schreibe das Datum dazu und beschrifte die Ticketabschnitte.

3 Bewahre die beklebten Seiten in einem Umschlag auf (du kannst ihn auch verzieren). Hast du keinen, lege sie zwischen Buchseiten oder in eine Zeitschrift (vergiss nicht, sie mit nach Hause zu nehmen!)

FERTIG!

340 SYMBOLE UND FLAGGEN

Länder und Weltregionen haben eigene Flaggen und Symbole. Finde mehr darüber heraus, solange du auf Reisen bist.

1 Länder haben ihre Flaggen und manche Regionen auch. Halte Ausschau nach Flaggen, die du während der Reise oft siehst. Du kannst einen Einheimischen bitten, dir zu erklären, was sie bedeuten, wenn du dir nicht sicher bist.

2 Länder und Regionen haben oft auch offizielle Tiere oder Blumen. Vielleicht kannst du in deinem Urlaubsort auch etwas darüber herausfinden.

3 Entwirf einen eigene Flagge für den Urlaubsort und auch für zu Hause. Flaggen haben oft Muster wie z. B. Streifen. Manche haben aber auch Symbole.

FERTIG!

341 ERINNERUNGSECKE

Solange du unterwegs bist, sammele kleine 3-D-Objekte, die du in deinem Zimmer in einer „Erinnerungsecke" aufstellen kannst.

1 Bringe Dinge nach Hause, die eine Bedeutung für dich haben – so wirst du dich besser an deine Reise erinnern. Es kann alles sein, was dir gefällt, von einem Flaschenverschluss bis zu einer Bonbon-Schachtel.

2 Sieh dich auch am Strand nach hübschen Steinen und Muscheln um. Wasche sie sorgfältig in warmem Seifenwasser, um sie für die Ausstellung vorzubereiten.

3 Blumen kann man zwischen Küchenpapier pressen und zum Trocknen zwischen die Seiten eines Buches legen.

Warum nicht? Wenn du zu Hause bist, entferne den Deckel einer Schuhschachtel und schneide die Seiten ab, um eine Bühne für die Erinnerungsstücke zu schaffen. Klebe Fotos von der Reise hinein.

FERTIG!

342 REISE-KUNST

Vielleicht möchtest du ein Bild von der Reise zeichnen? Aber wie kannst du Perspektive hineinbringen? Hier sind ein paar Kunst-Tipps.

1 Ziehe eine horizontale Linie im oberen Teil des Bildes. Das wird dein Horizont in weiter Ferne.

2 Dinge, die am unteren Rand des Bildes sind, sollten größer sein als Dinge, die näher an der Horizontlinie liegen. So erschienen sie näher, im Vordergrund.

3 Überlappende Dinge verleihen dem Bild Dreidimensionalität. Du könntest z. B. einen Strauch vor dem anderen zeichnen.

4 Zeichne die Dinge im Vordergrund mit scharfen, klaren Konturen. Für die Dinge, die weiter weg sind, in der Nähe des Horizonts, ziehe die Umrisse weicher.

5 Wenn du das Bild ausmalst, nimm stärkere Farben für den Vordergrund und blassere für den Hintergrund.

6 Versuche, eine Sicht durch ein Fenster zu zeichnen. Das Fenster ergibt einen guten Rahmen für den Vordergrund und der Rest des Bildes wird weiter entfernt wirken.

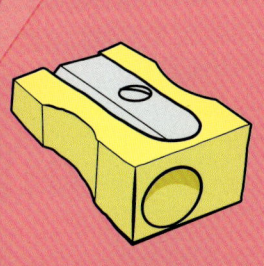

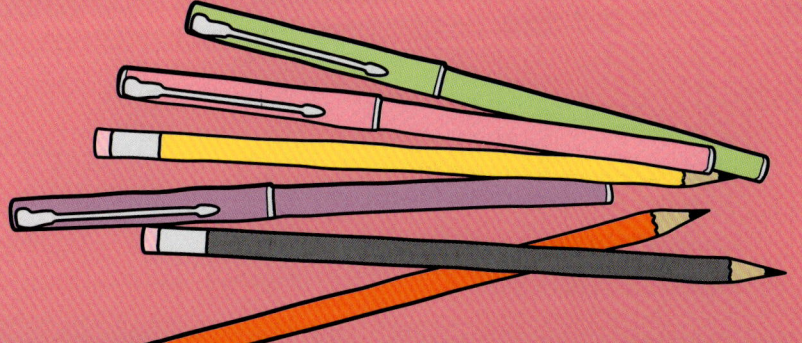

FERTIG!

343 RAHME FERIENFOTOS

Wenn du ein Lieblingsfoto aus den Ferien hast, nimm dir Zeit, um einen Rahmen mit einer Collage zu basteln.

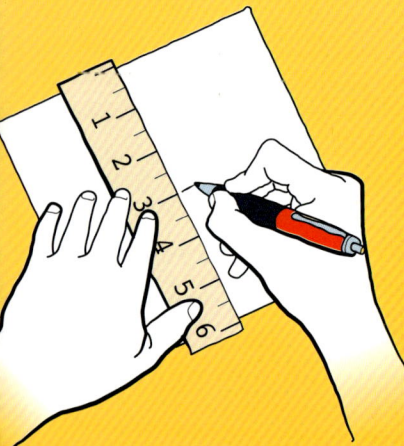

1 Markiere mit einem Lineal den Mittelpunkt der beiden dünnen Kartons – so kannst du das Foto besser positionieren.

2 Lege das Foto in die Mitte eines Kartons und zeichne rundherum. Wiederhole den Vorgang auf dem zweiten Karton.

3 Klebe das Foto auf einen Karton. Schneide aus dem zweiten Karton ein Loch in der Größe des Fotos – das wird der Rahmen.

4 Reiße Stücke für die Collage ab und klebe sie vorne auf den Rahmen, sodass es besonders interessant aussieht.

5 Klebe den Rahmen auf den zweiten Karton auf.

6 Schneide ein Stück aus der Wellpappe, um einen Ständer für den Rahmen zu machen. Falte eine Kante zurück und klebe sie an der Hinterseite fest.

Du brauchst

- Lineal
- Bleistift
- 2 Blätter dünnen Karton, länger und breiter als das Foto
- Das Foto, ausgedruckt auf glänzendem Fotopapier
- Zeitschriften, Broschüren oder ausgedruckte Fotos, die du für die Collage zerreißen kannst
- Klebestift
- 1 Stück dicken Recyclingkarton (Wellpappe eignet sich auch)
- Schere

Warum nicht?

Verziere den Rahmen mit dreidimensionalen Dingen wie Muscheln, Pailletten, Perlen oder Knöpfen, die du auf den Collage-Hintergrund aufklebst.

FERTIG!

344 SCHNELLFEUER-SPIELE IM AUTO

Hier sind ein paar Schnellfeuerspiele für das Auto.

1 Versucht, abwechselnd die Farbe des Autos zu erraten, das euch als Nächstes begegnet.

2 Benennt so viele Automarken, wie ihr könnt.

3 Macht eine Liste von Automarken, die ihr vielleicht sehen werdet, und hakt sie ab, sobald ihr sie entdeckt.

4 Entdeckt ein Auto mit nur einer Person, dann mit zwei Personen, dann drei, dann vier. Der Gewinner ist der Spieler, der als Erster bei vier angekommen ist. Danach könnt ihr Ausschau nach einem Bus voller Leute halten.

FERTIG!

345 WIE VIELE WORTE IN 60 SEKUNDEN?

Für dieses Wortspiel brauchst du kein Papier – nur eine Uhr, mit der man die Zeit von 1 Minute stoppt.

1 Mache dich bereit, die Zeit für einen Spieler zu stoppen. Vor dem Start nenne ihm eine der Kategorien der Liste auf dieser Seite (oder eine, die du dir selbst ausgedacht hast).

2 Der Spieler muss innerhalb von 60 Sekunden so viele Dinge aus dieser Kategorie nennen, wie er kann. Ein anderer Spieler muss die Punkte mitzählen, die er erreicht.

KATEGORIE-VORSCHLÄGE

1. Dinge, die eine bestimmte Farbe haben – rot, blau etc.

2. Dinge, die mit einem bestimmten Buchstaben des Alphabets beginnen – Tiere, Lebensmittel oder Städte in eurem Land

3. Länder der ganzen Welt

4. Dinge, die man anziehen kann

5. Mädchen- oder Jungennamen

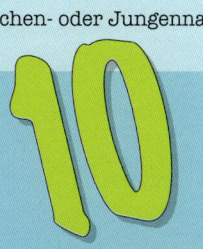

FERTIG!

346 PLANE EINEN FILM

Verbringe etwas Zeit auf der Reise damit, einen Blockbuster zu planen, den du drehen wirst.

1 Überlege zuerst, welche Art Film dein Meisterwerk sein soll. Es könnte ein Sci-Fi-Film, ein Dschungelabenteuer oder eine Schulgeschichte sein.

2 Erstelle eine Liste mit den Hauptfiguren und den berühmten Stars, denen du die Rollen geben willst.

3 Skizziere eine wichtige Szene am Storyboard – das bedeutet die Handlung einer Szene. Zeichne sie wie einen Comic. Du kannst für die Szene auch ein Skript schreiben.

4 Nun, da du den Film schon etwas besser kennst, entscheide dich für einen Titel. Überlege dir etwas, das gut klingt oder das Leute gerne sehen könnten.

5 Entwirf und male ein Filmposter, das den Blockbuster ankündigt.

6 Wenn du eine Videokamera, ein Smartphone oder ein Tablet benutzen darfst, könntest du eine Szene mithilfe deiner Freunde zu Hause drehen.

FERTIG!

347 KENNE DICH MIT LANDKARTEN AUS

Lerne, wie man drei verschiedenen Typen von Karten liest – ohne Hilfe von GPS!

ARTEN VON LANDKARTEN

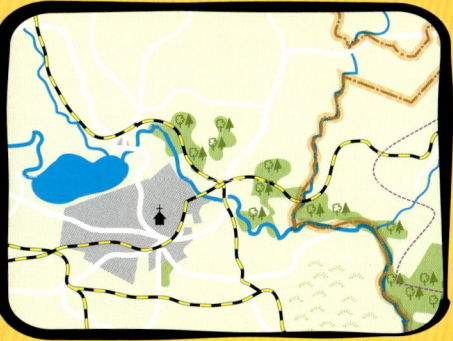

Regionale

Regionale Karten sind die am häufigsten verwendeten Karten. Sie zeigen uns, wo sich die Orte befinden und wie wir von einem Ort zum anderen kommen. Es sind Ländergrenzen, Straßen, und Zugverbindungen sowie Parks, Seen und Flüsse verzeichnet.

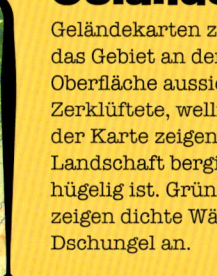

Politische

Politische Landkarten haben Farbcodes, die verschiedene Informationen enthalten, über Population, Sprachen oder Länder. Es gibt einen Schlüssel zur Karte, den man Legende nennt, um zu erklären, was gezeigt wird.

Gelände

Geländekarten zeigen, wie das Gebiet an der Oberfläche aussieht. Zerklüftete, wellige Flächen der Karte zeigen, wo die Landschaft bergig oder hügelig ist. Grüne Flächen zeigen dichte Wälder oder Dschungel an.

ZEICHNE EINE EIGENE KARTE

Zeichne eine Karte deiner Umgebung mit einigen coolen Symbolen – auch einige wichtige Dinge, die helfen, sich auszukennen wie Gebäude, Straßen, Busstationen und Grünflächen. Wenn du die Karte fertig ausgemalt hast, kannst du Pfade einzeichnen, die du oft benutzt – den Weg zur Schule, zum Haus von Freunden oder zum Park.

KARTENSYMBOLE

Hier sind einige wichtige Symbole, die du auf regionalen Karten oder Stadtplänen findest. Kannst du einige für deine Karte verwenden?

Zug	Flughafen	Krankenhaus/ Erste Hilfe	Wald oder Forstgebiet

Kirche	Camping- platz	Café	Berggipfel

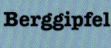

FERTIG!

348 VERTREIBE DIE LANGEWEILE

Wenn du die Zeit vertreiben musst, erfreue Freunde und Familie mit diesen Langeweile-Vertreibern. Es werden sich alle amüsieren.

Iss das Alphabet

Lasse dir für jeden Buchstaben im Alphabet lustige Dinge zum Essen einfallen. Verkünde: „Ich bin so hungrig, dass ich einen Alligator essen könnte." Der nächste Spieler setzt mit einem B-Wort fort, eventuell: „Ich bin so hungrig, dass ich einen Ball essen könnte." Spielt weiter, bis der letzte einen Zeppelin verspeist.

Orte-Namen-Spiel

Der erste Spieler sagt den Namen eines Ortes (Stadt, Dorf oder Land, irgendwo auf der Welt), z. B. „London". Der nächste Spieler muss dann einen Ort finden, der mit dem letzten Buchstaben des ersten beginnt, z. B. „Nepal". Wie lange haltet ihr durch?

NEW YORK
KENIA

Errate die Melodie

Jeder Spieler summt (ohne die Worte zu singen) die Titelmelodie einer TV-Sendung. Der Erste, der das Lied errät, summt eine neue Melodie.

FERTIG!

349 ENTDECKE EIN SOUVENIR

Halte Ausschau nach lustigen Souvenirs am Urlaubsort. Je seltsamer, desto besser!

1 Veranstalte einen Wettbewerb, wer das verrückteste Souvenir der Reise ergattert.

2 Suche Puppen in traditionellen Kostümen und versuche, das Kostüm nachzuzeichnen. Wenn du wieder zu Hause bist, kannst du ein Foto von dir ausdrucken, ausschneiden und auf deine Zeichnung kleben.

Liebe Grüße von zu Hause!

3 Würdest du ein Souvenir von deinem Heimatort verkaufen, was würde das sein? Entwirf etwas, von dem du glaubst, dass Besucher es gern kaufen würden.

FERTIG!

350 GEHE AUF ABFALLJAGD

Gehe auf die Suche nach Dingen und sammele alles, was auf der Liste steht, bevor es deine Freunde tun!

WO KANN MAN DAS SPIELEN?

Euer Garten oder der Park in der Nähe sind ideal, aber es funktioniert auch in der Wohnung. Wenn ihr euch auf einen Spielort geeinigt habt, vergewissert euch, dass alle wissen, wo sie suchen müssen und nicht über das Gebiet hinausgehen. Achtet immer darauf, dass ein Erwachsener weiß, wo ihr seid, wenn die Jagd nicht in der Wohnung stattfindet.

ERSTELLE EINE LISTE

Beginnt damit, eine Liste zu machen mit den Dingen, die jeder suchen soll. Hier einige Vorschläge:

Auf der Jagd im Freien

• Tannenzapfen
• Blume
• Blatt, größer als die Hand
• Blatt, kleiner als die Handfläche
• Etwas, das gut riecht
• Etwas Rundes
• Feder
• Stück Rinde
• Zweig in „Y"-Form

Auf der Jagd drinnen

• Zahnbürste
• Buch
• DVD
• Kissen
• Kopfkissen
• Löffel
• Alte Socken
• Gummiente
• Wäscheklammer

GEHEIME DINGE!

Verstecke einige lustige Dinge (wie Eierbecher oder Gummiente) im Suchgebiet. Wer immer diese Bonus-Dinge findet, bekommt einen besonderen Preis. Wenn du gern selbst bei der Jagd dabei sein willst, bitte einen Erwachsenen, das für dich zu erledigen.

DER GEWINNER IST ...

Der Erste, der alle Dinge auf der Liste gefunden hat, ist der Gewinner. Wenn jeder wieder zurückgekommen ist, schaut euch die Dinge in der jeweiligen Sammlung genau an!

Warum nicht?

Vergebe extra Preise für das größte Blatt, das ungewöhnlichste Ding und die schönste Blume!

FERTIG!

351 WORTKETTE

Wortspiele sind ideal, um sich auf einer Reise die Zeit zu vertreiben. Wie schnell kannst du eine Wortkette bilden? Wenn du zögerst, bist du draußen.

1 Der erste Spieler sagt ein Wort. Der nächste muss schnell ein anderes Wort sagen, das mit dem ersten durch seine Bedeutung irgendwie verbunden ist. Unten steht ein Beispiel, wie man das Spiel beginnen könnte.

2 Der folgende Spieler muss wieder schnell ein Wort aus der Verbindungskette sagen. Hier ist ein Beispiel, wie ein Spiel beginnt, sich entwickeln und verändern kann:

Maus

Maus

Katze

Tiger

Streifen

Punkte

Masern

Medizin

Katze

3 Wenn du zögerst, bist du draußen! Wenn du ein Wort sagst, das keine Verbindung zu haben scheint, und jemand stellt es in Frage, musst du eine gute Erklärung zur Hand haben, bevor das Spiel weitergeht, oder du ausscheiden musst. Der letzte, der übrig bleibt, ist der Gewinner.

 **FERTIG!**

352 ENTWIRF EIGENE STICKER

Entwirf Sticker für die Stoßstange des Familien-autos, die einzigartig sind. Unten sind ein paar Vorschläge, an denen du dich orientieren kannst.

STICKER-INSPIRATION

- Ein Symbol des Ortes, in dem du lebst
- Der Name deiner Familie
- Dein Name, besonders schön verziert
- Ein Sticker, der auf dein Lieblingshobby verweist

1 Zeichne einen Kreis, ein Oval, ein Quadrat oder ein Rechteck auf Sticker-Papier oder Plakatkarton.

2 Schreibe darauf die gewünschten Buchstaben oder Worte. Schreibe, was du möchtest!

3 Verziere die Buchstaben mit Farbstiften, sodass dein Design hervorsticht!

Warum nicht? Sieh dir die Sticker auf anderen Autos an, um dich zu inspirieren!

 **FERTIG!**

353 ZEICHNE EIN SELBSTPORTRÄT

Ein Selbstporträt bedeutet, dass sich ein Künstler selbst zeichnet oder malt. Du kannst das überall machen. Schaue in den Spiegel, nimm einen Stift zur Hand und fange an!

1 Beginne das Porträt mit dem Skizzieren der Gesichtszüge. Deine Hand ist etwa so groß wie dein Gesicht. Lege also die Hand auf das Papier.

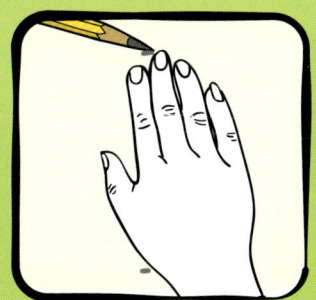

2 Markiere den Mittelfinger sowie die Handwurzel je mit einem Punkt. Verbinde die beiden durch ein Oval.

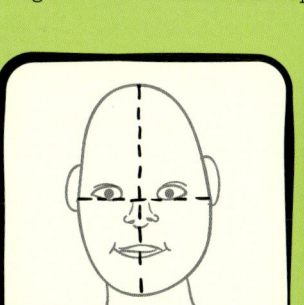

3 Ziehe ein Kreuz aus Punkten innerhalb des Ovals. Die Augen sitzen über der horizontalen Linie, die Nase ist der Mittelpunkt und der Mund liegt darunter.

4 Füge mehr Details hinzu wie Augenbrauen, Ohren und Haare. Dann radiere das Kreuz aus Punkten aus und ... voilà! Du hast dein Porträt.

354 SPIELE DIR SELBST EINEN STREICH

Kannst du deinen eigenen Körper austricksen? Teste dich doch auf einer langweiligen Reise.

Äpfel und Orangen

Nimm einen Apfel und eine Orange und halte dir, während du in den Apfel beißt, die Orange unter die Nase. Schmeckt der Apfel anders? Der Geschmacks- und Geruchssinn sind sehr eng miteinander verknüpft, sodass es dir vorkommen könnte, der Apfel schmecke nach Orange.

Der Klopftest

Lege deine Handfläche auf eine ebene Fläche wie eine Tischplatte. Versuche, mit dem Ringfinger auf die Platte zu klopfen, ohne die anderen Finger zu bewegen. Leicht, nicht? Nun stecke den Mittelfinger unter die Handfläche und versuche es noch einmal. Es ist eigentlich unmöglich, denn der Mittel- und der Ringfinger haben eine gemeinsame Sehne.

Warum nicht? Mache eine Zaubershow für Freunde und Familie!

355 EINES TAGES WERDE ICH ...!

Es ist Zeit, die Traumreise der Zukunft zu planen!

1 Bevor du beginnst, muss etwas ganz Wichtiges gesagt werden. Du solltest den Menschen danken, die deine letzte Reise organisierten, denn sie ließen dich eine tolle Zeit verbringen. Vielleicht bedankst du dich mit einer Postkarte, auf die du ein Urlaubsfoto klebst. Es bedeutet ihnen viel, zu wissen, dass es dir gefallen hat.

Danke!

Ich würde gerne wieder surfen.

Ich möchte nie wieder Kamelreiten.

2 Erstelle eine Liste der Dinge, die dir im letzten Urlaub besonders gefielen. Was würdest du gerne wieder tun? Gibt es ein oder zwei Dinge, die du in Zukunft lieber vermeiden möchtest?

3 Mache eine Liste mit den Top-fünf-Arten, wie du gerne Urlaub machen würdest. Amüsiere dich einfach und träume in den Tag hinein!

4 Mache eine Liste der fünf tollsten Plätze auf der Welt, die du gerne sehen würdest. Eines Tages wird dein Traum vielleicht wahr.

5 Nun zeichne ein Bild deines Traumorts! Schreibe Namen und Datum darauf und hänge die Zeichnung zu Hause an die Wand. Eines Tages wirst du auch dorthin kommen.

Los geht's!

FERTIG!

356 KRITZELSPASS

Hier ist ein schneller Spaß zum Zeichnen für zwei Spieler. Die Idee dahinter ist, verrückte Personen zu schaffen, die lustige Dinge sagen.

1 Kritzle eine Linie oder eine zufällige Form.

2 Übergib das Blatt dem nächsten Spieler. Seine Aufgabe ist es, daraus eine Person oder ein Tier zu machen.

3 Wenn der zweite Spieler das Meisterwerk beendet hat, zeichnet er eine Sprechblase und gibt das Blatt an den ersten zurück, der ein paar Worte hinzufügt.

FERTIG!

357 ICH SAH ELEFANTEN

Alles, was du für dieses Spiel brauchst, sind drei oder mehr Spieler und Fantasie, um eine lustige Geschichte zu kreieren.

1 Der erste Spieler sagt ein Wort, um die Geschichte zu beginnen, z. B. „Ich".

2 Dann sagen die Spieler der Reihe nach jeder ein Wort, um die Geschichte fortzusetzen. In unserem Beispiel sagt der nächste Spieler „sah" und der danach „Elefanten". Von hier aus geht die Geschichte weiter.

3 Wer zögert oder etwas sagt, das keinen Sinn ergibt, muss ausscheiden. Der Gewinner ist der Spieler, der am längsten ohne Fehler bleibt.

FERTIG!

358 PERFEKTE PAPIERFLIEGER FALTEN UND FLIEGEN LASSEN

Bereit zum Abflug? Während du auf den Abflug wartest, könntest du doch ein Blatt Papier nehmen und dein eigenes fantastisches Flugzeug basteln und durch die Lüfte sausen lassen.

Warum nicht?
Verziere dein Flugzeug mit einem einzigartigen Design!

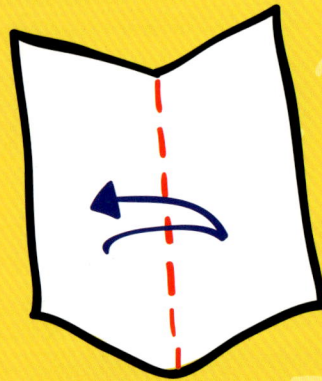

1 Falte das Papier der Länge nach in der Mitte und falte es wieder auf.

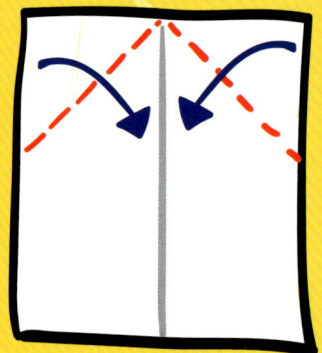

2 Falte die beiden oberen Ecken so nach innen, dass sie sich am Mittelfalz treffen.

3 Nun solltest du ein Dreieck am oberen Ende des Papiers haben.

4 Falte das Dreieck nach unten, mit der Spitze auf dem Mittelfalz.

5 Falte zuerst die rechte, dann die linke Ecke zur Mitte und achte darauf, dass die Ecken am Mittelfalz aufeinandertreffen.

6 Falte das Papier wieder am Mittelfalz aus Schritt 1.

7 Falte für die Flügel die Ecken nach unten in Richtung Unterteil des Flugzeugs.

8 Nimm das Flugzeug am Unterteil, stoße es ab und sieh ihm beim Fliegen zu.

FERTIG!

359 LERNE EINE NEUE SPRACHE

Lerne diese nützlichen Sätze und gib mit deiner Sprachfertigkeit an! Manchmal klingen Buchstaben in anderen Sprachen anders. Die Worte in Klammern zeigen dir, wie man sie ausspricht.

GUTEN TAG

Das ist eines der wichtigste Worte, das du lernen solltest. Im Urlaub im Ausland kannst du es immer brauchen.

Französisch: Bonjour (bonschuur)

Englisch: Hello (hello)

Italienisch: Buongiorno (bondschorno)

Spanisch: Hola (ola)

Hola!

JA/NEIN

Das sind zwei wichtige Worte.

Französisch: oui/non (wii/noh)

Englisch: yes/no (jess/no)

Italienisch: si/no (si/no)

Spanisch: sí/no (si/no)

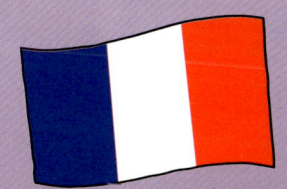

Oui!

BITTE/ DANKE

Du brauchst das, um höflich zu sein.

Französisch: s'il vous plaît/merci (sil wuu plä/mer-sii)

Englisch: please/thank you (pliehs/sänk ju)

Italienisch: per favore/grazie (per fawore/ gratsie)

Spanisch: por favor/gracias (por favor/grassias)

Grazie

Entschuldigung!

Sehr nützlich, wenn du jemandem auf die Zehen trittst.

Französisch: Pardon! (par-dohn)

Englisch: Sorry! (sorri))

Italienisch: Scusi! (skuusi)

Spanisch: Perdón! (pehr-dohn)

Pardon!

TESTE DICH SELBST

Wie würdest du sagen …?

Ja, bitte auf Englisch

Nein, danke auf Französisch

Hallo auf Spanisch

Entschuldigung auf Italienisch

Nun sage auf Französisch, dass es dir leid tut!

Top-Tipp

Wenn es dir gefallen hat, die drei Sätze zu beherrschen, gibt es keinen Grund, aufzuhören. Es gibt viele Bücher und Webseiten zum Weiterlernen.

FERTIG!

360 NEUE NAMEN

Amüsiert euch mit euren Namen und werdet für die Dauer einer Reise zu anderen Menschen.

Katja...
ajtak

Peter...
retep

Lisa...
asil

Jakob...
bokaj

1 Buchstabiert jeden Namen von hinten und lest sie laut vor.

2 Nennt einander nun während des restlichen Tages bei euren Rückwärtsnamen.

3 Denke an Freunde und Familienmitglieder, die alle aus der Gruppe kennen. Buchstabiere deren Namen auch von hinten und sage sie laut. Wer ist der Erste, der herausfindet, wer die Person wirklich ist?

FERTIG!

361 HEUTE BIN ICH ...

Die Ferien sind die beste Zeit, um sich vorzubereiten, sollte jemand auf die Idee kommen, dich zu fragen, ob du ein Film oder TV-Star werden möchtest – für jeden fünf Minuten!

Heute bin ich Spion!

Heute bin ich ein Vampir!

1 Jeder aus eurer Gruppe sollte eine Figur aus untenstehender Liste auswählen.

2 Jeder sollte seine Figur fünf Minuten lang darstellen.

Heute bin ich ...
- 100 Jahre alt
- 1 Jahr alt
- Ein Vampir
- Eine gute Fee
- Jemand, der sich vor allem fürchtet
- Ein Spion
- Ein Superheld
- Ein Filmstar
- Präsident der Welt
- Ein Zombie

3 Um das Spiel zu variieren, könnt ihr eure Wahl geheimhalten und die anderen Spieler müssen raten, wer du bist.

FERTIG!

362 BEHERRSCHE DIE KUNST DES ORIGAMI

Origami ist die alte japanische Kunst des Papierfaltens. Du wirst staunen, was man aus einem einfachen quadratischen Papier alles machen kann. Fange doch einmal mit dem niedlichen Hasen an!

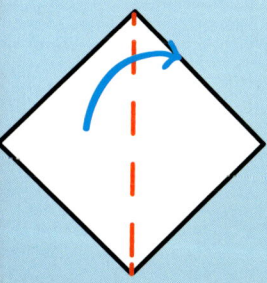

1 Falte ein quadratisches Papier diagonal in der Mitte.

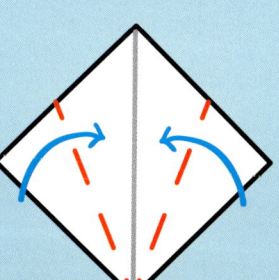

2 Öffne das Papier wieder und falte die beiden Ecken nach innen zum Mittelfalz.

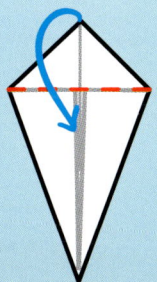

3 Falte die obere Ecke nach unten, sodass ein Dreieck entsteht.

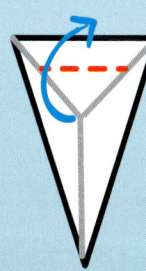

4 Für den Schwanz falte die Spitze der oberen Klappe wieder nach oben zurück.

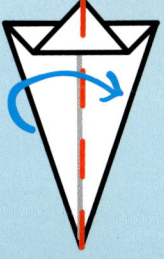

5 Falte eine Hälfte entlang des Mittelfalzes über die andere.

6 So sollte das Papier nun aussehen.

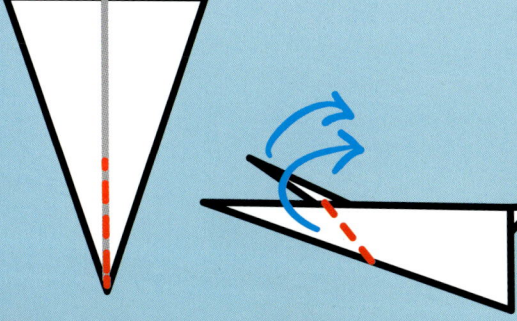

7 Schneide mit einer Schere entlang des Mittelfalzes etwa ein Drittel ein. Das werden die Ohren des Hasen.

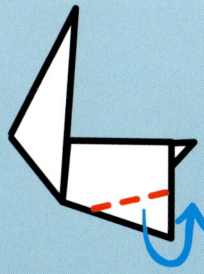

8 Als Nächstes, biege beide Ohren nach hinten.

9 Falte die unteren Ecken nach innen. So kann der Hase sitzen.

10 Falte die Ohren nach unten. Nun hast du deinen eigenen Origami-Hasen!

FERTIG!

363 BEOBACHTE DEN HIMMEL

Das Spiel eignet sich gut für eine lange Reise. Schaue einmal, wie viele dieser Dinge du am Himmel entdeckst, und hake sie dann jeweils ab.

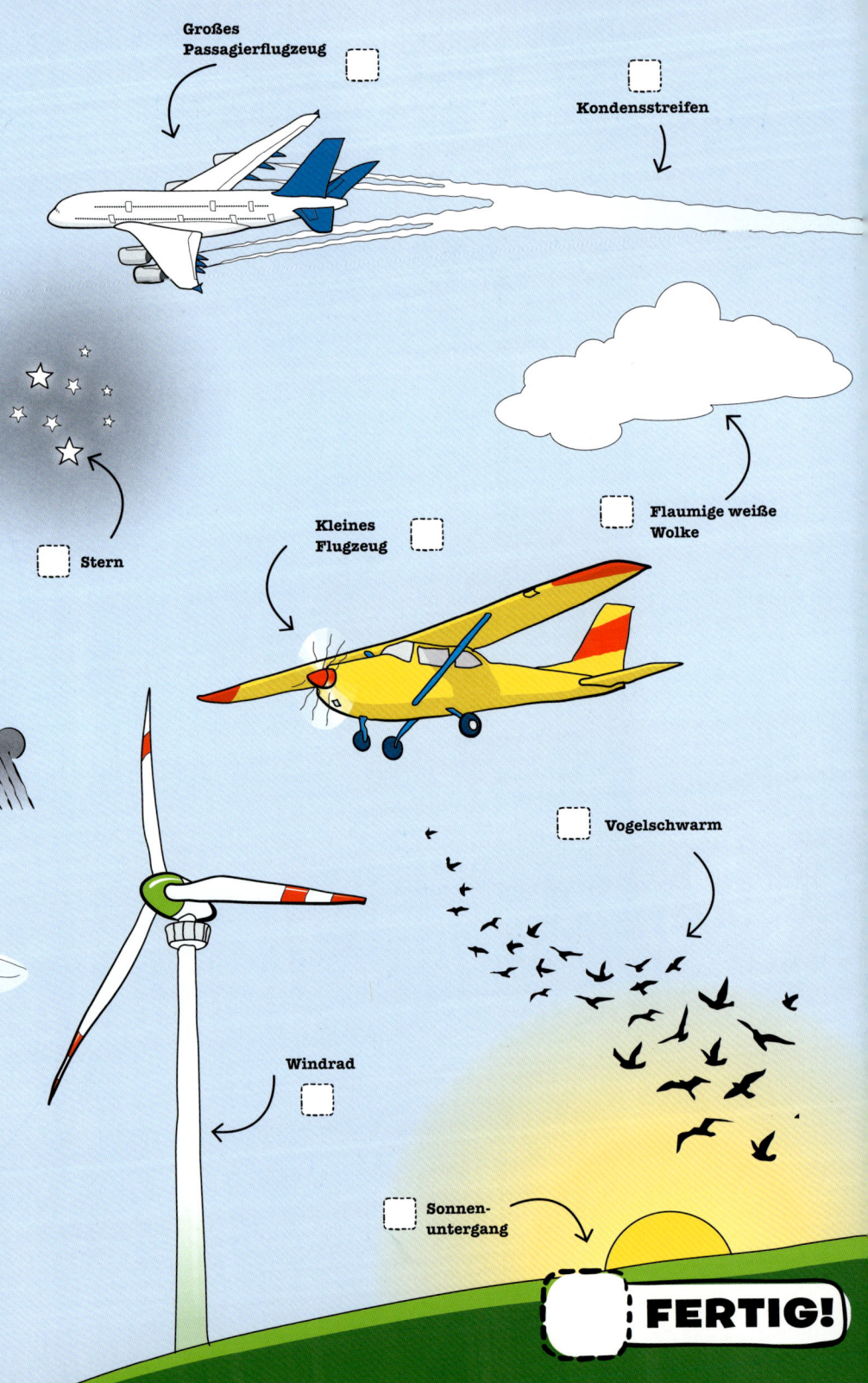

Großes Passagierflugzeug ☐

Kondensstreifen ☐

Mond ☐

Stern ☐

Kleines Flugzeug ☐

Flaumige weiße Wolke ☐

Graue Regenwolke ☐

Vogelschwarm ☐

Windrad ☐

Hubschrauber ☐

Sonnenuntergang ☐

FERTIG!

364 RETRO-POST

Vor der elektronischen Kommunikation war es üblich, Postkarten aus dem Urlaubsort zu schreiben, um Freunde und Familie zu Hause zu grüßen. Sei retro und überrasche jemanden mit einer Nachricht im alten Stil!

1 Wähle eine lustige Postkarte aus. Dann schreibe die Nachricht, kaufe eine Briefmarke, klebe sie in die richtige Ecke und sende die Karte an einen Freund. Wenn du im Ausland bist, sehen die Briefmarken ganz anders aus als zu Hause.

2 Entwirf selbst einige Postkarten. Sie könnten Plätze oder Personen zeigen, die du auf deiner Reise gesehen hast.

3 Du kannst auch neue Briefmarken entwerfen. Zeichne ein Quadrat oder ein Rechteck und schreibe in einer Ecke den Wert darauf. Dann zeichne ein Bild. Du könntest dich und deine Familie abbilden, den Urlaubsort oder dein Zuhause.

FERTIG!

365 SPRACH-LABOR

Wenn du in verschiedenen Ecken der Welt unterwegs bist, wirst du bemerken, dass die Menschen andere Sprachen oder mit fremdem Akzent sprechen.

1 Wie soll deine Sprache heißen? Verwende z. B. deinen Namen plus „-isch". Wie soll dein Akzent klingen? Übe einen neuen ein!

2 Denke dir ein paar Sätze aus und schreibe sie auf. Hier sind Beispiele für übliche Sätze:

Hi. Ich spreche Sophieisch.

Ich spreche Maxisch.

> Hallo. Ich heiße ……
>
> Ich wohne in ……
>
> Ich bin auf Urlaub.

3 Wenn du an einen Ort kommst, wo man eine andere Sprache spricht, versuche, ein paar Worte zu erlernen, bevor der Urlaub vorbei ist. „Bitte", „danke" und „Hallo" sind sehr nützlich.

FERTIG!

SICHERHEITSREGELN: JA ODER NEIN?

 **JA:** Ein Erwachsener soll in der Küche helfen.

JA: Hygiene beachten und die Hände gründlich und regelmäßig waschen.

JA: Aufpassen, wenn man eine Schere oder andere scharfe Dinge verwendet.

JA: Einen Helm tragen beim Schlittenfahren, Radfahren und Skateboarden.

JA: Für Kunstprojekte immer alte Kleidung oder eine Schürze tragen.

JA: Den Anweisungen genau folgen und die Sicherheitswarnungen beachten.

JA: Verhaltensregeln beachten.

NEIN: Ein Projekt, das Schmutz verursacht, beginnen, ohne einen Erwachsenen zu fragen.

 **NEIN:** Irgendwohin gehen, ohne vorher einen Erwachsenen zu informieren.

NACHWEIS

Geschrieben von Pat Jacobs; illustriert von Dynamo Limited: 1, 2, 3, 4, 5, 6, 7, 8, 9, 10, 11, 12, 13, 14, 15, 19, 20, 26, 47, 48, 49, 50, 51, 52, 53, 54, 55, 56, 57, 58, 59, 60, 61, 62, 63, 89, 90, 96, 97, 98, 99, 100, 102, 104, 105, 116, 119, 120, 121, 122, 123, 124, 125, 126, 127, 128, 129, 130, 131, 132, 133, 134, 135, 136, 137, 138, 139, 140, 141, 142, 143, 145, 164, 165, 166, 167, 168, 169, 170, 171, 172, 173, 174, 175, 176, 177, 178, 225, 262, 306, 312, 359

Geschrieben von Susan Hayes; illustriert von Shahid Mahmood: 16, 17, 18, 43, 44, 45, 46, 64, 65, 66, 67, 68, 69, 70, 71, 72, 73, 93, 106, 117, 144, 146, 147, 148, 150, 151, 152, 153, 163, 179, 180, 181, 182, 183, 184, 185, 186, 223, 224, 226, 227, 228, 229, 230, 231, 232, 233, 234, 235, 236, 237, 238, 239, 240, 241, 242, 243, 245, 246, 248, 249, 250, 254, 256, 257, 258, 261, 263, 264, 265, 266, 267, 268, 269, 270, 272, 273, 274, 275, 277, 278, 279, 280, 281, 282, 284, 288, 290, 303, 304, 305, 307, 308, 309, 310, 313, 314

Geschrieben von Laura Dower; illustriert von Dan Bramall and Katie Knutton: 21, 22, 23, 24, 25, 27, 28, 29, 30, 31, 40, 41, 42, 74, 75, 76, 77, 78, 79, 80, 81, 82, 83, 84, 85, 86, 87, 88, 91, 92, 101, 107, 108, 109, 110, 111, 112, 113, 149, 154, 155, 156, 157, 158, 159, 187, 188, 189, 190, 191, 192, 193, 194, 195, 196, 197, 198, 199, 200, 201, 202, 203, 204, 205, 206, 207, 208, 209, 210, 211, 212, 217, 219, 220, 221, 222, 247, 252, 253, 255, 259, 260, 283, 285, 286, 289, 291, 292, 293, 294, 295, 299, 300, 347, 348, 350, 353, 354, 358, 362

Geschrieben von Moira Butterfield; illustriert von Dynamo Limited: 32, 33, 34, 35, 36, 37, 38, 39, 94, 95, 114, 118, 160, 161, 162, 213, 214, 215, 216, 218, 296, 297, 301, 315, 316, 317, 318, 319, 320, 321, 322, 323, 324, 325, 326, 327, 328, 329, 330, 331, 332, 333, 334, 335, 336, 337, 338, 339, 340, 341, 342, 343, 344, 345, 346, 349, 351, 352, 355, 356, 357, 360, 361, 363, 364, 365

Geschrieben und illustriert von Cloud King Creative:
103, 115, 244, 251, 271, 276, 287, 298, 302, 311

Die Originalausgabe erschien 2020 bei Weldon Owen Children's Books,
einer Tochtergesellschaft von Insight International, L.P.
www.insighteditions.com
Kreiert von CAMERON + COMPANY

Copyright © Weldon Owen, 2020

Titel der Originalausgabe: Unplug – 365 Fun, Familiy-Friendly
Activities for Kids

Copyright der deutschen Ausgabe:
© 2022 moses. Verlag GmbH
Alle Rechte vorbehalten.

moses. Verlag GmbH, Arnoldstraße 13d,
47906 Kempen
Fon: 0 21 52 - 20 98 50, Fax: 0 21 52 - 20 98 60
Mail: info@moses-verlag.de, www.moses-verlag.de

Produktion: Print Company Verlagsges.m.b.H., Wien
Produktmanagement: Ina Lutterbüse
Übersetzung aus dem Englischen:
Anita Weinberger-Schwendenwein

ISBN 978-3-96455-182-5
Printed in China